Gary Ferguson, ein ehemaliger Ranger des Forest Service, hat zahlreiche naturkundliche und wissenschaftliche Bücher geschrieben, darunter *The Sylvan Path: A Journey through America's Forest*, das mit dem begehrten Lowell Thomas Award ausgezeichnet wurde. *Spirits of the Wild: The World's great Nature Myths* empfahlen die öffentlichen Büchereien der Stadt New York als eines der besten Bücher des Jahres. Seine Artikel und Essays erscheinen unter anderem in Vanity Fair und Outside und werden im Radio gesendet. Gary Ferguson und seine Frau Jane leben im südlichen Montana.

GARY FERGUSON

WO DER ADLER WOHNT

Mein Leben in der Wildnis des Yellowstone National Park

Aus dem Amerikanischen von Hans-Werner Schwarz

NATIONAL GEOGRAPHIC
FREDERKING & THALER

Bibliografische Information Der Deutschen Bibliothek

Die Deutsche Bibliothek verzeichnet diese Publikation in der Deutschen Nationalbibliografie; detaillierte bibliografische Daten sind im Internet über http://dnb.ddb.de abrufbar.

NATIONAL GEOGRAPHIC ADVENTURE PRESS
Reisen · Menschen · Abenteuer
Die Taschenbuch-Reihe von
National Geographic und Frederking & Thaler

1. Auflage März 2005

Titel der Originalausgabe: Hawks Rest
erschienen bei National Geographic Adventure Press, Washington, D. C.

Aus dem Amerikanischen von Hans-Werner Schwarz, München
Text: Gary Ferguson
Fotos: Gary Ferguson, außer Bildteil S. 3, 4 unten Merv Coleman,
S. 6 National Park Service und S. 7 unten LaVoy Tolbert
Karte: National Geograpic Society, Washington, D. C.
Lektorat: Angela Wagner, München
Umschlaggestaltung: Dorkenwald Grafik-Design, München
Herstellung: Caroline Sieveking, München
Druck und Bindung: Clausen & Bosse, Leck
Printed in Germany

ISBN 3-89405-245-7
www.frederking-thaler.de

Das Papier wurde aus chlorfrei gebleichtem Zellstoff hergestellt.

Für meinen Freund LaVoy

Inhalt

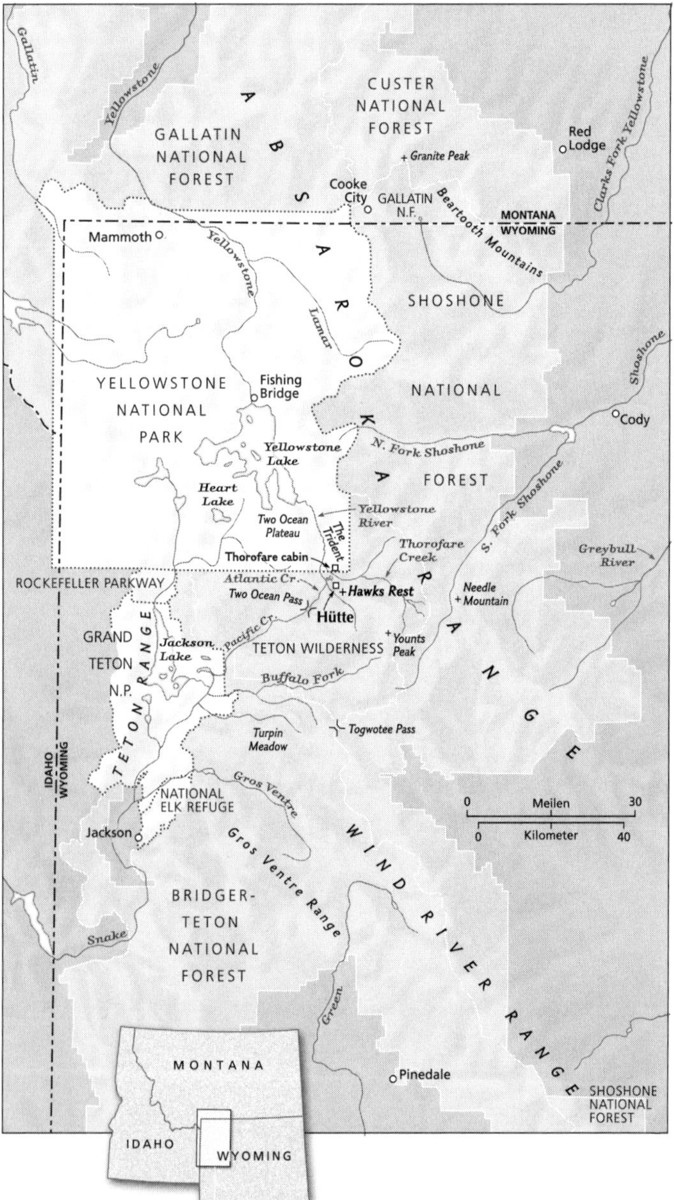

Gallatin
Yellowstone
CUSTER NATIONAL FOREST
ABSAROKA RANGE
GALLATIN NATIONAL FOREST
Red Lodge
Granite Peak
Clarks Fork Yellowstone
Cooke City
GALLATIN N.F.
Beartooth Mountains
MONTANA
WYOMING
Mammoth
Yellowstone
SHOSHONE NATIONAL FOREST
Lamar
YELLOWSTONE NATIONAL PARK
Fishing Bridge
Shoshone
Cody
Yellowstone Lake
N. Fork Shoshone
Heart Lake
Yellowstone River
Two Ocean Plateau
The Trident
S. Fork Shoshone
Thorofare Creek
Greybull River
Thorofare cabin
ROCKEFELLER PARKWAY
Atlantic Cr.
Two Ocean Pass
Hawks Rest
Hütte
Needle Mountain
Pacific Cr.
Younts Peak
GRAND TETON N.P.
Jackson Lake
TETON WILDERNESS
TETON RANGE
Buffalo Fork
Turpin Meadow
Togwotee Pass
IDAHO
WYOMING
NATIONAL ELK REFUGE
Gros Ventre
0 Meilen 30
0 Kilometer 40
Jackson
Gros Ventre Range
WIND RIVER RANGE
BRIDGER-TETON NATIONAL FOREST
Snake
Green
MONTANA
Pinedale
SHOSHONE NATIONAL FOREST
IDAHO
WYOMING

Vorwort

An meinem letzten Morgen in der Wildnis zeigt der Herbst seinen kalten, leuchtenden Stachel. Mitte September stürmen Schönheit und Tod in untrennbarer Einheit über das Hochland und durch die Niederungen der nördlichen Rocky Mountains, bis die Tage zu kraftlos werden, um sie aufzuhalten. Auf herrliche, warme Nachmittage folgen kalte Nächte. Kein einziger Tag bricht an, ohne dass die Ränder von Bächen und Flüssen nicht mit Eis gesäumt wären – der Oberlauf des Yellowstone River, der Thorofare und der Fall Creek und der South Fork des Shoshone. Lange vor der Dämmerung sind Weidenröschen und Lupinen, Stachelbeeren und Glockenblumen vom Frost gebeugt. In Felsrissen sammelt sich Eis und sprengt brockenweise Sedimentgestein von Bergwänden ab. Und dann der Wind: Kratzbürstig peinigt er gegen Mittag die Tundra, zerrt und rüttelt an Drehkiefern, die in den Feuern von 1988 verbrannten, und fällt sie mit einem Geräusch, das wie ein Schuss aus einem Jagdgewehr klingt.

Die Tage sind prall von Zeichen des Aufbruchs. Kanadagänse quaken und stolzieren ruhelos und fluchtbereit durch die Schluchten des South Fork; Singvögel und Falken, einige wenige hier und ein paar Dutzend da, gleiten auf ein unbekanntes Signal hin südwärts und lassen uns unter einem fast leeren Himmel zurück. In den Tälern im Westen versammeln sich Wapitis; die Bullen röhren und schnaufen, ruhelos vom Fieber der Brunft. Im Gefolge der ersten großen Schneefälle werden sie zu Tausenden aus dem Yellowstone National Park herausströmen. Einige werden nach Süden ziehen, das National Elk Refuge in der Nähe von Jackson ansteuern, oder die Weidegründe in der Gros Ventre Range. Andere werden sich nach Osten wenden – meiner Spur folgen, so wie ich ihrer gefolgt bin –; sie werden den Thorofare Creek flussaufwärts streben, über die Wasserscheide in das Gebiet des South Fork wandern und dann die steile westliche Flanke des Needle Mountain erklimmen, um schließlich in die vom Wind zerzausten Täler des Greybull River zu gelangen. Es ist eine der längsten Migrationen in den Rockies.

Den ganzen Sommer hindurch haben mich Dutzende von Besuchern gefragt, was ich vermisse, wonach ich mich am meisten sehne, während ich elf Wochen lang in einer Wachhütte in der Wildnis des Greater Yellowstone lebe, weit entfernt vom Dröhnen und Rattern von Motoren, Faxgeräten und Telefonen. Ich fand nie eine rechte Antwort, und selbst jetzt, kurz vor meiner Rückkehr, ist es nahezu unmöglich, aus der Gegenwart herauszufallen – die Gipfel der Absarokas fordern, als wären sie verhext, ständig volle Aufmerksamkeit, und sie bringen Reisende dazu, fast zu vergessen, wer sie in der anderen Welt waren. Ein Teil dieses Zaubers entsteht durch ihre überwältigende Schönheit, die sich in so unverdaubar großen Portionen offenbart, dass sie weiche Knie und Ohnmachtsgefühle verursacht. Doch dieser Zustand der Gegenwärtigkeit wird auch durch die heftigen Schnee- und Hagelstürme hervorgerufen, die in jedem Monat über das Hochland hinweg toben können, und durch grelle Blitze, die an vielen Sommernachmittagen die Felsen buchstäblich zum Summen bringen. Und dann ist da natürlich der Grizzly; voller Eifer streunt er nun in jenem hitzigen Zustand herum, den die Biologen als Hyperphagie bezeichnen – eine Art Fresswahn, der jeden Herbst vor dem Beginn des Winterschlafes einsetzt. Das Fieber könnte in dieser Saison noch intensiver sein, da die Samen der Weißborkenkiefer, eine Lieblingsspeise der Bären, Mangelware sind. Dies ist ein Resultat der Dürre und eines zähen, weit verbreiteten Pilzbefalls, der als Blasenrost bekannt ist. Zeugnisse der Plage finden sich überall: Kilometerweit sind die Kuppen der Berge mit braunen Ästen bedeckt.

Die Unbändigkeit dieser Gegend ist nahezu grenzenlos; es ist eine Wildheit, die an jedem zerrt, die jeden formt, ganz gleich, wie viel Zeit man dort verbringt, und die einen Menschen gelegentlich zu einer lebenden Legende werden lässt. Schon der Klang der Namen einiger Dauergäste dieser Region erinnert an Mystiker oder Superhelden. Da wäre zum Beispiel *Lone Eagle Woman* aus Wyoming, eine Frau, die seit 20 Jahren jeden Sommer allein in den Höhenlagen der Absarokas wandert; sie schläft in weit klaffenden Felsspalten genauso wohlig wie ein Baby in der Wiege. Oder der Yellowstone Park Ranger Bob »Action« Jackson, der mit jedem Monat berühmter wird – zum einen wegen seines Kampfes gegen einige Outfitter,* die illegal Salz einsetzen, um Wapitis über die Südgrenze aus dem Park zu locken und ihren Jagdkunden damit leichtere Beute zu verschaffen, und gleichzeitig wegen seines Streits mit dem Park Service, der seine provokativen Methoden nicht länger tolerieren will. Und dann ist da noch ein gewisser, ewig Bibelsprüche klopfender, Gewehr schlenkernder illegaler Outfitter, dessen Name, wenn überhaupt, nur selten erwähnt wird, einer von der brutalen und gefährlichen Sorte. Lange nach Saisonende ist er bei schlechtestem Bergwetter unterwegs und geht seinem Geschäft nach, das er die »Jagd nach Gott« nennt.

Von Grizzlybären und dem überfallartigen Einsetzen von Unwettern einmal abgesehen, hegen die meisten Menschen wohl die Vorstellung, dass diese Region – im entlegensten der 48 kontinentalen U.S.-Staaten – weitgehend unberührt, ruhig und friedlich ist. Das glaubte auch ich, als ich hierher kam, um im Wesentlichen die

* Outfitter sind Unternehmer, die sowohl Expeditionsausrüstungen vertreiben als auch Reisen in die Wildnis anbieten.

Arbeit eines Naturforschers zu tun: die Aktivitäten von Bären aufzeichnen; Notizen über das Kommen und Gehen der Delta-Wolf-Rudel machen; die Chance nutzen, das Entstehen neuer Wälder aus der Asche alter Brände zu erforschen; Populationen jeglicher Art einschätzen, von Pelikanen und Adlern bis zu Elchen und Cutthroat-Forellen; den Bestand von Beeren in den Wäldern und von Wurzelstöcken in der Tundra ermessen. Nicht, dass ich völlige Abgeschiedenheit erwartet hätte. Doch ich war mir sicher, dass das Raunen des Landes mehr als laut genug sein würde, um das Kommen und Gehen von Menschen zu übertönen. Ein Irrtum, wie sich herausstellte. Es waren einfach zu viele, in bestimmten Wochen manchmal Hunderte, reichlich ausgestattet mit Zelten, Laternen und Hunden, Reiter, die lange Reihen von Pferden und Mauleseln hinter sich her zogen.

Wenn ich heute in die Zivilisation zurückkehre, habe ich, über nackte Zahlen hinaus, dieses gewaltige Knäuel aus Gipfeln und Tälern auch als eine Art Sanatorium für die Entrechteten kennen gelernt – als eine Wegstation für Männer, die vom Frühling bis zum Herbst auf dem Pferd sitzen und hier all jenen Flüchen zu entkommen versuchen, die vermeintlich auf großen Teilen der Gesellschaft lasten. In den hoch gelegenen Wiesen entlang des Yellowstone River gibt es genug Testosteron, um die Wälder in Brand zu setzen. Möchtegern-Cowboys streifen zu Dutzenden durch die Hochlande, jeder mit mindestens einem Revolver an der Hüfte – wütend und mit einem Hass auf die Regierung, die die Wölfe wieder angesiedelt hat. Unübersehbar sind auch einige seltsam veranlagte Outfitter, die großmäulig die staubigen Pfade entlang ziehen und gegen die Obrigkeit anrennen; sie leben in einer Art Desperado-Fantasiewelt, die mehr ins 19. als ins 21. Jahrhundert zu passen scheint. »Dies ist ein gesetzloser Ort«, hat ein Reiseleiter-Veteran einem jungen Arbeiter des *Forest Service* bei einem Gespräch über die Outfitter erzählt, und er hat die Zustände in diesem Gebiet mit den Tagen der Viehdiebe im alten Wyoming verglichen. »Wenn ich du wäre, würde ich über eine Karriere als Gesetzeshüter nachdenken. Eines Tages wird hier draußen jemand verletzt oder getötet, und dann ist die Hölle los.«

In den 1840er-Jahren gab es eine Diskussion, die von Nationalisten entfacht wurde, welche eifrig darauf bedacht waren, die weit abgelegenen Regionen des amerikanischen Westens zu besiedeln. Ohne die zähmende Hand der Zivilisation, so sagten sie, würden die Leute durchdrehen und alle Varianten von absonderlichem und unheiligem Verhalten an den Tag legen. Vielleicht hatten sie Recht. Doch zur gleichen Zeit hielt es die große Mehrheit der amerikanischen Ureinwohner für vollkommen normal, dass Schönheit und Wahnsinn zusammenstehen, Hand in Hand – zwei Seiten ein und desselben Blattes. Dies kommt der Wahrheit vielleicht näher. Oder zumindest der Wahrheit, wie sie sich hier offenbart, in dieser hintersten, nordwestlichen Ecke von Wyoming, an den schartigen Rändern der Great Divide.

Kapitel eins

Die Poetin Jane Hirshfield hat zum Thema Berufung einmal angemerkt, ihre sei am besten beschrieben als ein innerer Drang, ihr Leben an eine Landschaft anzupassen, die ihrem Bild von sich selbst entspricht. Ich weiß nicht, ob ich es für einen Glücksfall halten soll, dass mich meine Sehnsüchte zu einem Stück Hochland geführt haben, das vom Äquator aus gesehen auf halbem Wege zum Nordpol liegt. In eine Stadt, in der Kinder in Schneewehen nach Ostereiern suchen und in der Mädchen, wenn sie zum Abschlussball gehen, schulterfreie Kleider und Pelzstiefel tragen. Doch was der Sommer in diesen Bergen im Hinblick auf seine Dauer zu wünschen übrig lässt, macht er in den Herzen wieder gut, denn er ist so strahlend und voller Verzückungen wie die Träume kleiner Jungen. Dann manifestiert sich, was die Autorin Helen Hunt Jackson vor über 100 Jahren »das wunderbare und zärtliche Gesetz der Kompensation« genannt hat. Zehn herrliche Wochen lang, elf in einem guten Jahr, sind die Tage in die Art von Wärme gehüllt, die Blätter sprießen lässt und Schnee schmilzt und die es durch eine subtile, undurchsichtige Täuschung vermag, den Lauf der Zeit zu mildern. So wie ein Vorstädter seine Uhr nach seinem Nachbarn stellen kann, der jeden Tag in Filzpantoffeln vor die Tür tritt, um die Tageszeitung ins Haus zu holen, so verlässlich dreht sich von Juni bis Ende August ein Rad aus Blüten und Beeren, Fell und Federn. Sonnenaufgänge werden von dem Geschnatter der Gänse und dem Geträller der Grauwasseramseln begleitet, und Abenddämmerungen schmücken sich mit den eleganten Sturzflügen der Nachtfalken. In den ersten

Tagen des Juni dösen Weißwedelkitze zwischen wilden Rosen am Rande der Pappelwälder, und die Elche beginnen ihre allsommerlichen Besuche in der Nachbarschaft – was einige der Nachbarn begeistert, andere fast zu Tode erschreckt.

Wenn sich der Vorhang zu diesem großen Drama öffnet, versuche ich zu bleiben, wo ich bin – ich setze mich auf die winzige Wiese aus Klee, Löwenzahn und Wiesenlieschgras, die hinter meinem Haus liegt, streife meine Schuhe ab und pflanze meine Zehen in die Erde, so wie es viele Zwiebeln tun. Aber ich halte es nie lange aus. Ab Mitte Juni beginnt mein Geist zu schweifen, wandert vom Frühstückstisch zur Tür hinaus, streift durch die Espenwälder und klettert durch Drehkiefern und Douglastannen, die an den Hängen des Mount Maurice, des Town Mountain und am Rande des Silver Run Plateaus wachsen. Eben esse ich noch meinen Toast, und im nächsten Moment tagträume ich in einer Höhe von 3 000 m. Dann treibe ich über eine der vielen ausgedehnten Tundra-Ebenen dahin, die aus dem Herzen der Beartooth herausfließen wie Finger aus einer Hand – hoch und kalt genug, um die Splitter des Winters noch lange nach dem 4. Juli zu bewahren. Und so geht es weiter, Tag für Tag, bis mir nichts anderes übrig bleibt, als in die Berge aufzubrechen.

Das, was da aus den Rübenfeldern des nördlichen Wyoming aufsteigt, ist kein vereinzelter Rülpser aus Granit, dessen Nachhall sich an den Ufern des Yellowstone River im Nichts verliert. Die Beartooth sind lediglich der Auftakt, das erste Kapitel eines 36.000 Quadratkilometer umfassenden Epos, das als der Greater Yellowstone bekannt ist. Ein Gebiet, das sich von Livingstone, Montana, bis hinter Jackson in Wyoming und von Absarokee bis Afton erstreckt. Diese Region, die mit der Rückkehr des Wolfes im Besitz seiner ganzen Palette historischen Arten ist, wird oft als das größte intakte Ökosystem in den gemäßigten Klimazonen bezeichnet. Es ist ein Land der Lawinen und Steinschläge, der Stürme, Lauffeuer, des Eises.

Gleichzeitig finden sich innerhalb dieser rauen Welt andere faszinierende Landschaften: Hochländer fallen zu stillen Regionen ab, in denen Tiere überwintern, und diese ergießen sich wiederum in mit Salbeisträuchern bedeckte Ebenen. In Wirklichkeit sind es all diese Gebiete – jene eingeschlossen, die weitaus größer sind, als Bisons, Gabelböcke und Wölfe für einen ausreichenden Lebensraum bräuchten –, die so lange unsere Träume vom intermontanen Westen genährt haben. Es sind demütig stimmende gewaltige Landflächen – die Sorte von entfesselten Weiten, die Autoren des 19. Jahrhunderts zu der Aussage verleiteten, sie seien schlicht unermesslich. Selbst heute gestalten alteingesessene Amerikaner ihre geistigen Landkarten nicht in erster Linie mit Städten oder Highways; vielmehr kommen bruchstückhafte Visionen von Gipfeln, Flüssen, Schluchten und von gewaltigen, vom Wind geschliffenen Vorgebirgen zum Tragen. Unsere emotionale Beziehung zu diesem Landschaftsraum ist nicht so sehr von einzelnen geschichtlichen Ereignissen geprägt als von einem Wonneschauer, den eine vage, aber kraftvolle Legende erzeugt – die unbeirrbare Vorstellung, dass das Leben westlich des 100. Meridians dem Rhythmus dieses schier endlosen Landes folgt.

Im Laufe der Jahre haben sich ein paar kritzelnde Geografen in den Kopf gesetzt, die letzten weit abgelegenen Landstriche des nordamerikanischen Kontinents zu kartografieren. Es hat niemanden überrascht, als man feststellte, dass es im Westen unzählige solcher Gegenden gibt: Das Gebiet um den Frank Church River in der No-Return-Wildnis in Idaho, oder ein einsames Stück Wüste im südlichen Nevada. Doch das entlegenste Fleckchen Erde, so sagt man, befindet sich in den nördlichen Rocky Mountains, in der äußersten südöstlichen Ecke des Yellowstone National Park, in einem Gebiet, welches das Thorofare genannt wird. Die gute Nachricht von den vielen weit abgelegenen Regionen hat allerdings einen Haken. Innerhalb dieser Millionen von Quadratkilometern – Täler, Hügelketten, Gipfel und Prärien –, aus denen sich der innere Westen Nordamerikas zusammensetzt, beträgt die größtmöglichste Entfernung zur nächsten Straße läppische 45 km. Das ist kaum mehr als ein langer Tagesmarsch. Die meisten der Naturschutzgebiete, die einst in gewaltige, freie Flächen von Land eingebettet waren, verwandeln sich nun in Inseln. Wenn Freud Recht hatte, als er sagte, dass große Flächen unerschlossener Natur der Kultur dienen, wie die Fantasie den Individuen dient, dann sind unsere Vorstellungskräfte inzwischen sicherlich straff gezügelt – sie schreiten, wo sie einst galoppierten.

Die Anfänge der Landschaftsschutzbemühungen liegen in der zweiten Hälfte des 19. Jahrhunderts, und damals vermutete man hinter Bestrebungen wie der Gründung des Yellowstone National Park hitzigen Patriotismus. Der Kongress trug auf vielfältigste Weise dazu bei. Unter anderem, indem er ein erstes Landschaftsbild für das Kapitol erwarb, ein prächtiges Ölgemälde der Yellowstone Rocky Mountains von Thomas Morgan, das für die erstaunliche Summe von 10.000 Dollar erworben wurde – in dieser Art von Kunst sah man einen Quell des Nationalismus. »Die Wildnis bewirkte schnell, dass die alten Vorstellungen von Rang, Kaste und erblicher Aristokratie überlebt und fremd wurden«, schreibt die Naturschützerin Peggy Wayburn. »Der gewöhnliche Mensch konnte so zum außergewöhnlichen Menschen werden.« Die Weite der unberührten Natur gab uns das Gefühl, auserwählt zu sein. Sie diente als Ruhestätte jenseits der industriellen Exzesse und sorgte für einen ersten Hauch von Tradition in einer Gesellschaft, die dem Althergebrachten argwöhnisch gegenüberstand.

Mein persönlicher Beweggrund, das Lieschgras und den Löwenzahn hinter meinem Haus zu verlassen – und von meiner Haustür im Süden Montanas 225 km zu Fuß bis in das entlegenste Gebiet

Amerikas zurückzulegen, um dort die ersten Boten des Sommers zu begrüßen und es bis zum Herbst zu durchstreifen –, hatte nie etwas damit zu tun, dass ich einem verlorenen Paradies huldigen wollte. Täuschen wir uns nicht: Das Thorofare ist, wie einige andere kostbare Gegenden des Westens, außergewöhnlich rau. Es ist ein Ort der Insekten, der Bären und Unwetter, eine Landschaft, die von befremdenden, launenhaften Sirenengesängen durchdrungen ist. Alle, mit Ausnahme der übermäßig gut Ausgerüsteten, werden hier früher oder später schwitzen, frieren oder zur Verzweiflung getrieben. Sie werden in ihren Schlafsäcken liegen, dem Ächzen der Bäume vor ihrem Zelt lauschen und plötzlich bemerken, dass sie bei dem Gedanken an Grizzlys zu verunsichert sind, um hinauszugehen und ihre Blase zu entleeren. Wie könnte es anders sein in einer Zeit, in der Natur vorwiegend beim Betrachten von Zeitschriften und Fernsehsendungen erlebt und wie ein Stück Torte konsumiert wird. Das Thorofare ist ein Gebiet, dessen Ausdehnungen zu groß sind, um auf eine einzige Seite zu passen, das für den Kalender an der Kühlschranktür zu ungepflegt und selbst für einen digitalen Großbildfernseher mit hoher Auflösung zu gewaltig ist.

Angesichts der zerfransten Ränder des Ökosystems und der wachsenden Zahl von Arten, die nicht im Stande sind, sich außerhalb des rauen Herzens des Greater Yellowstone zu erhalten – die Biologen bezeichnen ihren Lebensraum als »Todespfuhl« –, schien der Zeitpunkt gekommen zu sein, sich das Ganze einmal aus der Nähe anzusehen. Ich wollte ein Gefühl dafür bekommen, wie es um einige Geschöpfe im Thorofare steht, und ich hoffte, einen flüchtigen Blick auf die Zukunft zu erhaschen. Ich wollte mir ein Bild davon machen, was die kommenden Jahre bringen könnten, zum Teil von den Auswirkungen ausgehend, die solche Orte immer noch auf das Leben der Menschen haben. Der Greater Yellowstone ist nicht mehr intakt – nicht, weil er vernachlässigt, sondern weil er gestaltet wurde. Er ist außerordentlich wertvoll. Auf keine andere Region des Landes richten sich mehr prüfende Blicke als auf diese, keine andere wurde gründlicher erforscht, um keinen anderen Teil des Landes ranken sich so viele Diskussionen und Spekulationen. Nirgendwo in Amerika ist das Engagement für die Natur so groß wie hier, *in the middle of nowhere*, einem Gebiet, das zwischen den Tetons und den Beartooth, den Absarokas und den Centennials liegt. Wenn wir die dynamischen Prozesse im Greater Yellowstone erhalten können, wird es Hoffnung für andere Lebensräume geben, und in dem Ausmaß, in dem diese Prozesse abnehmen, werden auch andere mit einem kaum wahrnehmbaren Flüstern verstummen.

Und so kam es, dass mein Freund LaVoy Tolbert und ich an einem warmen Junitag mein Haus verließen und den Highway entlang 3 km bis zu einem Pfad wanderten, der am Fuße des Mount Maurice beginnt. Wir bissen die Zähne zusammen, stiegen auf eine Höhe von 1200 m, erreichten eines der weitläufigen Plateaus der Beartooth und wandten uns nach Westen. Unser Ziel war eine alte Wachstation, die über dem Yellowstone River thront und Hawks Rest genannt wird. Die Station liegt nur 2 km südlich von dem vorher erwähnten abgelegensten Fleckchen Nordamerikas entfernt, ist so rustikal wie das Nest einer Packratte und so schön wie ein Morast voller Prärielilien. Wir würden Hüttenwarte sein, hatte der *Forest Service* uns wissen lassen, verantwortlich für die Instandsetzung des Gebäudes, das Reparieren von Zäunen und die Betreuung von Besuchern. Zudem sollten wir für die Park-Biologen in einem Tagebuch die Aktivitäten von verschiedenen wildlebenden Tieren festhalten und für das mehreren Behörden unterstellte Grizzly-Team Plätze markieren, auf denen illegal Salz ausgebracht wird. Das ist genau die Sorte von Arbeit, von der ein Mensch schon lange träumt, bevor er sie aufnimmt, und die er schon lange zu vermissen beginnt, bevor er sie beendet hat.

Es ist ein herrlicher Tag. Das Sonnenlicht hat auf einer Höhe von 3000 m jenen scharfen Blaustich, der für den Sommer im Hochland typisch ist. Nach einer endlos erscheinenden Dürre hatten sich in diesem Jahr wieder Schneefälle im Mai eingestellt; sie haben ein prachtvolles Gedeihen von Wildblumen begünstigt, deren Samen zum Teil jahrelang im Boden geruht hatten. Bei jedem Schritt landet der Fuß neben alpinen Vergissmeinnicht und den pinkfarbenen, elfenhaften Blüten des Leimkrauts.

Das Limonengrün des Fingerkrauts gesellt sich zu großen blauen Klecksen von Bartfaden und Hasenglöckchen. Feuchte Wiesen verraten sich schon von weitem durch die unverwechselbaren creme- und elfenbeinfarbenen Troll- und Sumpfdotterblumen. Der Untergrund besteht aus Grasteppichen und Kräutern, die so grün sind wie Irland und die das Land von unseren Stiefelspitzen bis zum Horizont bedecken.

In dieser Höhe erblüht das Wachstum nur für ein paar Monate und verpufft dann wie eine billige Wunderkerze. Das Resultat dieses kurzen Zeitraumes und der scharfen, alles zerfleddernden Winde ist eine Pflanzengesellschaft, die es kaum schafft, über Knöchelhöhe hinaus zu wachsen. Es ist ein Land der kauernden Gärten. Im Winter wird die Schneedecke bis zu 10 m dick, manchmal fallen 1,50 m während eines einzigen Sturms. Die Windgeschwindigkeit kann 160 km/h betragen, und unbedeckte Haut erfriert an einem Dezember- oder Januartag innerhalb von Sekunden. In diesen Lagen denkt der Frühling nicht einmal daran, sich vor Ende Mai zu zeigen, und wenn er dann einen Zeh über die Schwelle streckt, wird die Tür zugeschlagen und quetscht ihm den Fuß ein – bis sein ganzes Gewicht den Winter erschöpft und Eis sich in Wasser, Schnee sich in Regen verwandelt. Und dann kommt endlich der Juni, in dem Granittafeln, die durch Frost-Tauwetter-Zyklen gelockert wurden, unter gewaltigem Donner die oberen Hänge der weit entfernten

Gipfel herabpoltern. Das ist der Startschuss zu einem Rennen, bei dem es darum geht, möglichst schnell zu blühen, bevor zehn Wochen später das Eis zurückkehrt.

Dass Gräser und Schilfrohre auch in dieser Höhe überall gedeihen, liegt unter anderem daran, dass ihnen die unbarmherzigen Pranken des Windes nicht viel anhaben können. Ansonsten besteht der Bewuchs überwiegend aus Polsterpflanzen, einer mattenartigen Vegetation mit faltigen, sich an den Boden pressenden Blättern, die sich nicht nur dem Wind entziehen, sondern auch Wärme speichern. An einigen Sommertagen können die Temperaturen unter den Blättern einer Polsterpflanze bis zu 7 Grad höher sein als in der sie umgebenden Luft. Die Falten haben noch einen anderen Vorteil: An ihnen verfangen sich winzige Stücke von Blättern und andere organische Kleinteile, und so wird der darunter liegende Boden allmählich dicker, vielleicht 2–3 cm in 1000 Jahren. Der überwiegende Teil dieser Gewächse sind mehrjährige Pflanzen. Die Winterknospen werden niedrig gehalten, sind direkt an den Boden geheftet oder dicht unter der Oberfläche verborgen. Viele sind in dunkle Haare eingehüllt, die Wärme speichern und die heranreifenden Blüten darin einhüllen. Andere Knospen haben eine Art Pfirsichflaum – eine Schicht, die nicht nur den Feuchtigkeitsverlust durch Verdampfung begrenzt; sie dient auch als Solarschild, der die ultraviolette Strahlung vermindert. Ein wichtiger Schutz in einer Region, die 25 % mehr Licht bekommt und in dem die Strahlung doppelt so intensiv ist wie auf Meereshöhe.

Wanderer, die durch diese größten ineinander übergehenden Tundragebiete Amerikas ziehen, können ein ekstatisches Gefühl der Zeitlosigkeit erfahren. In jeder Richtung bieten sich Schwindel erregende Aussichten. Unter den Füßen hat man beschwingte Plateaus, deren sanfte Hügel sich, so weit das Auge reicht, wie Wellen eines Ozeans erheben. Nach Westen hin, hinter dem Hellroaring

Plateau, liegt das Zentralmassiv der Beartooth, während auf der anderen Seite, 1500 m tiefer, der Clarks Fork des Yellowstone River in der Sonne glitzert. 80 km in nordwestlicher Richtung, an den südlichen Ausläufern des Crow-Indianer-Reservates, erheben sich die Pryors, die dicht mit Douglastannen bewachsen sind. Und dann fällt der Blick auf die Crazy und die Snowy Ranges, auf die Bull Mountains und die Gipfel der Bighorns, die von einem grasbedeckten Ausläufer der Great Plains umgeben sind. Eine solche Landschaft zu durchqueren ist ein Walzer, der gemessenen Schrittes getanzt werden muss – Stunde für Stunde, Schritt für Schritt, Zentimeter für Zentimeter.

Das Gefühl des Losgelöstseins, des Schwimmens außerhalb des normalen Ablaufs der Stunden, wird durch den langsamen, geduldigen Rhythmus des alpinen Lebens verstärkt. Entlang der Rücken einiger hoher, ungeschützter Bergkämme im Nordwesten finden sich Gruppen von gebeugten Bäumen – sie werden gemeinhin Krummholz oder *elfin timber* genannt. Einige von ihnen haben ungefähr zu der Zeit ausgetrieben, als die Pilger bei Princetown ihre Boote verließen. 400 Jahre später sind diese Bäume nicht dicker als der Kopf eines Baseballschlägers. Die Butterblumen, die zu unseren Füßen wachsen, produzieren während des ganzen ersten Jahres ihres Wachstums nur eine einzige Zelle. Diese einsame Zelle teilt sich in der folgenden Vegetationsperiode, formt dann in der dritten eine Knospe, um schließlich, nach vier Jahren, eine leuchtend gelbe Blüte von der Größe eines Reißnagels zu entfalten. Auch die larvalen Stadien von Insekten, die in tieferen Lagen kaum einen Monat dauern, können sich hier oben über Jahre hinziehen.

Als ich damit begann, mir den langen Streifzug durch die Tundra vorzustellen, dachte ich, dass ich diese Reise allein machen würde. Denn ungeachtet aller Vorzüge, die das Wandern in Begleitung hat: Selbst die beste Gesellschaft hält einen um Armlängen zu Einsamkeit und Ausgeliefertsein auf Distanz, zu all den vertrackten Situationen, in die man gerät, wenn man bis zum Hals in der Wildnis steckt – zu all den inneren und äußeren Kämpfen, durch die sich an guten wie an schlechten Tagen kostbare Einsichten eröffnen können. Doch eines Nachmittags, bei einer Konferenz in West Virginia, sprudelte zu meiner eigenen Überraschung eine Einladung an den 68-jährigen LaVoy Tolbert aus mir heraus, einen ehemaligen leitendenden Pädagogen an einer der besten Natur-Therapie-Schulen für Jugendliche aus schwierigen Verhältnissen. Als ich ihm in den späten 90er-Jahren das erste Mal begegnete, arbeitete er noch dort. Ich wollte über das Schulprojekt schreiben, und so stand ich eines Tages auf seiner Schwelle. Er schien nicht besonders erfreut. Sein Gesichtsausdruck war der eines Brautvaters, der bei der Hochzeit seiner Tochter gerade den Trunkenbold des Dorfes entdeckt. Manche würden LaVoy Tolbert als einen ungehaltenen, gereizten Menschen beschreiben. Doch er mimt nur dann den mürrischen Alten, wenn er glaubt, dass jemand dem schaden könnte, was ihm am allerwichtigsten ist, und dazu gehörte damals die behutsame, geduldige Heilung dieser entmutigten Kinder. Ich konnte einfach nicht anders, als diesen Mann zu mögen.

Wenn jemand weiß, wie man die Natur als Werkzeug benutzt, um zu den vorher erwähnten kostbaren Einsichten zu gelangen, dann ist es LaVoy. Er spricht oft davon, dass Menschen lange Zeit in die Wildnis gegangen sind, um über etwas nachzudenken oder um sich auszubalancieren. Über die bloße Herausforderung hinaus, sich an solche Orte zu wagen, so sagt LaVoy oft, ging es auch darum, das Selbstwertgefühl zu heben. »Draußen in der Natur hast du 4,6 Billionen Jahre des Erfolgs – das Beste von allem, das Erhabenste, was die Welt zu bieten hat. Mach einen Streifzug durch die Wälder, und du bist von Siegern umgeben.« Das erinnert mich an den Farmer, von dem LaVoy mir einmal erzählt hat, der seinen alten Ackergaul jede Woche zum Pferderennen brachte, wo er ihn gegen Vollblüter antreten ließ. Eines Tages fragte ihn ein Freund, warum er denn Startgebühren für Rennen bezahle, die er nie gewinnen könne. »Du hast Recht«, sagte der Farmer und rieb sich das Kinn. »Die alte Mähre hat keine Chance. Aber es gefällt ihr sicher, dass sie sich in einer so auserlesenen Gesellschaft befindet.«

Man könnte sagen, dass auch LaVoy und ich reif für diese Art von Gesellschaft sind. In unser Leben ist Bewegung gekommen, neue Abschnitte haben begonnen – in meinem Fall ist es der Übergang in das mittlere Lebensalter, und in seinem das, was er als den Beginn des physischen Verfalls wahrnimmt. Natürlich werden wir bei dem bloßen Gedanken an das Hochland immer noch zu Narren; ein Tag in den Bergen ist für uns wie ein Jungbrunnen und wirkt reinigend und erfrischend. Aber in diesen Tagen waren wir geneigt, der Natur andere Dinge abzuringen – ältere Lektionen, tiefer gehenden Trost. Den ganzen Morgen kramte ich in meiner Vergangenheit und dachte darüber nach, wie ich an diesem Ort landen konnte, der fast 2500 km von dem Ort entfernt ist, in dem ich meine Kindheit verbrachte. Damals war ich in einem weitläufigen gelben Landstrich im nördlichen Indiana festgenagelt und steckte bis zur Nasenspitze in Mais und Rost. Mit der einsamen Ausnahme des St. Joseph Rivers, der fünf Blöcke von unserem Haus entfernt mit einer einzigen lahmen Windung durch unsere Stadt fließt – die jemanden dazu inspirierte, unser braves Städtchen auf den jämmerlichen Namen *South Bend* zu taufen – ist in dieser Region alles so gradlinig und flach wie ein Bettlaken. Die Eisenbahnschienen sowie die Maut- und Landstraßen folgen genau den vier Himmelsrichtungen. Wir verbringen unser Leben auf der Horizontalen, pflegen einige Einwohner von Indiana zu sagen. Darin spiegelt sich eine innere Haltung, die sicherlich etwas mit einer großen, grundlegenden Illusion des Mittleren Westens zu tun hat – dem unerschütterlichen Glauben, dass wir uns, was immer auch geschehen mag, niemals verlaufen können.

Nun interessierte es mich eigentlich wenig, dass ich mich nicht verlaufen konnte. Wenn ich am Sonntagmorgen mit meinen Eltern drei Blöcke weiter zur Lutheranischen Kirche Unseres Erlösers in der Wall Street ging – das Gesicht immer noch rot vom Schrubben, die Haare frisch mit Vitalis pomadisiert –, habe ich mich oft gefragt, warum Gott mich an so einen Ort verbannt hat, in einen Landstrich, in dem es nicht einmal einen einzigen guten Hügel gibt, den man mit dem Fahrrad oder dem Skateboard hätte heruntersausen können. Ich war ein Musterbeispiel für ein in topografischer Hinsicht benachteiligtes Kind. Und so überraschte es niemanden besonders, dass es mich im Alter von ungefähr acht Jahren zu den einzigen Vertikalen zog, die ich finden konnte – den gigantischen Eichen, Ahornbäumen und Platanen, die in einem Teil des River Parks standen. Ich kletterte auf jeden noch so mickrigen Ast, nur um die Chance auf einen guten Ausblick zu ergattern. Eines schönen Samstagnachmittags stieg ich von den Bäumen herab und verkündete meinen Eltern, dass ich irgendeinen Job bräuchte, um einen brillanten Plan finanzieren zu können. Ich wollte an einem großen Pappkarton, der einer Waschmaschine als Verpackung gedient hatte, 100 Gasluftballons befestigen – 1 Dollar das Stück auf dem Bauernmarkt –, um mich so von unserem briefmarkengroßen Hinterhof in die Lüfte zu erheben und das Unbekannte zu erforschen. Wenn ich nachts im Bett lag und meinen Plan überdachte, blickte ich mit meinem geistigen Auge nicht mehr auf den Rauch und Stahl von Bendix, Uniroyal und Dodge herab; ein imaginärer Windstoß ließ mich nach Norden treiben, über verwahrloste Waldstücke und brachliegende Felder bis hinter die Grenze von Michigan, wo ich über einem Wirrwarr von Hügeln schwebte, in deren Bauchnabeln blaugrüne Seen schimmerten.

In diesen Tagen vor meiner geplanten Himmelfahrt hatte man mich eines Morgens wegen der einen oder anderen Schandtat dazu verurteilt, eine Stunde lang in dem monströsen Polstersessel in unserem Wohnzimmer zu sitzen. Als ich tödlich gelangweilt einen Stapel Zeitschriften durchblätterte, stolperte ich über eine Anzeige, in der Informationsmaterial über einen Urlaub in Montana angeboten wurde. Zwei Wochen später flatterte uns ein großer weißer Umschlag ins Haus, voll gestopft mit Land- und Postkarten und mit einigen Fotos, auf denen blitzsaubere Familien in Flanellhemden von Pferderücken hinunter lächelten. Und im Hintergrund sah ich immer wieder lange Reihen von schneebedeckten Gipfeln, die ungeheuerlicher, aufregender und vertikaler waren als meine wildesten Träume. Wenn der Schriftsteller Lawrence Durrel Recht hatte, als er schrieb, dass wir eigentlich »Kinder der Landschaft« sind, dann war Indiana in meinen jungen Augen eine aufgedunsene, teigige Mutter mit gerunzelter Stirn, die in ewiger Sorge die Hände ringt. Auf der anderen Seite verkörperten die Rockies für mich wunderschöne Kusinen, reiche Tanten und spleenige Onkel zugleich. Ich würde nach Westen aufbrechen, verkündete ich, zu den Rocky Mountains, und in einem neuen Anfall von Übermut plante ich für das nächste Jahr eine Flucht nach Colorado. Ich wollte mich mit meinem metallic-lilafarbenen Sting-Ray-Fahrrad auf eine 5000 km umfassende Rundreise begeben. Neun Jahre später habe ich diese Reise schließlich gemacht; schwungvoll rollte ich das Sawtooth Gebirge hinauf – in einem 1964er Pontiac.

Kurz nach Mittag sichtet LaVoy drei braune Klumpen, die gut 800 m entfernt auf einem Hang liegen. Wir bewegen uns vorsichtig auf sie zu und können uns bis auf einige hundert Meter nähern. Jetzt erkennen wir, dass es sich um Wapitibullen handelt, die nicht weit vom Oberlauf des Spring Creek ruhen. Als sie uns sehen, erheben sie sich und bewegen sich nordwärts. Bald schließen sich ihnen vier Kühe an, und die kleine Herde schlendert auf den Rand des Plateaus zu. Davon überzeugt, dass das Schauspiel vorbei ist, bleiben wir noch eine Weile stehen und bewundern ihr gesundes Aussehen und die Dichte und Farbe ihres Fells. Wir wollen gerade weiterziehen, als LaVoy einen kurzen Blick hinter uns, in Richtung Spring Creek wirft, und mehrere Tiere bemerkt, die in eine kleine Senke hinabgleiten. Als ich mein Fernglas auf das dunkelste Mitglied der Gruppe richte, glaube ich zunächst, einen Bären zu sehen. Meinen Irrtum bemerke ich erst in dem Moment, als das Leittier mir sein schwarzes Gesicht zuwendet. Wölfe.

Es sind sechs ausgewachsene Tiere – zwei schwarze und vier graue –, alle ohne Halsband, die sich allem Anschein nach auf direktem Kollisionskurs mit den Wapitis befinden. Und tatsächlich, als das Rudel die Mulde halb durchquert hat, wittert es die Wapitiherde und duckt sich in Lauerstellung. Dieses Verhalten, das ich unzählige Male beobachtet habe, erinnert mich daran, dass es – wie in den meisten Jäger-Beute-Beziehungen – bei Wapitis und Wölfen klare Spielregeln gibt, die fast alle den Sinn haben, Energie zu sparen. Es ist durchaus nicht ungewöhnlich, dass Wölfe an Wapitis vorbeiziehen und diese kaum eine Reaktion zeigen. Doch sobald die Räuber in Jagdstellung gehen, ist die Herde sofort fluchtbereit. Heute Nachmittag hat ein großes schwarzes Tier die Führung übernommen, wahrscheinlich handelt es sich um das Alpha-Weibchen. Ihr Verhalten bestimmt die Vorgehensweise des Rudels. Als sie auf den Rand der Senke zu läuft, beobachten wir, wie sie leichtfüßig ein steiles, unwegsames Geröllfeld überquert, ohne auch nur einmal zu straucheln. Gleichzeitig wenden sich die anderen Wölfe nach links, und als ihre Anführerin den Rand der Senke erreicht, schlagen die erschreckten Wapitis einen Haken, um sich kurz darauf dem Rest des Rudels gegenüberzusehen. Die Jagd hat begonnen: Zwei Wapitis flüchten mit hoher Geschwindigkeit zum Rand des Plateaus, doch die Wölfe ignorieren sie und entscheiden sich, einzeln und paarweise, die Übrigen zu jagen. Sie treiben das Wild vor sich her und achten dabei auf jeden Stolperer, jedes Hinken und sogar darauf, ob eines der Tiere schwer atmet, denn all das kann ein Zeichen dafür sein, dass sie es reißen können.

Nicht ein einziges Mal versucht eines der Wapitis mit Höchstgeschwindigkeit auszubrechen. Sie laufen nur gerade so schnell, dass sie vor ihren Verfolgern bleiben, während die Wölfe lediglich ein Tempo vorlegen, das ausreicht, um ihnen die Informationen zu liefern, die sie zum Einschätzen der Lage benötigen. Auf einmal bleibt einer der Bullen stehen, vielleicht gelangweilt von dem ganzen Getue, und wendet sich seinem Verfolger zu. Und diese Geste reicht aus, um den Wolf zu vertreiben. Auch der Rest des Rudels gibt im gleichen Moment auf, entscheidet sich für die Tundra, und Hals über Kopf, hechelnd und mit heraushängenden Zungen, stürmen sie davon. LaVoy ist erstaunt. Zum einen, weil wir das unglaubliche Glück hatten, in dieses Spektakel hineinzustolpern, zumal es sich wahrscheinlich um das einzige Wolfsrudel im Umkreis von 50 km handelt. Aber etwas anderes verblüfft ihn noch mehr: Jahrelang hatte man ihm erzählt, dass Wölfe nur die schwächsten Tiere erbeuten, und LaVoy hatte diese Behauptung immer als reines Wunschdenken abgetan. Doch das, was er eben mit eigenen Augen gesehen hat, bestätigt diese Aussage. »Das Bild, das ich von Wölfen hatte, hat einen tiefen Riss bekommen; das ist eine der bedeutendsten Erfahrungen meines Lebens«, sagt er atemlos, während er immer noch versucht, sich an den Gedanken zu gewöhnen. Ein paar Kilometer weiter sehen wir noch einmal Wölfe, die in der Tundra lümmeln. Sie blicken flüchtig in unsere Richtung, und da sie keine Liebhaber von Menschen sind, stehen sie auf und verkriechen sich in einer flachen Mulde.

In den sieben Jahren seit der Wiederansiedlung von Wölfen im größerem Gebiet des Yellowstone ist kein Rudel an der nordöstlichen Seite der Beartooth heimisch geworden. Die beste Chance wurde vertan, als die ersten Tiere auf einem mit Salbei bewachsenen Hügel in der Nähe einer alten Goldgräbersiedlung namens Bearcreek ausgesetzt worden waren. Sechs Wochen danach zog ein ortsansässiger Holzfäller eine geklaute Flinte aus seinem Lastwagen, lehnte sich gegen die Tür, zielte und knallte das Alpha-Männchen ab. Kurz darauf schaffte man die Wolfsmutter und ihre Jungen zurück in den Yellowstone National Park und setzte sie dort im folgenden Herbst aus. Jetzt, im Sommer 2002, gibt es ungefähr 250 Wölfe, die in zwei Dutzend Rudeln überall im Ökosystem verstreut leben. Die Mehrzahl hat in den nördlichen Bereichen des Parks ihr Revier, wo die Wapitibestände am größten sind.

Die Wölfe haben inzwischen die angestrebten Populationen erreicht, die von der *U.S. Fish and Wildlife*-Behörde in dem Wiederansiedlungsplan festgeschrieben wurden, in dem auch Schutzgebiete in Idaho, Montana und Wyoming mit eingeschlossen sind. Was jetzt noch zu tun bleibt, bevor die Tiere von der Liste der gefährdeten Arten gestrichen werden können (von den unvermeidlichen Gerichtsverfahren einmal abgesehen), ist, dass jeder Bundesstaat einen effizienten Managementplan in Kraft setzt – eine klare Strategie entwickelt, wie mit beidem, dem Tier und seinem Lebensraum, verfahren werden soll, um ein erneutes Schrumpfen der Populationen in Zukunft zu vermeiden. In Wyoming kommt dieser Plan nur schleppend voran; man verliert sich zur Zeit in Schadensersatzansprüchen und widersprüchlichen Bestimmungen. Idaho und Montana kommen mit ihren Managementplänen besser voran. Bei einer Umfrage, die 1996 von der Colorado State University durchgeführt wurde, sprachen sich 75 % der Demokraten, 76 % der Republikaner und 82 % der freien Wähler für eine Wiederansiedelung der Wölfe aus. Doch auch hier gibt es noch viele Gegner, und die Ausarbeitung konkreter Pläne gestaltet sich schwierig.

Man fragt mich oft, ob sich die negative Einstellung gegenüber Wölfen in dieser Region seit ihrer Wiederansiedlung geändert hat. Einige meiner Rancher-Nachbarn, die eine drastische Reduzierung ihres Viehbestandes befürchtet hatten, gestehen nun erleichtert ein, sich geirrt zu haben. Doch ein derartiges Eingeständnis wird nur selten öffentlich verkündet, und solange man nicht über schlagkräftige Argumente verfügt, sollte man sich besser genau überlegen, wann und wo man irgendwelche Kommentare über Wölfe vom Stapel lässt. Bis zum heutigen Tage ist die Wahrscheinlichkeit, in der Bullsitter Lounge in Cody grün und blau geprügelt zu werden, mit einem »Ich liebe Wölfe«-T-Shirt höher als mit einem »Bin Laden«-T-Shirt.

Es ist ungefähr eine Stunde her, dass wir zum zweiten Mal Wölfe gesichtet haben. Wir legen eine Atempause am Ostrand des Plateaus ein, zücken unsere Ferngläser und sehen binnen Sekunden zwei Dutzend Bergziegen, Mutter- und Jungtiere, die in der Nähe des Line Lake eine steile Wand aus Vulkangestein hinuntertänzeln. Wir sind kaum zwei Tage unterwegs, und schon erleben wir eine Kleinkunstdarbietung wild lebender Tiere. Man gebe noch einen Bären und einen Elch dazu, und schon wird daraus großes Theater. Einerseits ist es natürlich pures Glück, wenn solche Begegnungen stattfinden, anderseits verdanken wir unseren Erfolg zum Teil auch LaVoys Methode, sich durch das Gelände zu bewegen. Es ist die eines Jägers: Er geht immer so langsam, dass sein Blick schweifen kann, und macht oft Pausen, in denen er die Ellbogen auf seinen Rucksack stützt und konzentriert weit entfernte Hügel durch seinen Feldstecher betrachtet. Ich glaube, dass diese Art der Fortbewegung früher einmal weit verbreitet war, doch heute wird sie so selten praktiziert, dass sie etwas sonderbar erscheint.

Und so verläuft dieser gesegnete Streifzug auch über weite Teile des dritten Tages – jedenfalls bis zum Mittagessen, als wir einen einsamen Bergrücken erreichen, der hoch über dem Littlerock Canyon liegt. In einem nahe gelegenen Sumpf, kilometerweit von jeder Straße entfernt, steht ein 1947er Chevrolet Stylemaster bis zu den Achsen im Schlick. Aller brauchbaren Teile beraubt, sandgestrahlt vom Wind und vom Terrain überwältigt, scheint er ein tröstliches Denkmal für die Grenzen der Technik zu sein, eine Ermahnung, dass nichts weiter nötig ist als ein gut durchfeuchtetes Fleckchen Erde, um selbst General Motors den Garaus zu machen. Und genau hier – nur einen Steinwurf vom *middle of nowhere* entfernt und mit mehr als 150 km vor uns – scheint unsere Bewegungsfreiheit zu schwinden. Westlich von unserem windigen Hochsitz bieten die schneebedeckten Gipfel der Absarokas einen entmutigenden Anblick. Als wären sie auf der anderen Seite des Clarks Fork Valley aus dem Boden explodiert, sind sie schön und Furcht erregend zugleich. Diese Höhenzüge, einst aus urzeitlichen Meeresgründen geboren – der älteste ist gut 350 Millionen Jahre alt –, wurden später von Lavamassen überflutet, die wiederum von Schlammströmen, Wasser und Eis erodiert wurden. Es ist fraglos eines der unwegsamsten Gebiete der Rocky Mountains. Während wir auf Trockenfleisch, Cashewnüssen und Käse herumkauen, starren wir gebannt auf diese Berge, die uns elektrisieren und gleichzeitig das Herz brechen. Von unserem Platz aus lässt sich keine irgendwie zu bewältigende Passage erkennen. Der Yellowstone National Park, der hinter diesen Bergen liegt, scheint nahezu unerreichbar geworden zu sein.

Also zögern wir. Und das heißt in unserem Falle, dass wir wieder einmal eine lange tiefsinnige Unterhaltung beginnen, was bedeutet, dass wir sowohl völlig unsinnige als auch inspirierte Dinge von uns geben. Es ist die Art von Konversation, die der Trapper Osborne Russell so liebte und die er als *Rocky Mountain College* bezeichnete.

In den letzten Tagen haben sich LaVoys Geschichten über die ganze Tundra ergossen wie ein langer ruhiger Fluss. Folgendes habe ich bisher erfahren: Sein Arm wurde verkrüppelt, als er im Alter von 14 Jahren eine Wette mit Freunden abschloss und eine Kuh mit dem Lasso einfing, die Narrenkraut gefressen hatte und völlig high war. Die Kuh ging auf sein Pferd los, und in dem nachfolgenden Tumult wickelte sich das Seil um seinen Arm und trennte ihn fast von seinem Körper. Die Nervenbahnen sind seitdem irreparabel beschädigt, sodass er die Finger an dieser Hand kaum bewegen kann. Seine Eltern waren am Boden zerstört und schleppten ihn von einem Arzt zum anderen. Jeder versicherte der Familie, dass eine baldige Heilung in Aussicht stünde. Zwei Jahre lang folgte eine fehlgeschlagene Operation oder Therapie auf die nächste, bis LaVoy selbst all dem ein Ende setzte. Trotz seiner Verletzung blieb er ein guter Sportler. Als Baseball-Spieler beherrschte er eine komplizierte Technik: Er fing den Ball mit seinem gesunden linken Arm, zog dann blitzschnell den Handschuh aus und warf ihn mit der gleichen Hand. (LaVoy beherrschte diesen kleinen Trick so gut, dass er während seines letzten Schuljahres von einer Profimannschaft entdeckt wurde. Der Talentsucher war begeistert, gelangte aber schließlich zu der Überzeugung, dass der verletzte Arm LaVoy daran hindern würde, den Baseballschläger ausreichend kraftvoll zu schwingen.) Er war auch ein guter Läufer und Ringer, und in der College-Zeit führte seine Teilnahme an einem Box-Seminar dazu, dass er zu einem Turnier um die *Golden Gloves* eingeladen wurde.

Doch LaVoys Geschichte ist nicht nur die typische Erfolgsstory. In Folge seiner Lasso-Episode musste er erleben, dass sich viele seiner so genannten Freunde von ihm distanzierten. Sie zeigten ihm die kalte Schulter und verspotteten ihn sogar, weil er seit dem Unfall anders aussah, und auf der Highschool ist das ein nahezu unverzeihlicher Fehler. »Ich hatte mich immer für die Benachteiligten eingesetzt«, sagt er und erzählt, dass er vor dem Unfall den schwächeren Kindern in der Schule immer geholfen, ihnen gegen die Rabauken beigestanden hatte. »Und plötzlich war ich einer von ihnen. Nun war ich einer der Schwächeren.«

Wir befinden uns nun zum ersten Mal seit der Ersteigung des Mount Maurice am Morgen unseres ersten Reisetages auf einem erkennbaren Pfad und marschieren zügig zum Littlerock Canyon. Der Weg führt uns weitläufige Abhänge hinab, die von Wapitikühen und ihren rostfarbenen Kälbern bevölkert werden; dann wendet er sich nach Süden und führt uns schließlich in westlicher Richtung durch enge Schluchten, die erfüllt sind von dem Geplätscher schnell fließender Bäche. Jetzt, nachdem wir die Tundra verlassen haben, macht sich die Hitze bemerkbar. Sie erschöpft uns, und am Ende des Tages schleppen wir uns, schmuddelig und schweißgebadet, steile, von triefend nassen Wiesen bedeckte Abhänge hoch. Es ist lange nach 7:00 Uhr, als wir endlich einen kleinen Bergrücken erreichen und beschließen, es für heute gut sein zu lassen. Das mit Felsbrocken übersäte Tafelland beherbergt den Top und den Dollar Lake. Die Wälder und die Nordflanken der Hügel sind mit Resten von Schnee bedeckt; dünne Lachen von Schmelzwasser fließen über den Boden und lassen kaum ein trockenes Fleckchen übrig, auf dem man ein Zelt aufbauen kann. Noch gibt es nur wenige Moskitos, doch das wird sich zweifellos schnell ändern, wenn in den Nächten die Temperaturen über den Gefrierpunkt klettern. Ich bin todmüde, und LaVoy kippt fast aus den Latschen. In zwei Monaten werden wir uns an diesen Tag als den härtesten des ganzen Sommers erinnern.

Wir sitzen um den Topf herum, warten darauf, dass das Wasser kocht und zerreißen Trockenfleisch in kleine Stücke. Und dann zieht LaVoy wieder die Schleier zurück, die seine Kindheit verhüllen. Heute konzentriert er sich auf sein Lieblingsthema: seine Tiere.

Er erzählt mir von einem Wallach namens Dusty, den seine Eltern einst aus einer Herde Wildpferde gefangen hatten, die durch die hoch gelegenen Wüsten im Süden von Utah zog, ganz in der Nähe von LaVoys Zuhause. Eines Tages ritten er, sein Vater und sein Onkel an einer der wilden Herden vorbei, als Dusty, der ohne Reiter mitgeführt wurde, seine alten Gefährten erkannte. Er riss sich los, stürmte davon und begann, wie durch einen Zauber zum Leben erwacht, Stuten zusammenzutreiben, als wäre seine ursprüngliche Veranlagung noch voll intakt. Die Erinnerung an diese Begebenheit zaubert ein flüchtiges Lächeln auf LaVoys Gesicht, und dann berichtet er, dass der Wallach in sich zusammensackte, als seine Auserwählte am Abend weiterzog. Der traurige Anblick, den Dusty bot, brach LaVoy das Herz und vermittelte ihm ein paar tiefe Erkenntnisse über den Wert der Freiheit.

Und dann war da Spot, der dümmste Hund von Millard County. Spot war angeblich ein Jagdhund, aber es war absolut unmöglich, ihm etwas beizubringen. Er lief den Jägern weit voraus, reagierte nie auf Kommandos, und sobald er einen Schuss hörte, geriet er in Panik und verkroch sich. Aber dem 16-jährigen LaVoy fiel etwas an dem Hund auf, was allen anderen entgangen war, nämlich, dass dieses Geschöpf eine unglaublich gute Nase hatte. Immer wieder hatte er beobachtet, dass Spot Vögel witterte, die Hunderte von Metern entfernt waren, und dass er dann schnurstracks auf sie zulief. LaVoy traf eine Entscheidung, in deren Folge er eine der wichtigsten Lektionen seines Lebens lernte: Statt den Hund krampfhaft auf konventionelle Weise zur Jagd abzurichten, passte er sich den Talenten des Tieres an. Warum sollte Spot nicht vorauslaufen, die Vögel aufstöbern und brav warten, bis die Jäger ihn endlich eingeholt hatten? Sollte er es doch auf seine Weise machen. Und schon bald erhielt LaVoy Anrufe von seinen Onkeln und all den Freunden seines Vaters, die darum baten, mit Spot auf die Jagd gehen zu dürfen.

Während ich auf einem Stein hocke und in einem Topf mit Suppe herumrühre, dämmert es mir, dass LaVoy einer der wenigen Männer ist, die offen über die Erkenntnisse sprechen, die sie als Kind gewannen. Vielleicht liegt es daran, dass er so viel Zeit in der Natur verbringt. Selbst der verschlossenste Mann scheint bereit zu sein, sich seinen Tagträumen hinzugeben, wenn er sich in einer großen, menschenleeren Weite befindet, unter einem schwarzen, mit Sternen übersäten Himmel. Frauen sind in der Lage, sich von den alltäglichen Dingen geistig inspirieren zu lassen, die sich bei der Arbeit, zu Hause oder im Garten ereignen, während Männer sich meist dann zu Höhenflügen veranlasst fühlen, wenn sie auf dem urgewaltigen Meer der Metamorphose treiben. Männer lieben das Drama. Ihr Herz schlägt in den Zeiten höher, in denen das Leben zerschmettert wird, nur um sich gleich darauf vor ihren Augen zu erneuern – so, wie es hier draußen der Fall ist. Kaum ist eine Jahreszeit von Geröllawinen, von Winden und Schneestürmen niedergetrampelt worden, schon erhebt sich die nächste, begleitet vom Rauschen der Blätter und dem Flügelschlag der Gänse.

Diese Art von Metamorphose spielte in LaVoys Leben lange eine große Rolle – nicht nur in seiner Kindheit, sondern auch in den 40 Jahren, in denen er Lehrer für naturwissenschaftliche Fächer an der Highschool war. Als ich ihn das erste Mal traf, saß er unter den Zweigen eines Wacholderstrauchs vor einer Gruppe von 14- und 15-jährigen Mädchen, Schülerinnen der Wilderness Therapy School, und unterrichtete Biologie. »Erinnert ihr euch an die großen Pilze, die wir vorhin gesehen haben? Wir haben sie Kartoffelpilze genannt. Also, diese Kartoffelpilze sind ein gutes Beispiel dafür, wie sich das Leben durch Sporen reproduziert. Jeder dieser Pilze entlässt Millionen solcher Sporen, und alle sind exakt gleich.« Ich hörte aufmerksam zu, als er den Mädchen langsam ihre Ideen über die Grenzen einer solchen Fortpflanzungsstrategie entlockte.

»Wenn ich euch richtig verstehe«, sagte er schließlich, »hat so eine Spore nur eine Chance, wenn sie in genau der richtigen Umgebung landet. Sie braucht genau die gleichen Bedingungen wie die Mutterpflanze.« Aus den folgenden Diskussionen zogen die Mädchen den Schluss, dass sich das Leben meistens nicht, wie im Falle der Staubpilze, selbst klont, sondern dass es sich sexuell reproduziert – eine Strategie mit einem nahezu grenzenlosen Potenzial an Vielfalt. Und dass mit der Vielfalt die Chancen einer Art größer werden, unter sich verändernden Bedingungen zu gedeihen. »Was ihr da sagt, bedeutet«, resümierte LaVoy und sah dabei jedem der Mädchen in die Augen, »dass die Natur die Verschiedenartigkeit liebt.« In den folgenden Tagen erlebte ich Mädchen, die nur wenige Wochen vorher noch aus Wunden geblutet hatten, die von den scharfen Kanten all der Dinge herrührten, die in ihrem Leben zerbrochen waren. Und nun sahen sie über die Ponderosa hinweg auf den herrlichen roten Felsen des Capitol Reef, atmeten durch und begannen, die Scherben aufzusammeln.

Der Sommer in den nördlichen Breiten bietet die Möglichkeit, in Tageslicht zu baden – fast 17 Stunden lang und noch länger, wenn man das zarte Rot dazu zählt, das im Osten den Sonnenaufgang ankündigt, oder das Glühen der Berge, das in diesen Tagen bis weit nach 22.00 Uhr die Abende erhellt. Trotz des anstrengenden Marsches gestern stehen wir kurz vor 6.00 Uhr auf und packen zusammen; um 6.30 Uhr sind wir bereits unterwegs. Wir frühstücken erst, nachdem wir zwei oder drei Kilometer gegangen sind, wenn das Blut zu zirkulieren begonnen hat, die Muskelstarre nachlässt und wenn Arthur, so nennt LaVoy die Arthritis in seinen Füßen, fast in Vergessenheit gerät. Gestern habe ich zu ihm gesagt, dass ich das Gefühl hätte, akklimatisiert zu sein, mich an das Leben in 3000 m Höhe angepasst hätte. Aber: »Man akklimatisiert sich nie wirklich«, war sein Kommentar. »Du gewöhnst dich nur an den Schmerz.«

An allgemeinen Maßstäben gemessen, reisen wir mit leichtem Gepäck: Ich trage 21 Kilo und LaVoy knapp 18. Zwei ganze Monate habe ich damit zugebracht, Nahrungsmittel zu trocknen – alles Mögliche, von Spagettisoße bis zu Salsa und von Curryhuhn bis zu Spinat-Linsen-Suppe. Ungefähr eine Stunde vor dem Essen geben wir unser Trockengericht in eine Flasche, schütten Wasser drauf und marschieren dann weiter, und wenn die letzte Wegstrecke des Tages hinter uns liegt, kann unsere Mahlzeit erhitzt und serviert werden. Neben Regenbekleidung und Unterwäsche befinden sich ein paar Erste-Hilfe-Artikel in unserem Gepäck, unter anderem Moleskin und Spyroflex gegen Blasen, ferner ein bisschen Trockenfleisch, Gorp (*Good Old Raisins and Peanuts*, eine Snack-Mischung), ein Wasserfilter, Notizbücher, eine Kamera und Ferngläser. Da wir normalerweise essen, bevor wir unser Nachtlager aufschlagen (auf diese Weise schaffen wir eine Distanz zwischen den Essensgerüchen und unserem jeweiligen Aufenthaltsort), sind die letzten Aktivitäten des Tages überschaubar. Wir brauchen 15 Minuten um das Zelt aufzubauen, die Stirnlampen und unsere Tagebücher hervorzukramen, schließlich noch zehn weitere zum Zähneputzen und um die Tasche mit dem Essen in den Bäumen aufzuhängen.

Heute Abend fallen mir ein paar Ratschläge für Wanderer ein, die von einem wackeren, wenn auch etwas barschen, kleinen Abenteurer namens Hanford Henderson stammen. 1898 war Henderson einer der wenigen Menschen, die zu Fuß den Rundweg von Mammoth zum Yellowstone Lake und dann zurück durch den Canyon gegangen waren; eine Tour von immerhin mehr als 150 km. Wenn man in Etappen reiste, brauchte man damals sechs Tage, doch Henderson schaffte es in fünf. Um zweckdienlich wandern zu können, so schrieb er, muss man auf gewisse Details achten, insbesondere auf die Kleidung.

Ein oft begangener Fehler ist das Tragen von zu viel und zu schweren Kleidungsstücken. Es ist besser, ein Wagnis einzugehen und, so wie ich, leichteste Unterwäsche, einen luftigen Reiseanzug, einen Strohhut und leichte Schuhe zu tragen. Vor schwerem Schuhwerk sei nachdrücklich gewarnt; es hat schon viele Erfolg versprechende Expeditionen vereitelt. Es ist viel besser, anmutig voranzuschreiten und sich, wenn es sein muss, einen passablen Weg zu suchen, als ermüdende, klobige Stiefel zu tragen und auf jeden spitzen Stein zu treten, den man sieht. In meiner Hand trug ich einen leichten Regenschirm (um Klapperschlangen zu töten und Bären in die Flucht zu schlagen) und ein kleines Bündel Papier. In meiner Tasche hatte ich ein Päckchen salzige Kekse und in meinem Herzen viele Dinge. Dennoch war es sehr leicht. Auch das ist wichtig.

Kurioserweise war Henderson nicht der Erste, der einen Schirm zum Schutz gegen wilde Tiere verwendete. Theodore Roosevelt erzählte die Geschichte eines Mannes, der im Yellowstone Park ausprobierte, wie weit er sich einer Bärenmutter und ihren Jungen nähern konnte. Das Tier ging auf ihn los und fügte ihm eine schwere Bisswunde zu. Der Fluchtweg, den der arme Kerl eingeschlagen hatte, führte ihn direkt zu seiner Frau, die einfach ihren Regenschirm schwang und den Bären vertrieb. Ähnliches wird von einem Jagdführer namens Farrell berichtet, der im Montana des 19. Jahrhunderts statt mit einem Schirm mit einem Stock bewaffnet war. Er behauptete: »Ein Schlag auf die Nase ist mehr wert als ein Dutzend wahlloser Schüsse aus einer Flinte.«

Am nächsten Tag verlassen wir bereits die Beartooths. Es beginnt mit einer stillen Wanderung über einen geländewagentauglichen Weg, der von einer dicken Schneedecke überzogen ist, und hier entdecken wir unsere ersten Grizzlyspuren. Als wir wenig später durch den eisigen Fjord eines Abflusses der Chain Lake waten, schwimmen riesige Cutthroat-Forellen um unsere Beine herum. Nach Norden hin bietet sich ein außergewöhnlicher Anblick. Das Herzstück der Beartooth – kolossale Türme und Wälle aus Granit, die von mehr Schnee bedeckt sind, als ich in den letzten Jahren gesehen habe, ragen bis zu 600 m auf. Wenn es Berge in Montana gibt, die sich ihr eigenes Wetter zusammenbrauen, dann sind es wahrscheinlich diese. In jedem Monat des Jahres produzieren sie heftige Sturmböen und Schneestürme, welche die Besucher aus Iowa, Kansas und Michigan in Panik versetzen, wenn sie ihre gigantischen Campingfahrzeuge den Beartooth Highway hinabmanövrieren. Die Folgen sind Hände, die sich um Lenkräder krampfen, sorgenvolle Gesichter und wartungsbedürftige Bremsen, die den Autowerkstätten in Red Lodge ein florierendes Geschäft bescheren. Die Poesie dieser schroffen Felslandschaft manifestiert sich an vielen Tagen weniger in Metrik und in Reimen, sondern in ungezähmten, heulenden, freien Versen. Nur dann und wann zeigt sich die rosige Erde eines Robert Browning oder seine lieblichen, idyllischen, mit Tau beperlten Hänge. Man fühlt sich öfter an Whitman, Ginsberg und vielleicht an Gary Snyder erinnert: »Vom Eis zerfurchte Gesteine und gekrümmte Bäume,/ …/ Nur das verwitternde Land / Die kreisenden Himmel …«

Es ist kaum mehr als hundert Jahre her, dass sich nordwestlich von hier, in der Nähe von Cooke City, acht Männer um ein Lagerfeuer drängten. Sie waren frisch aus dem Osten eingetroffen, und ihre Aufgabe war die erste gründliche geologische Erforschung dieses Gebirges, das damals Granite Range hieß. Die Gruppe bestand aus dem verwegenen norwegischen Fotografen Anders Wilse, aus ein paar Ingenieuren, einigen bärtigen, wettergegerbten Jägern und ein paar Männern, die für die Lasttiere zuständig waren. Geleitet wurde die Expedition von dem Mineralogen James Kimball, der einen Batzen Geld aus Rockefellers Portemonnaie in der Tasche hatte.

Sie waren allerdings nicht die ersten Bergsüchtigen, die in dieser Gegend auftauchten. Im Rahmen der Erkundung des Yellowstone durch Ferdinand Hayden im Jahre 1871 war 20 Jahre zuvor der Geologe William Holmes in diesem Gebirge gewesen. Aber da seine Berichte über die Beartooth gravierende Fehler aufwiesen, glaubte Kimball nicht, dass er jemals in das Herz der Beartooth vorgedrungen war. Und auch General Philip Sheridan, der im Jahre 1882 von Cooke City in östlicher Richtung losmarschiert war, hatte zwar den Beartooth Butte hinter sich gelassen, das Line Creek Plateau überquert und war dann zum Yellowstone River gezogen, aber Sheridan hatte einfach das getan, was er am besten konnte – Zeit vertrödeln und planlos ins Blaue marschieren. Und so war in Kimballs Augen die Erkundung dieser Region eine Arbeit, die noch getan werden musste, und er und seine Gefährten würden diejenigen sein, die diesen Job erledigten. Die Männer, die da am Feuer hockten, waren hoch motiviert. Die letzten Wochen des Sommers lagen vor ihnen, verheißungsvoll wie ein schöner Traum.

Womit die Gruppe nicht gerechnet hatte, war das Wetter in den Beartooth. Von Stürmen gebeutelt, brachten sie nur mühsam ihre Tagesreisen hinter sich und drangen dabei immer weiter ins Unbekannte vor. Sie zogen zum Quellgebiet des East Rosebud, zum Lake Abundance, stiegen auf die Gipfel des Stillwater und des Sawtooth, und bezwangen schließlich beinahe Montanas höchsten Berg, den Granite Peak. Kimballs Reisebeschreibungen sind eine Mischung aus wissenschaftlichem Kauderwelsch – er spricht von »porphyritischen Kanälen und feldspatischem« Granit – und aus jungenhafter Begeisterung, entfacht von steilwandigen Schluchten, Gletscherseen und unzähligen Wasserfällen. Und immer wieder beschreibt er das »tückische Wetter«, berichtet von »prasselnden Hagelstürmen und rauen Winden«, und von einem Biwak am Goose Lake, das er noch viele Jahre später als *Camp Misery*, Elendslager, bezeichnet hat.

Kimballs Truppe kam mit ihrer Arbeit gut voran, da sie sich zu Observierungszwecken teilte. Mehrmals schulterte der Fotograf Wilse seine ebenso umfangreiche wie schwere Ausrüstung und zerfetzte sich Stiefel und Kleidung an scharfkantigen Felsen, als er allein durch die schroffsten Gebiete streifte. Außer seiner Fotoausrüstung hatte er nur eine Decke und einen Beutel mit Nahrungsmitteln bei sich, und wenn er in der Tundra ein Nachtlager herrichtete, befreite er lediglich ein kleines, grasbewachsenes Fleckchen von den gröbsten Steinen. Es war Wilse, der auf das Eisfeld mit den gefrorenen Grashüpfern stieß, von dem ein paar Jäger und Goldsucher der Gruppe erzählt hatten. Inzwischen ist der Grashopper Glacier, der 12 km nördlich von hier liegt, eine berühmte Sehenswürdigkeit.

Die Herbstschneefälle stellten sich in jenem Jahr früh ein; in wenigen Tagen hatten sich meterhohe Wehen gebildet. Enttäuscht musste sich das Team ins Tiefland zurückziehen, obwohl große Teile der nördlichen Beartooth Range noch nicht kartografiert waren. Der Rückzug aus den Bergen wurde so schwierig, dass Wilse und ein Ingenieur namens Wood vorausgeschickt wurden, um durch Graupelschauer und Schneefälle hindurch nach geeigneten Lagerplätzen Ausschau zu halten – vorzugsweise in Gebieten mit Marschland, damit die Pferde dort auch durch die Schneeschichten hindurch noch Gras finden konnten. Am letzten Abend, als sich die braune, trockene Prärie bereits vor ihnen in östlicher Richtung erstreckte, gerieten die beiden in einen Streit über den besten Weg nach Red Lodge. Aufgebracht trennten sie sich und begannen einzeln den Abstieg.

Wilse und sein Pferd – ein wilder Mustang mit dem eher zahm klingenden Namen Pussy – wurden auf eine harte Probe gestellt.

In einem Tagebuch, das er Jahre später schrieb, berichtet der Norweger, dass er mittels Hebeltechnik Felsbrocken von den schneebedeckten Hängen löste, die beim Herunterpoltern eine Bahn schufen, in der er auf seinem Hintern hinabrutschen konnte, während sein Pferd den Abstieg staksend und schlitternd bewältigte. Als sie schweißüberströmt die Ebene erreichten, war es bereits dunkel. Der Rest der Gruppe wurde in den Bergen von einem Sturm mit Windgeschwindigkeiten von bis zu 100 km/h festgehalten. Schließlich schaffte man es, ein einziges Zelt aufzubauen, doch der Mann, der darin schlafen sollte, war die ganze Nacht damit beschäftigt, die Zeltplane von dem heißen Ofen fern zu halten – was ihm letztlich misslang. Am nächsten Tag verirrte sich die Gruppe und landete nicht am Rocky Fork, sondern im Bighorn Basin in Wyoming.

Erstaunlicherweise unternahm Kimball, nach einer kurzen Ruhepause in Red Lodge, mit einem kleinen Team, dem Wilse nicht angehörte, während des ganzen Oktobers Abstecher in die Beartooth und ihre Umgebung. Sie zogen über die Dead Indian Pass Road, an der entlang überall gefällte Baumstämme lagen. Sie waren hinter Wagen gestapelt und zusammengebunden, damit sie nicht das 2,5 km lange Gefälle hinuntertrudelten. Auf dem Rückweg umrundete die Truppe die Beartooth und erreichte den East Rosebud. Dort musste Kimball entsetzt mitansehen, wie Windböen mit einer Geschwindigkeit von 130 km/h sein 3,60 x 4,80 m großes Zelt zerfledderten. Zunächst wurden Ösen wurden aus dem Stoff gerissen, dann flogen Kleidungsstücke, Bettzeug und sogar der Ofen hinunter in den Canyon. »Alles wurde weggeweht«, schrieb er, »außer den Decken, auf denen ihre Besitzer saßen. Kleinere Dinge, die man für gewöhnlich paarweise trägt, fanden ihr Gegenstück nie wieder. Wir brauchten kein weiteres Abenteuer, um einzusehen, dass das Campieren in freier Natur für dieses Jahr beendet war.«

Was mich betrifft, so sind es gerade die Beartooth, um die sich meine besten Erinnerungen ranken. Es sind Eindrücke, die ich in 3000 m Höhe gesammelt habe: ein Vollmond, der auf einen namenlosen, von Felsen eingerahmten See scheint; Bergziegen, die am Rande unseres Lagerplatzes grasen; Stürme, die so plötzlich losbrechen, als hätte man sie aus einem Hut gezogen, und die mich bis an den Rand der Tundra haben flüchten lassen; windstille Morgendämmerungen, die ich, auf die Ellbogen gestützt, in einem Bett aus Vergissmeinnicht erlebte, mit freiem Blick über das weite Land und auf die in der Sonne glühenden Crazy Mountains.

Am vierten Tag verlassen wir gegen 13.00 Uhr den gewundenen Pfad und bestimmen mittels Kompass einen Kurs, der uns durch den Wald über den Table Mountain zum Chief Joseph Scenic Highway führen soll. Wir hoffen, bei einem Ort namens Painter Store herauszukommen, wo uns meine Frau Jane erwarten wird, die uns etwa 80 km bis in den Yellowstone Park hinein begleiten wird – den Lamar River entlang, durch das Pelican Valley bis zum Yellowstone Lake bei Fishing Bridge. Womit wir bei der Planung der Route nicht gerechnet haben, ist der Zustand, in dem sich der Beartooth Creek westlich des Table Mountain befindet. Er ist durch die Schneeschmelze zu einem reißenden Strom angeschwollen; die Wassermassen passieren eine Reihe von vulkanischen Spalten und drängen sich von Felswand zu Felswand. Niemand, der bei Verstand ist, würde den Versuch machen, diesen tödlichen Wasserlauf zu überqueren. Man hatte uns gesagt, dass es weiter unten eine Brücke gibt. Doch wir müssen bald feststellen, dass der Weg am Fluss kaum zu begehen ist. Weiter abseits ginge es, aber von dort würden wir die Brücke nicht sehen und dann von dem geplanten Kurs abkommen und an den Ufern des Clarks Fork landen, in einer Schlucht, aus der selbst eine geschickte Bergziege ohne Seile und Haken nicht herauskommt. Also halten wir uns so dicht wie möglich am Ostufer des Beartooth Creek. Das Flussbett ist von 15 bis 30 m hohen, mit Geröll bedeckten Hügeln gesäumt. Auf den kurzen Wegstrecken zwischen ihnen liegen überall gestürzte Bäume, und uns bleibt nichts anderes übrig, als über sie hinwegzuklettern, unter ihnen durchzukriechen oder sie zu umgehen. Es ist sehr heiß; die Moskitos haben ihre feuchten Kinderstuben verlassen und stürzen sich immer dann auf uns, wenn wir völlig hilflos auf den Knien oder bäuchlings unter einem gefällten Baum hindurchkriechen.

Nach mehr als einer Stunde entdecken wir zwar nicht die Brücke, aber ein mächtiges Gewirr von Hölzern, die quer über dem Fluss liegen. Vier gigantische Bäume haben sich ineinander verkeilt; die reißenden Fluten haben die Rinde abgeschält, das Holz poliert und ihm einen elfenbeinfarbenen Schimmer verliehen. Unter den Stämmen befindet sich das gischtige Wasser in einem Aufruhr, der nicht nur die Bäume, sondern auch das Ufer erbeben lässt. Um auf den ersten Stamm zu klettern, sind akrobatische Fähigkeiten vonnöten. Plötzlich sitzt LaVoy zwischen zwei großen Ästen fest, und ich muss meine ganze Kraft aufbieten, um ihn aus dieser Klemme zu befreien. In psychologischer Hinsicht ist es natürlich ein gewaltiger Unterschied, ob man über ein seichtes Bächlein balanciert, wo ein Fehltritt nasse Füße und geknickten Stolz bedeutet, oder ob man sich über einem tosenden Gewässer befindet, das einen ertränken wird, wenn man flussaufwärts hineinfällt, oder, sollte man flussabwärts fallen, an den Felsen zerschmettert. Als wir schließlich das andere Ufer erreichen, muss ich mich erst einige Minuten erholen und warten, bis mir das Herz nicht mehr bis zum Hals schlägt. Nach etwas mehr als 5 km erreichen wir schließlich Painter Store, doch zu unserem Pech ist dort wegen eines Stromausfalls geschlossen. Aber Jane ist da. Und ein schattiges Plätzchen mit einer Bank. Und eine Kühltasche voller Essen.

Kapitel zwei

Zwischen uns und Hawks Rest liegen noch 160 km. Wir werden durch ein Gebiet wandern, dessen evolutionäre Prozesse stark durch die Brände im Jahre 1988 beeinflusst wurden. Allein 1620 km² Wald wurden ein Opfer des Clover-Mist-Feuers, das im Yellowstone National Park ausbrach und sich bis zum Oberlauf des Miller Creek ausbreitete. Als es über den Fluss hinweg auf den Shoshone National Forest übergriff, ignorierte es vollkommen jene Forstbeamten, die da hatten verlauten lassen, sie würden in ihrem Gebiet unter keinen Umständen Brände »dulden«, die ihren Ursprung im Yellowstone National Park hätten. Am 8. September rollten die Wellen eines Flammenmeeres entlang der Ufer des Papoose und des Crandall Creeks bis hin zum Clarks Fork des Yellowstone Rivers, und erfassten an nur einem einzigen Tag eine Fläche von 125 km². Heute, 14 Jahre danach, sind die vereinzelt noch stehenden toten Fichten, Tannen und Drehkiefern von einem großen Gewirr aus umgestürzten Bäumen und deren Geäst umgeben. Jeder noch aufrechte Baum ist gänzlich oder teilweise entrindet, die glatten Stämme sind entweder honigfarben oder auf eine Weise marmoriert, die an das Fell eines Leoparden oder einer Giraffe erinnert. Der Waldboden, der einst überwiegend ein Teppich aus Tannennadeln war, ist jetzt von Weidenröschen und Lupinen, von Erdbeerblättern und Geranien bedeckt. Dies sind die Geisterwälder des Greater Yellowstone. Außer im Winter herrscht in ihnen zu jeder Jahreszeit eine herbstliche Atmosphäre, und auch ihr Gesang erinnert an den Herbst. Halb umgestürzte Bäume lehnen sich gegen jene, die noch standhaft sind; gemeinsam erschaffen sie eine Symphonie aus Stöhn-, Knarz- und Knirschlauten. Wenn der Wind durch das nackte Geäst bläst, trägt er das seine zu diesem Konzert bei: Dann entstehen ein tiefes Rauschen und Summen und – was am allermerkwürdigsten ist – hohe Tonfolgen, die klingen, als würden Mädchen in einiger Entfernung singen, murmeln oder weinen.

Zehn bis zwanzig Monate nach dem Brand begannen die Bäume einzuknicken; inzwischen sind 60–80 % des gesamten Bestandes zu Boden gegangen. Ein Blick auf diese verwüsteten Areale verrät, welche Richtung die großen Stürme der letzten Jahre genommen haben, denn die Stämme liegen so gerade und ordentlich ausgerichtet wie Strähnen von frisch gekämmten Haar. Querfeldein zu gehen bedeutet hier, sich seinen Weg über am Boden liegende Bäume zu bahnen; am besten bleibt man auf den Stämmen und springt von einem zum anderen, so, wie die alten Timber Jockeys im Nordwesten die gefällten Bäume zu Flößen verbanden und sie die Flüsse hinunter zu den Sägemühlen geleitet haben. Einige Trail Crews, deren Aufgabe es ist, Wege zu bauen und in Stand zu halten, ziehen auch in diesem Sommer wieder durch das Land und versuchen, bei ihren Aufräumarbeiten mit den fallenden Bäumen Schritt zu halten. Die Trail Crews im Yellowstone Park dürfen diese Arbeit mit Kettensägen verrichten, doch in der Wildnis des Shoshone und im Bridger-Teton National Forest arbeitet man auf altmodische Weise, mit Äxten und Zugsägen.

Einige Besucher des Yellowstone National Park verzagen oder werden sogar zornig, wenn sie sehen, was die Waldbrände angerichtet haben. Sie weigern sich zu glauben, dass die Katastrophe auch dann nicht hätte verhindert werden können, wenn der *Park Service* und der *Forest Service* schneller reagiert hätten. Aber es war ein außergewöhnliches Jahr. Die überdurchschnittlich hohen Niederschläge des Frühlings hatten dichte Teppiche von Gräsern und

Kräutern hervorgebracht. Auf dem Waldboden lagerten ernorme Mengen brennbaren Materials, zum großen Teil deshalb, weil wir 75 Jahre lang bemüht waren, natürliche Brände zu unterdrücken. Im Juni wurde der Regenhahn zugedreht. Einige Wochen danach begannen Blitze auf die Erde niederzuprasseln. Der Feuchtigkeitsgehalt der umgestürzten Bäume war noch 5–7 % geringer als der von ofengetrockneten Hölzern, und dünne Zweige enthielten sogar nur 2 % Feuchtigkeit. Eine Serie von trockenen Kältefronten entfesselte Winde, die mehr als einmal Geschwindigkeiten von 160 km/h erreichten. Wenn man die Wetterberichte der letzten 100 Jahre studiert, wird klar, dass es in diesem Zeitraum keinen anderen Sommer gegeben hat, in dem solche Bedingungen herrschten.

Am 21. Juli waren allein im Yellowstone Park 6880 Hektar ein Raub der Flammen geworden. Nun entschlossen sich die Verwalter, alle neuen und bereits existierenden Brände zu bekämpfen – die von Menschen verursachten (man hatte schon vorher versucht, sie zu löschen) und jene, die durch Blitzschlag entfacht worden waren. Einen Monat später, an einem Samstag – er wird treffend der »Schwarze Samstag« genannt –, stand eine größere Fläche in Flammen als in allen Jahrzehnten seit 1872. Am folgenden Nachmittag hatte das Feuer schon mehr als 162.000 Hektar verwüstet. Es mag stimmen, dass ein schnelleres Eingreifen ein paar isolierte Areale gerettet hätte. Aber Wildfeuer sind eine der bedeutenden Elementarkräfte des amerikanischen Westens, und im Jahre 1988 waren sie für Menschen genauso wenig kontrollierbar wie Wirbelstürme oder Erdbeben. Als diese Saison der Extreme schließlich zu Ende ging, hatten 70.000 Brände im Westen und in Alaska cirka 16.200 km² verbrannte Landschaft hinterlassen.

Natürlich war unsere Idealvorstellung von unberührter Natur lange von dem Bild eines ebenso friedlichen wie üppigen grünen Paradieses geprägt, in dem Tod und Zerstörung keinen Platz hatten.

Doch in Wirklichkeit haben unkontrollierte Brände große Vorzüge: Die Folgen sind ein starker Rückgang von Krankheiten, eine enorme Erhöhung von Tierfutterbeständen und – in Folge der schachbrettartigen Natur der meisten Brände – ein Mischwald aus Bäumen verschiedenen Alters, der eine weitaus größere Vielfalt in der Vogelwelt begünstigt. Aus der Entfernung gesehen, scheinen solche Feuer verheerend zu sein, doch all diejenigen, die sie aus der Nähe erleben, wird eine fast Schwindel erregende Ahnung von Unsterblichkeit überkommen. Überall sprießen nun junge, frische Bäume, überwiegend Drehkiefern, die jetzt 1–4 m hoch sind. Mehr als jede andere Baumart sind Drehkiefern ein klassischer Beweis dafür, dass Waldbrände schon seit langem zum evolutionären Repertoire der Rocky Mountains gehören. Je nach Häufigkeit von Bränden in einem Gebiet (was höhenabhängig ist, da es in niederen Lagen öfter brennt als in hohen) werden mehr als die Hälfte der dort wachsenden Drehkiefern erst im 20. Jahr ihres Wachstums Zapfen hervorbringen. Da sie von einer harten, wachsartigen Harzschicht ummantelt sind, die ungefähr bei 45 °C schmilzt, geben die Zapfen ihre Samen erst bei einem Feuer frei. Die Zapfen der Drehkiefer können Flammen gut 20 Sekunden lang standhalten – dies entspricht ungefähr der Zeit, die ein Feuer braucht, um an einem Stamm emporzulodern und die Baumkrone zu verzehren.

Laut Studien, die man zwölf Monate nach den Bränden von 1988 durchgeführt hat, waren nahezu ein Drittel aller neuen Pflanzen in den betroffenen Regionen Drehkiefern. Auf dem sonnendurchtränkten Boden, der mit ausgeschwemmten Nährstoffen der Asche gesättigt war, keimten auf einer Fläche von 4000 m^2 durchschnittlich 300.000 Samen – eine außergewöhnlich hohe Anzahl. 10.000 weitere wurden von Eichhörnchen, Mäusen und Vögeln gefressen. Da die meisten Samen der Drehkiefer bis zu mehrere hundert Meter vom Mutterbaum entfernt keimen, kann man mit Sicherheit davon ausgehen, dass ein Großteil der neuen Bäume von denen abstammen, die ein Opfer der Flammen wurden. Was vor dem Brand Drehkieferwälder waren, werden wieder welche sein. Im Herbst nach den Bränden sagte Wyomings Senator Alan Simpson in einer Rede vor dem Senat: »Es könnte gut sein, dass der Park von genau den Leuten zerstört wurde, deren Aufgabe es ist, ihn zu schützen. Der Boden ist sterilisiert; er ist so tief geschwärzt, dass jedes Wurzelsystem, das sich in ihm befand, verbrannt ist.« Doch tatsächlich gediehen auf diesem Boden in einer Übergangsphase nicht nur eine große Fülle von Pflanzen, wie Weidenröschen, Johannisbeeren und Himbeeren, sondern in vielen Gebieten des Greater Yellowstone entstanden bald wieder die gleichen Pflanzengemeinschaften wie vor dem Brand.

Für Botaniker, Hydrologen und Ökologen waren die Brände von 1988 wie ein großer Karneval der Natur, der viele Überraschungen bereit hielt – sie müssen sich gefühlt haben wie ein Biologe, der nach der Rückkehr des Wolfes in ein Ökosystem nun die Chance hat, alle Rätsel um dieses Raubtier zu lösen. Es war verblüffend, wie schnell sich zerstörte Vegetationsgemeinschaften in der Nähe von Wasserläufen erholten, die nach dem Schmelzen der dicken Schneedecke zu neuem Leben erwachten. Und obwohl sich die Sedimentfracht in den Bächen und Flüssen am Oberlauf des Lamar verdreifacht hatte, wirkte sich dieser Umstand flussabwärts viel weniger aus als erwartet, weil das trübe Wasser von Zuflüssen aus den nicht verbrannten Wäldern verdünnt wurde. Knapp vier Jahre nach dem Feuer war der Sedimentgehalt im Lamar River sehr gering – sogar weitaus geringer, als man es ohne Brände erwartet hätte. Prophezeihungen, die ein umfangreiches Fischsterben voraussagten, verursacht durch Ablagerungen und durch eine Erwärmung des Wassers in Folge der nun fehlenden Baumkronen, erfüllten sich nie. Dass dennoch Forellen aus flacheren Flüssen und

Bächen verschwanden, die von dichten, völlig verbrannten Wäldern umgeben waren, lag wahrscheinlich an der starken Rauchentwicklung, die eine hohe Konzentration von Ammoniak im Wasser zur Folge hatte.

Anders als unter anderen extremen Bedingungen schienen Wapitis und Hirsche, die sich am Rande des Flammenmeeres befanden, ruhig und entspannt zu sein. Doch bei dem Geräusch der kreisenden Hubschrauber wurden sie nervös und ergriffen die Flucht. Ein neugieriger Schwarzbär wurde sogar dabei beobachtet, wie er mit seinen Pfoten einen brennenden Stamm untersuchte. Bisher hat man die Auswirkungen des Großbrandes nur bei zwei Tierarten untersucht: Von Schnecken und Elchen weiß man, dass die Bestände in großem Umfang dezimiert wurden. Besonders die Outfitter wollen gerne den Wolf für das Schrumpfen der Elch-Populationen verantwortlich machen. Doch Elche leiden immer unter Großbränden, weil die dabei vernichteten ausgewachsenen Kiefernwälder eigentlich zu ihren bevorzugten Überwinterungsgebieten gehören.

Brände sorgen auch für eine größere Überschaubarkeit des Geländes, und so können wir uns wenigstens der Illusion hingeben, dass wir mit einer weiteren Besonderheit, die das Wandern in den Absarokas mit sich bringt, besser zurechtkommen werden: Wir sind im Königreich des Grizzlybären angekommen. LaVoy, Jane und ich bleiben nun dichter zusammen, und immer wieder suchen unsere Augen die Umgebung nach bestimmten Formen und Farben ab. Oft halten wir den Atem an, bevor wir erkennen, dass wir lediglich auf einen verkohlten Baumstumpf starren. Rational gesehen gibt es eigentlich keinen Anlass zu übermäßiger Besorgnis. Bei den 994 Mensch-Grizzly-Konflikten, die im Gebiet des Greater Yellowstone von 1992 bis zum Jahre 2000 registriert wurden, handelte es sich größtenteils um Zwischenfälle, bei denen Bären Nahrungsmittel von Menschen fraßen, Nutztiere verletzten oder töteten oder Obstplantagen und Gärten plünderten. Nur 3 % aller Zusammenstöße führten dazu, dass Menschen verletzt wurden. Tatsächlich wird seit den 70er-Jahren durchschnittlich ein Mensch pro Jahr von einem Bären verwundet. Aber diese Zahlen beruhigen natürlich nicht, wenn man nachts in seinem Schlafsack liegt und es draußen vor dem Zelt raschelt. Dann denkt man eher an die 34 Toten und Verletzten, und – wenn man besonders masochistisch ist – daran, dass Bären nicht dazu neigen, ihre Opfer schnell aus ihrer Not zu erlösen, sondern dass sie sich zunächst an einigen Organen ihrer Beute gütlich tun. Als ich eines Abends ein Geräusch vor unserem Zelt hörte, stürzte ich wie ein verwirrter Ninja-Krieger mit einer Dose Pfefferspray bewaffnet nach draußen, und alles, was ich erblickte, war das Hinterteil eines »Furcht erregenden« Maultierhirsches.

Wir sind immer noch vollkommen und wunderbar allein. Der Weg über dem Crandall Creek gewinnt ständig an Höhe, und so hebt sich der Vorhang und gibt den Blick auf ein atemberaubendes Panorama frei: unwirtliche Schluchten, raue Felsmassive und, weit im Westen, grüne Streifen von Tundra. Kurz nachdem wir den Papoose Creek überquert haben, verzweigt sich der Pfad, und als wir ein zweites Mal durch den Fluss gewatet sind, müssen wir feststellen, dass wir den Hauptweg aus den Augen verloren haben – eine Tatsache, die LaVoy aus dem plötzlichen Fehlen von Pferdespuren ableitet. Wir marschieren dennoch unbeschwert weiter, ziehen nach Westen, und statt unsere Augen auf die Wapitispuren zu heften, blicken wir immer wieder zum Bootjack Gap und zum östlichen Rand des Yellowstone National Park hinüber, der noch ungefähr 5 km entfernt ist. Doch auch die Trampelpfade der Wapitis verlieren sich; an vielen Stellen wurden sie von den letzten Hochwassern weggewaschen, die nur hohes, felsiges Steilufer hinterlassen haben. LaVoy und ich bleiben weiter unten und staksen mühsam über den lockeren vulkanischen Boden. Einmal benutzen wir den Ast einer vereinzelten Drehkiefer, um uns wie in die Jahre gekommene Tarzans über ein Hindernis hinweg zu schwingen. Inzwischen versucht Jane weiter oben am Hang ihr Glück. Auf halben Wege wird es plötzlich brenzlig. Hoch über dem Creek kann sie sich nur noch an einem Felsbrocken halten, der ein paar Zentimeter aus dem Erdreich herausragt. Gelähmt und unfähig, sich weder in die eine noch in die andere Richtung zu bewegen, entledigt sie sich ihres Rucksacks und lässt ihn den Abhang hinabrutschen. Als er an einem umgestürzten Baum hängen bleibt, krieche ich los, um ihn zu holen.

Noch ehe ich ihr Gepäck erreiche, sehe ich aus dem Augenwinkel, wie Jane mit erstaunlicher Geschwindigkeit das Steilufer herunterschlittert und auf den gleichen Baum zurast, an dem sich ihr Rucksack verfangen hat. Der Stamm ist über und über mit dicken, abgebrochenen Ästen gespickt. Als sie nach einer Rutschpartie von 12 m unter ihm liegen bleibt, hat sie Schnittwunden an Händen und Armen und eine Schürfwunde am Oberschenkel, ist aber – wie durch ein Wunder – ansonsten unverletzt. Wir sind trotzdem erschüttert, denn der Sturz hätte leicht eine ernste, vielleicht sogar tödliche Stichwunde zur Folge haben können. LaVoy und ich schütteln die Köpfe und kalkulieren im Stillen, wie lange einer von uns gebraucht hätte, um die 24 km bis zum nächsten Telefon zurückzulegen und Hilfe zu holen. Währenddessen steht Jane allein am Creek und rekonstruiert die Ereignisse wieder und wieder. Sie wirft sich vor, dass sie nicht durch den Creek gewatet ist oder, noch weiter oben, auf festerem Boden, nach einem Weg gesucht hat.

Bald stellt sich heraus, dass dies nur die erste schwierige Situation war, in die wir durch unsere Entscheidung geraten waren, auf der Nordseite des Creeks zu bleiben und statt dem offiziellen Weg den Wapitispuren zu folgen. Um nicht in einen möglichen Hinterhalt von Raubtieren zu geraten, wandern diese Tiere selten in Flussbetten, und so liegt ihr Pfad einige hundert Meter über dem Papoose Creek, am Hang eines beängstigend steilen Hügels, der von engen Schluchten eingefasst ist. An einigen Stellen ist der Weg wieder völlig weggewaschen, und es gibt nur ein paar vereinzelte Felsvorsprünge, die nur wenige Zentimeter breit sind. Janes Strategie ist es, langsam zu gehen, während LaVoy und ich es mit positivem Denken versuchen und uns möglichst schnell vorwärts bewegen – damit wir, sollte ein Fuß abrutschen, mit dem zweiten gleich wieder Halt finden. In den meisten der tiefen Rinnen fließen beachtliche Schmelzwasserströme; sie zu passieren heißt, einen heiklen Tanz aus Sprüngen, Hopsern und langen Schritten zu vollführen. Sobald eine solche Überquerung gelungen ist, führt der Pfad steil aufwärts und verläuft dann eine Weile waagerecht, bevor er die nächste Landspitze umrundet und sich das ganze Muster von vorn wiederholt. Wieder und wieder, mehr als ein Dutzend Mal.

Erschöpft, hungrig und demütig erreichen wir schließlich das Bootjack Gap und den Yellowstone National Park. Während des Essens verflüchtigt sich der saure Nachgeschmack von Janes gefährlicher Rutschpartie, und sie wird philosophisch. »Mir ist klar geworden, warum es für mich so wichtig ist, wieder hier draußen zu sein.« Sie ist seit sieben Jahre zum ersten Mal wieder in der Wildnis; damals hatte sie erlebnispädagogische Kurse für *Outward Bound* geleitet. »Ich brauche das Gefühl, verletzlich zu sein.« Ihr Leben, so bekennt sie, verlaufe in sicheren Bahnen, doch ihre besten Zeiten habe sie immer außerhalb ihrer behüteten Lebensumstände erlebt. Nicht, dass ihr Unfall etwas Positives gewesen wäre, denn er hätte auch ein tragisches Ende nehmen können. Aber er hat Jane über eine gewisse Schwelle in einen Zustand der Geistesgegenwärtigkeit katapultiert, der im Alltag kaum erfahren wird.

Drei Tage später marschieren wir am Lamar River flussaufwärts; ich gehe hinter LaVoy, werfe einen Blick über den Fluss und bemerke in einer Entfernung von 130 m etwas, das wie ein Busch aussieht. Als der Strauch sich bewegt, entpuppt er sich als ein fellbedecktes Hinterteil. Ich flüstere ein »Halt!«, und nun richten sich alle Augen auf den prächtigen, 550 Pfund schweren Grizzly, der, über einen Kieshaufen gebeugt, mit irgendetwas beschäftigt ist. Er schielt, und das Fell um seine Schnauze herum ist grau. Ein günstiger Wind ermöglicht es uns, ihn minutenlang zu beobachten und sogar zu fotografieren. Doch kaum hat sich die Brise gelegt, ist er schon alarmiert. Er verlagert sein Gewicht auf die Vorderpfoten und streckt seine Nase mit aller Entschiedenheit in die Luft. Plötzlich wittert er uns und sucht pfeilschnell das Weite.

Einerseits hatten wir auf diese Reaktion gehofft, andererseits wundern wir uns, dass so ein mächtiges Tier die Flucht ergreift. Dies liegt wohl teilweise, wenn nicht hauptsächlich, daran, dass zumindest seit den Tagen von Lewis und Clark aggressive Bären aus den Beständen entfernt wurden. 1898 schrieb der Biologe George Shiras: »Die Zeiten, in denen ein Bär, der nicht behelligt wird, in irgendeinem Teil der Vereinigten Staaten mutwillig einen Menschen angreift, sind vorbei.« Fünfzehn Jahre später verlieh der große Naturalist George Bird Grinnell seiner Enttäuschung Ausdruck, als Grizzlybären vor einer Jagdgesellschaft davonliefen. Doch, so erklärte er, stimme dieses Verhalten vollkommen mit den Berichten von Trappern und Jägern überein. »Ein Grizzlybär wird in den meisten Fällen vor einem Menschen fliehen, sobald er ihn gewittert hat. Es sei denn, er wäre verwundet worden, oder die Umstände vermitteln ihm das Gefühl, dass eine Flucht unmöglich ist.« Bis in die 70er-Jahre hinein hat man aggressive Bären aus dem Yellowstone Park entfernt; sie wurden umgesiedelt, in Zoos gesteckt oder getötet. LaVoy hat noch einen anderen Gedanken zu dem Thema. »Vielleicht ist dieser Bursche wie manche von uns«, sagt er und meint den großen Braunen, den wir eben gesehen haben. »Es könnte doch sein, dass er nur versucht, seinen persönlichen Freiraum zu wahren.«

Die Furten des Lamar River und des Mist Creek sind tief und reißend, und so fassen wir uns an den Schultern und überqueren die Flüsse in einer Dreierformation. Es geht ganz gut, was aber nichts daran ändert, dass meine Füße und Beine vom eisigen Wasser völlig taub sind, als wir das andere Ufer erreichen. Von hier führt der Pfad hinauf zum Oberlauf des Mist Creek, verläuft quer durch satte Wiesen, auf denen unter einem strahlend blauen Himmel ein halbes Dutzend Bisons grasen. Am frühen Morgen des 4. Juli durchqueren wir schließlich den Mist Creek Pass und gelangen in das Pelican Valley. Im Süden liegt die Mündung des Astringent Creek, der seinen Namen der hohen Konzentration von Alaun in seinem Wasser verdankt, die angeblich bewirkt, dass alles schrumpft und sich zusammenzieht. Einer Legende aus dem 19. Jahrhundert nach waren alle Tiere, die an seinen Ufern lebten, winzig – Hirsche hatten die Größe von Pudeln, Biber waren nicht größer als Teetassen.

Hier am Astringent Creek war es auch, wo an einem schneereichen Märztag im Jahre 1894 eine kleine Abordnung der U.S.-Kavallerie auf Schneeschuhen in Richtung Pelican Valley zog. Die Männer verfolgten einen berüchtigten Wilderer namens Ed Howell, der aus Cooke City stammte. Im Gebiet des Greater Yellowstone hatte es immer viele Wilddiebe gegeben, doch Howell war schlimmer als die meisten: ein aufbrausender, aggressiver Revolverheld, der einen Mann eher erschoss, als das Risiko einzugehen, dass dieser ihm irgendwann irgendwelche Schwierigkeiten machen könnte. In jenem Frühjahr hatten Howell und ein Partner Cooke City verlassen und waren ins Pelican Valley gezogen. Sie nahmen einen Schlitten mit und planten, dort überwinternde Büffel zu erlegen und ihre Köpfe auszustopfen, um sie nach der Schneeschmelze mit Packpferden abzutransportieren und für 200 oder sogar 300 Dollar zu verkaufen. Howell machte seinem schlechten Ruf alle Ehre und schlug nach einem heftigen Disput seinen Partner mit dem Gewehrkolben in die Flucht.

Als die Kavallerie ihn einholte, hatte Howell bereits ein halbes Dutzend Tierschädel in verschiedenen Bäumen versteckt. Er ahnte nicht, dass er beobachtet wurde, als er in einem Tal unterhalb des Astringent Creeks frohen Mutes weitere Büffel schoss. Doch das Glück verließ Howell und lachte der Kavallerie: Der Wind blies kräftig und so laut, dass die Truppen, die nur mit Pistolen bewaffnet waren, sich über 180 m offenes Gelände unbemerkt nähern und ihn stellen konnten. Zunächst blieb Howell ruhig; kaltblütig erklärte er den Soldaten, dass sie alle tot wären, wenn er sie nur rechtzeitig entdeckt hätte. Dann verhielt er sich, wie man es von einem echten Schurken erwartet: Wutentbrannt wandte er sich seinem Hund zu und wollte ihn töten, weil er auf seinem Wachposten versagt hatte. Auf dem Weg zum Kittchen von Mammoth stieß die Kavallerie auf eine Gruppe von Naturschützern, die den Park für die damals äußerst populäre Zeitschrift *Forest and Stream* erforschten. Emerson Hough, einer der Autoren, schrieb in aller Eile einen Artikel über die Gefangennahme des ruchlosen Wilderers und gab ihn den Soldaten mit, die den Bericht von Fort Yellowstone an den Herausgeber George Bird Grinnell telegrafierten.

Die Amerikaner reagierten in dieser Zeit zunehmend frustriert auf die habgierigen Freischützen, auf Holzbarone und die rücksichtslosen kommerziellen Jäger, die routinemäßig die öffentlichen Schatzkammern des Westens plünderten. Die Wilderei war im Yellowstone Park von Anfang an eine lästige Plage; 1875 schätzte der Park-Superintendent Philetus Norris, dass allein im Frühling des gleichen Jahres »über 2.000 Felle von großen Rocky-Mountain-Wapitis aus dem Park herausgeschafft worden waren«. George Bird

Grinnell war nicht nur ein hervorragender Wortführer, der sich gegen solchen Missbrauch wandte (Grinnell war äußerst empört, als Howell letztlich nur mit einer Ausweisung aus dem Park bestraft wurde) – er hatte auch gute Verbindungen zu Leuten, die etwas dagegen tun konnten. »Solange diese dreisten Burschen von gemeinster Sorte wissen, dass sie für ihr Eindringen in den Park nicht bestraft werden«, schrieb er später, »können selbst zehn Regimenter nichts gegen ihre Raubzüge unternehmen«. Mit der Unterstützung des *Boone and Crockett Clubs* begann Grinnell eine intensive Lobbyarbeit für einen umfassenderen Schutz aller Tiere, auf die im Yellowstone Park Jagd gemacht wurde. Am Ende stimmte der Kongress einem Gesetz zu, das von vielen als Meilenstein in der amerikanischen Naturschutzgeschichte erachtet wird: Der Lacey Act, benannt nach dem Naturschützer und Kongressabgeordneten John Fletcher Lacey, wurde nur 13 Tage nachdem Ed Howell von der Armee im Pelican Valley dingfest gemacht worden war, im Kongress eingebracht.

Wir nähern uns jetzt mit raschen Schritten einem touristischen Gebiet mit Infrastruktur, und diese Tatsache macht mir zu schaffen. Auf unserem fast 160 km langen Fußmarsch durch ungebändigte Natur sind uns nur im unteren Teil des Pelican Valley Menschen begegnet – zwei Gruppen, die aus insgesamt sechs Leuten bestanden – und nun erwartet uns ein Tollhaus mit Kuriositätenläden und Verkehrschaos. Das ist, als wenn man in einer Einsiedelei frühstückt und an einem Marktplatz im Orient zu Abend isst, doch andererseits verfügt auch jeder Zirkus über einen gewissen Charme. Am Nachmittag des 4. Juli stolpern wir aus der Wildnis heraus. John Clayton, ein Schriftsteller und guter Freund, hat meinen Van zum Pelican Trailhead gefahren und uns saftige Sandwiches, zwei 4,5-Liter-Flaschen Red Lodge Ale und Neuigkeiten von zu Hause mitgebracht. Und so gondeln wir nun, mit vielen anderen Touristen, zu viert über den Highway. Unser Wagen ist nicht nur mit Menschen, sondern auch mit umfangreichen Nahrungsmittelvorräten für den Sommer und mit unserem Gepäck voll gestopft. Jane und John werden unsere Habe zu einem Outfitter in Wyoming bringen, der sie auf Mulis umladen und nach Hawks Rest transportieren wird. Das Personal in der Wäscherei, im Laden und in den Waschräumen ist sehr zuvorkommend, aber die Saison hat ja auch gerade erst begonnen. Vielleicht ist das der Grund, oder diese Leute haben sich freiwillig für eine Untersuchung gemeldet, bei der man herausfinden will, welches menschliche Organ dafür sorgt, dass man 300 Mal pro Woche gefragt werden kann, wo die Toiletten sind, ohne dabei durchzudrehen.

Auf dem Campingplatz rasen Kinder mit ihren Fahrrädern über die Rundwege, oder sie spielen Fußball, werfen Frisbees, essen Eis und fragen sich, wie es ihren älteren Geschwistern gelungen ist, sich unbemerkt aus dem Staub zu machen. Ihre Eltern schlendern währenddessen händchenhaltend und lächelnd durch die Gegend. Viele von ihnen sprechen Deutsch, Französisch oder Japanisch. Im Waschraum fuhrwerkt ein vielleicht 20-jähriger Bursche mit einer elektrischen Zahnbürste in seinem Mund herum, während vor der Tür eine junge Frau auf einer Bank sitzt und Molly Ivens liest. Am Abend funkeln die Lampen von hundert Campern in der Dunkelheit, und in der Luft hängt der Geruch von brennendem Holz. Korpulente Männer sitzen in Liegestühlen vor großen Feuern. Sie machen einen sehr zufriedenen Eindruck – vielleicht sind sie glücklich, weil sie ihre Welt so gut im Griff haben, auch wenn sie nur aus einem 9 x 12 m großen Stück Waldboden besteht. Und um 22.00 Uhr liegt das Dörfchen bereits in tiefem Schlaf.

Nach dem Frühstück fahren wir zum Ninemile Trailhead an der Ostseite des Yellowstone Lake und treffen dort auf die Park-Ranger

Bob Jackson und Frank Deluka, die gerade ihre Pferde beladen, um in dieser Saison das erste Mal ins Thorofare zu reiten. Bob versorgt uns mit Insider-Informationen bezüglich der Stellen, wo man am besten durch die Flüsse waten kann. »Geht am Mountain Creek flussaufwärts und am Thorofare Creek flussabwärts. Rechnet damit, dass sie viel Wasser führen, aber es ist klar.« Dann fügt er noch hinzu, er habe gehört, dass es in diesem Jahr besonders viele Moskitos gibt. Damit schwingt er sich in den Sattel, und als er uns zum Abschied zuwinkt, beginnt für ihn die 26. Saison im isoliertesten Außenposten des Yellowstone National Park, nur einen Steinwurf entfernt von dem entlegensten Fleckchen Erde der kontinentalen Vereinigten Staaten.

Kapitel drei

Es sind nicht nur der stille Waldgürtel und die vereinzelten Wiesen – südlich des Ninemile Trailhead eröffnen sich fantastische Ausblicke auf den Yellowstone Lake. Mit einer Fläche von 352 km^2 und einem 177 km langen Ufer zeigt er eine überwältigende Präsenz. Kein anderer Teil des Parks scheint so launisch zu sein wie dieser See. Zeitweilig ist er so ruhig, dass man auf ihm dahingleiten kann wie Sigurd Olson in seinem Kanu aus Birkenrinde, und plötzlich verwandelt er sich in einen lebensbedrohlichen Hexenkessel mit bis zu 1,50 m hohen Wellen, die von den vorherrschenden Südwestwinden aufgepeitscht werden. Kanuten, die sich in die Mitte des Sees wagen, sind immer in Gefahr, und selbst Motorbootfahrer rechnen ständig damit, dass sie in Richtung Ufer preschen müssen. Die Wassertemperatur liegt durchschnittlich bei 7 °C, was bedeutet, dass Schwimmer ungefähr 20 Minuten darin überleben können. Der Yellowstone-Historiker Lee Whittlesey betont: »Kein anderes Gewässer im Yellowstone Park und vielleicht in den ganzen Vereinigten Staaten ist potentiell so gefährlich.« Fast die Hälfte der im See Ertrunkenen hat man nie bergen können, alle anderen tauchten nur in Einzelteilen wieder auf. Etwa zwölf Monate nach einem Unglück, das sich im Jahre 1906 ereignet hatte, wurden innerhalb von zwei Tagen Köperteile von zwei Männern an den Strand von Stevensons Island gespült – ein Arm, ein Bein und ein Schädel.

Während LaVoy und ich weiter in südlicher Richtung marschieren, wird die Umgebung allmählich wildwüchsiger. Am Nachmittag des zweiten Tages kreuzen zwei große Motoryachten in Ufernähe, auf denen schick herausgeputzte Paare mit Cocktailgläsern in der Hand zu sehen sind. Wir wandern die Steilküste weit oberhalb des Ufers entlang, und sie sind zu beschäftigt, um uns zu bemerken. Außer ihnen sehen wir keinen Menschen. In nahezu jedem der Zuflüsse des Yellowstone Lake, die wir überqueren, wimmelt es von Cutthroat-Forellen. Hunderttausende kehren aus dem See zu den Gewässern zurück, in denen sie geschlüpft sind, um dort zu laichen. Für einige von ihnen wird die Reise nicht besonders lang sein, während andere sich bis zu 30 km vom See entfernen werden. Auf ihrer Wanderung, die Angler aus allen Teilen des Landes herbeiströmen lässt, werden sie sogar an Hawks Rest vorbeiziehen. Außer den Anglern versammeln sich am Ostufer des Sees auch Grizzlybären, um ebenfalls ein bisschen zu fischen. Die schlechte Nachricht ist, dass die Bestände an Cutthroat-Forellen ständig abnehmen – vielleicht liegt es an der Dürre, oder möglicherweise konkurrieren sie zu stark mit den im See ausgesetzten Seeforellen; andere Gründe könnten Krankheiten sein oder eine Beeinträchtigung des Laichprozesses durch die Waldbrände. Vielleicht wirken auch all diese Faktoren zusammen, letzten Endes weiß das niemand genau.

Der Yellowstone River nähert sich seinem Delta wie ein Reisender, der nicht nach Hause will. Er windet und schlängelt sich, macht für jeden Kilometer einen doppelt so langen Umweg, umspült Tausende von Weidenzweigen und fließt in unzählige Kanäle, auf denen sich Schellenten, Krickenten und Kanadagänse tummeln. An der Mündung des Flusses, in der Nähe von Molly Islands, hocken ganze Reihen von weißen Pelikanen auf treibenden Baumstämmen, die aus den Bergen heruntergeschwemmt wurden. Pelikane werden uns auch südwärts nach Hawks Rest geleiten. Mit ihren von schwarzen Spitzen gesäumten mächtigen Schwingen schweben sie in weiten Kreisen über den Backwaters und Bayous und wirken schwerfällig und doch überraschend graziös – fast wie kleine Ballerinas auf einem Planeten, auf dem die Kräfte der Gravitation nur halb so stark wirken wie auf der Erde. Anders als die braunen Pelikane, die einzeln nach Fischen tauchen, arbeiten diese Vögel im Team. Sie umzingeln ganze Schwärme und treiben sie in flaches Wasser, wo sie die Beute schließlich mit ihren Schnäbeln schöpfen können. Trotz ihrer Größe sind diese Vögel sehr scheu; wenn sich Eindringlinge nähern, verlassen sie sofort ihre Nester.

Als um 1915 die einheimischen Forellen-Populationen dramatisch schrumpften, gab es einige Geschöpfe, die als Urheber verdächtigt wurden. Ganz oben auf der Liste standen die weißen Pelikane (ungeachtet der Tatsache, dass das U.S. Bureau of Fisheries jedes Jahr Millionen von Eiern der »schwarz gepunkteten Forelle« aus dem Yellowstone Lake herausholte und in diverse Gewässer des Westens verfrachtete). Henry Baldwin Ward, Leiter der zoologischen Abteilung der Universität von Illinois, verglich die Pelikane mit Wölfen. Er riet, die Anzahl der Vögel strikt zu begrenzen und ihre Eier im Hauptnistgebiet zu zerstören – genau hier, auf Molly Islands. Zwischenzeitlich bezeichnete das Bureau of Fisheries – indem man eine Phrase benutzte, die häufig bemüht wird, um Wölfe zu charakterisieren – die Pelikane als Feinde der im Yellowstone Park lebenden Fische, Otter und Nerze und betitelte sie als »Killer, die weitaus mehr Tiere töten, als zur Befriedigung ihrer Bedürfnisse nötig wäre«. Wie die meisten Entscheidungen bezüglich des Naturschutzes im frühen im 20. Jahrhundert, so wurde auch die Pelikan-Frage von Ökonomen entschieden. Sie definierten den Wert dieses Vogels fast ausschließlich darüber, welchen Schaden er bei Arten verursachte, die für Jäger und Angler wichtig waren. Dem Rat von Henry Bald Ward folgend, begann der Park Service den Pelikanbestand auf Molly Island zu kontrollieren. Im ersten Jahr wurden 200 Eier zerstört, im folgenden 83 Küken getötet und im Jahr 1928 jeder junge Pelikan, der sich auf der Insel befand.

In derselben Ära schrumpften die Pelikan-Populationen in ganzen Westen Nordamerikas rapide. Während am Upper Klammath Lake im späten 19. Jahrhundert noch schätzungsweise 5.000 Pärchen brüteten, war ihre Zahl im Jahre 1931 auf Null gesunken. Im Laufe des Jahrhunderts alarmierte die Notlage, in der sich diese Geschöpfe befanden, Naturschützer in ganz Nordamerika, insbesondere die Mitglieder der Audubon Society, die in einer eigenständigen Initiative das Emergency Conservation Committee gründeten. Den Vorsitz des ECC führte Rosalie Edge, eine kleine, außerordentlich resolute Frau aus New York City. Während ihrer Amtszeit verfasste sie Dutzende von Aufrufen, unter anderem die Broschüren »Der Letzte der weißen Pelikane«, und ein Jahr später »Das Schlachten der weißen Pelikane«. Edge zeigte sich auch als engagierte Kämpferin, als es darum ging, der exzessiven Jagd auf Wapitis im Yellowstone Park ein Ende zu setzen, von denen viele die Sommer im Thorofare verbrachten. 1933 schrieb sie, dass die Wapitis »eine der grausamsten Katastrophen in der Geschichte erleben, eine wahre Orgie der Schlächterei«. Das ECC wurde von vielen Naturschützern unterstützt, unter anderem vom Bureau of Biological Survey und von diversen Universitäten des Landes. Schließlich stellte der Park-Superintendent Roger Toll 1932 nicht nur die Pelikan-Kolonien unter Schutz, indem er das Landen von Booten auf Molly Island untersagte, er sicherte auch die Existenz anderer Raubtiere, die im Park lebten. Sein Einsatz trug in nicht geringem Maße dazu bei, dass ein neues Kapitel des Naturschutzes in Amerika aufgeschlagen wurde. Alle einheimischen Tiere in den Nationalparks sollten nun geschützt werden, ob sie nun einen ökonomischen Wert besaßen oder nicht.

Vor uns liegt nun der Endspurt. Am Morgen des zehnten Tages nach unserem Aufbruch befinden wir uns am südlichsten Punkt einer Reise, auf die sich im Jahre 1871 Nathaniel Langford und Gustavus Doane begeben hatten – eine Erkundung, die unter anderem den letzten Anstoß zur Gründung des Yellowstone National Park gegeben hatte. »Wir haben die größten Wunder des Kontinents gesehen«, schrieb Langford nach seiner Rückkehr zum Nordzipfel des Yellowstone Lake, »und sind überzeugt, dass es keine andere Region dieser Größe auf dem Globus gibt, die so viel Pracht und Herrlichkeit, so viel Neues und Erstaunliches in sich birgt.« Als sie in die Nähe des Deltas kamen, entschlossen sich die beiden Männer zu einem Ausflug, der sie nach Südosten, hoch hinauf in die Berge führte. »Die Szenerie war überaus majestätisch«, schrieb Langford. »Das Tal, das zu unseren Füßen lag, war voller kleiner Seen und in seiner Mitte durch den Fluss gespalten, den wir aus einer weit entfernten gigantischen Schlucht herausfließen sahen.« Am oberen Ende dieser Schlucht, dort, wo der Fluss sich nach Süden wendet, bevor er in die Absarokas fließt, liegt die Hawks Rest genannte Hütte – das Ziel, das LaVoy und ich ansteuern. Unsere Route verläuft durch ein fast 40 km langes Flusstal, dessen sanfte Neigung selbst brausende Ströme in flüsternde Gewässer verwandelt: das Thorofare. Die alten Trapper tauften es so, weil sie hier leicht von Norden nach Süden queren konnten, während die übrige Region von den breiten, schroffen Schultern eines zügellosen Hochlandes blockiert wird.

Unsere winzige Zwei-Raum-Hütte, die nach dem nahe gelegenen Berg Hawks Rest benannt wurde, liegt vielleicht 1,5 km vom Zusammenfluss des Yellowstone River und des Atlantic Creek entfernt, ungefähr 15 m über den hoch gelegenen Wiesen in einem lichten Wäldchen aus Drehkiefern. Die Hütte war schon schlicht, als sie gebaut wurde, doch das raue Klima hat ihr ein noch bescheideneres Aussehen verliehen. Die Außenwände und Dachschindeln aus Zeder haben das Aschgrau von verwittertem Holz angenommen. Nicht

Lehm oder Zement halten die Stämme zusammen, sondern ein Puzzle aus Holzkeilen, die alle sorgsam angefertigt, eingepasst und in die Spalten zwischen den Stämmen geschlagen wurden. Vor der Tür befindet sich eine kleine Veranda, gerade groß genug, um einen Klappstuhl aufzustellen – ein Logenplatz für die allabendliche Wanderung der Sonne in Richtung des Two Ocean Plateaus.

Wenn man durch die Eingangstür schreitet, betritt man den nicht ganz 30 m^2 großen Wohnraum. In seiner Mitte steht ein eckiger, massiver, mit einem gelben Öltuch bedeckter Tisch, um den fünf kleine hölzerne Bänke stehen. Nur eine Armlänge entfernt, in der Nordwestecke, hat man zwei Etagenbetten an der Wand befestigt; gleich daneben befindet sich der Küchenherd, der mit Holz beheizt wird und gleichzeitig als Ofen dient. Unter dem Fenster an der Ostseite prangt eine Arbeitsplatte mit eingelassenem Doppelspülbecken. Der Wasserhahn wird von einer kleinen Quelle gespeist, die sich hoch oben auf dem Hügel hinter der Hütte befindet, wo sie, von Himbeersträuchern umgeben, im Wald sprudelt. Der Raum hat durchaus seine Feinheiten: Küchenhandtücher können an einem Wapitigeweih aufgehängt werden, das über der Spüle an die Wand genagelt wurde; weitere Paare von Hirschgehörn dicht bei den Kojen dienen als Kleiderständer für die Hüte, Hemden und Hosen der Schlafenden. Gleich neben dem Herd hängt eine Reihe von gusseisernen Pfannen. So muss jemand, der am Morgen aus den Federn kriecht, nur einen einzigen Schritt machen, und schon kann er das Feuer schüren, eine Pfanne von der Wand pflücken und sie für die Pfannkuchen erhitzen. Die großen metallenen Schüsseln, die in der Ecke bei der Spüle gestapelt sind, dienen zum Geschirrspülen und Waschen. Doch bezüglich der Körperhygiene tut es auch ein Sprung in den Yellowstone River. Die Wäsche wird draußen, in 25-Liter-Bottichen gewaschen, und ein Saugpfropf dient zum Umrühren. Nach dem Spülen werden die nassen Sachen über einen hölzernen

Zaun gehängt. Die Wäsche gilt offiziell als trocken, wenn der Wind sie dort heruntergepustet hat.

Durch eine Tür in der Südwand des Wohnraums betritt man die Sattelkammer, die nicht nur weitere Stockbetten, sondern auch Sattelgestelle und Futtersäcke für Pferde enthält. Neben einer kleinen Werkzeugbank finden sich dort zudem alle möglichen Dinge, angefangen von Gasflaschen und Ersatzteilen für Laternen über Satteltaschen und Zaumzeug bis hin zu Schaufeln und Zugsägen. Eine dritte Tür führt von der Sattelkammer nach draußen; hier befinden sich ein paar Stangen, an denen Pferde und Mulis angebunden werden können. Hinter ihnen windet sich ein Pfad am Waldrand entlang, der an dem hölzernen Toilettenhäuschen endet, in dessen Innenwände die Namen all der Menschen eingeritzt sind, die in den letzten Jahren hier gewohnt oder gearbeitet haben. Ein gutes Dutzend dieser Schnitzereien stammen von dem in der Gegend berühmten Pferdeflüsterer Jack Hatch, von dem Mann, der die wilden Mustangs für die Trail Crews des *Forest Service* zähmt. Auch andere Langzeitbewohner haben sich hier verewigt, wie der Ranger Gordon Reese und seine Kinder, von denen eines im Yellowstone River getauft wurde. Und natürlich finden sich hier die Namen all der Trail-Crew-Arbeiter, die jeden Sommer lange Reihen von Mulis und Packpferden durch die Wildnis führen, die Brücken und Dämme bauen und mit Zugsägen umgestürzte Bäume zerlegen.

Ein an die Wand genagelter Ast hält das Toilettenpapier, während die Ersatzrolle unter einer umgestülpten Kaffeedose verborgen ist, damit die Mäuse kein Konfetti daraus machen. Die Krönung der Innenausstattung ist ein Stück Schaumstoff, das mit Klebeband an der Klobrille befestigt wurde; dieses entscheidende Detail bietet den Benutzern Wärme und Behaglichkeit. Durch die weit geöffnete Tür des Herzhäuschens bietet sich denjenigen, die sitzend kleinere oder größere Geschäfte erledigen, ein begrenzter Ausblick auf den gut

300 m entfernten Yellowstone River, der durch das Astgewirr der Engelmannfichten und Drehkiefern hindurchschimmert.

Während sich all das im Juli oder August überaus romantisch ausnimmt, sieht es gegen Ende der Jagdsaison ganz anders aus, wenn man bei -20 °C dem Ruf der Natur folgt, durch den Wald rennt und die Klotür durch eine Schneewehe versperrt findet. Und hier draußen lauern noch andere Gefahren. Vor einigen Jahren ereilte die Rangerin Michelle Tibbetts ein Unglück, als sie einer ebenso ruhmlosen wie schweißtreibenden Arbeit nachging. Sie hob ein neues Loch für das stille Örtchen aus, als sich auf dem Boden der tiefen Grube ein spitzer Stein in ihre Dose mit dem Bären-Spray bohrte. Kurz darauf bereicherte sie das Logbuch der Hütte mit einem guten Rat, den zu befolgen alle Eltern ihren Kindern einbläuen sollten: »Trage nie ein Bären-Spray an deinem Gürtel, wenn du eine Grube für ein Plumpsklo aushebst.«

Ich beschreibe unsere kleine Wohnstätte mit großer Zuneigung, doch ehrlich gesagt hat es einige Zeit gedauert, bis wir uns für sie erwärmen konnten. Dies lag vor allem an dem Zustand der Hütte zum Zeitpunkt unseres Eintreffens. Gelegentlich hatten dort Trail Crews übernachtet, doch in den letzten Jahren hatte hier niemand fest gewohnt – niemand, außer Packratten, Mäusen und einem verirrten Marder, der in einem Wutanfall Kästchen und Dosen umgestoßen und Isoliermaterial in einen Haufen Müll verwandelt hatte. Im Hauptraum hatten die Mäuse viele nächtliche Partys gefeiert und überall ihren Ausscheidungen hinterlassen, und in der Sattelkammer hatte eine Buschratte gewütet. Wir haben Grund zu der Annahme, dass es sich dabei um denselben Tunichtgut gehandelt hat, der laut Logbucheintragung vom 27. September 2001 ein Loch in den neuen Stetson eines Trail-Crew-Arbeiters gefressen hatte.

Genauso einladend wie die Überbleibsel dieses Festivals der Nagetiere erschienen uns die Fettschichten und Krusten, mit denen nahezu das gesamte Geschirr, das Besteck, alle Töpfe und selbst das Innenleben der Schränke behaftet waren. Außerdem befand sich das Auffangbecken an der Quelle in einem hoffnungslosen Zustand und musste ausgegraben und neu gebaut werden; mit dem Klärbehälter vor der Hütte war es das Gleiche. Irgendeine Masse – Gott allein weiß, worum es sich handelte – hatte das Abflussrohr der Spüle verstopft und war nur unter Aufbietung herkulischer Kräfte mit dem Saugpfropfen zu entfernen. (Ein paar Freunde – der eine ein gestandener Naturbursche, der andere ein Dichter – waren zufällig zur Stelle, als diese fieberhaften Instandsetzungsarbeiten vonstatten gingen. In einer Anwandlung von äußerstem Mitgefühl krempelten sie die Ärmel hoch und halfen uns. Durch diese großherzige Tat haben sie sich zweifellos einen Logenplatz im Jenseits verdient.) Dieses Sammelsurium der Unzumutbarkeiten wurde durch eine unerbittliche summende Wolke von Moskitos vervollständigt. Es waren Hunderte. In unserer Hütte. Wir wollten gerade das Gepäckzelt als Schlafquartier aufbauen, als LaVoy eine alte, verkrustete Bahn Moskitonetz entdeckte. Um den Schmutz zu entfernen, warf er sie in die 25-Liter-Eimer-Waschmaschine. Als wir den Stoff in zwei Hälften geschnitten und über unseren Betten drapiert hatten, wussten wir noch nicht, dass wir sechs Wochen lang jeden Abend darunter kauern würden.

Die Hawks-Rest-Wachstation und die Thorofare Ranger Station, die sich etwas nördlich von hier gleich hinter der Grenze des Parks befinden, gehörten einst zu einer Kette von Unterkünften, die »Schneeschuh-Hütten« genannt wurden. Im späten 19. und frühen 20. Jahrhundert hatte man überall in der Wildnis solche Behausungen gebaut, vorwiegend im Yellowstone National Park. Die Schneeschuh-Hütten sollten den Winterpatrouillen, die auf Skiern Jagd auf Wilderer machten, eine notdürftige Unterkunft bieten. Lange vorher hatten die Wilddiebe begriffen, dass die Armee während des

Winters so gut wie nicht im Park präsent war. Diese Tatsache hatte viele von ihnen dazu verführt, im ganzen Hinterland Vorräte anzulegen, damit sie gut versorgt ihrem Handwerk nachgehen konnten, sobald die Schneefälle einsetzten. Mit dem Bau der Hütten hatte sich all das verändert. Die ersten sechs wurden 1890 für den Yellowstone bewilligt; die Kosten für jede diese Unterkünfte durften 100 Dollar nicht übersteigen. Die ursprüngliche Hawks-Rest-Hütte wurde 1917 konstruiert und gegen Ende der 40er-Jahre von einem wild entschlossenen Grizzly zerlegt. Kurz darauf hatte man sie abgerissen, verbrannt und dann das jetzige Häuschen errichtet.

Im Laufe der Zeit machen wir es uns gemütlich und entwickeln unsere eigenen täglichen Gewohnheiten. 30 m von der Hütte entfernt habe ich einen wunderbaren Baumstumpf gefunden, den wir als Schreibtisch nutzen, obwohl ich zugeben muss, dass der verlockende Ausblick auf den Fluss und auf die umliegenden Wiesen eine große Ablenkung bedeuten. Zudem gibt es meterweise reparaturbedürftige Zäune, beschädigte Fußböden, die neu vernagelt werden müssen, und diverse Bücher, die abends beim Zischen und Spucken der Gaslaternen gelesen werden wollen: »Lewis und Clark unter Grizzlys«, »The Great Gates«, »Die Rocky Mountains«, »The Great Divide«, und schließlich unzählige Seiten in Naturführern, auf denen über Vögel und Bären, Büsche und Pilze berichtet wird.

So schön sie auch ist – die entlegenste Region der 48 kontinentalen U.S.-Staaten ist das betriebsamste Stück Hinterland, das LaVoy und ich je gesehen haben. An vielen Tagen haben wir das Gefühl, dass wir in ein riesiges Familientreffen geraten sind. Es gibt zwar kaum Kinder, dafür aber jede Menge aberwitzige Verwandte. Da wäre zum Beispiel dieser verrückte Cousin, der oben am Thorofare Creek haust und den ich hier Ned nennen will. Ned ist ein Vollzeit-Outfitter und Teilzeit-Wilderer. In dieser zweiten Eigenschaft hat er einst einen Puma im Yellowstone Park erschossen und dann ein

Schild bei seinem Camp aufgestellt, auf dem für alle lesbar stand (auch für den Park Ranger Bob Jackson, der ihm auf den Fersen war): »Habe das Kätzchen erwischt.« Etwas näher bei uns haust der gute alte Onkel John Henry, der jeden Morgen bei Sonnenaufgang 35 Pferde und Mulis auf die Weiden bringt. Seine Tiere tragen Glocken um den Hals, die so laut sind, dass man sie in einen Kirchturm hängen könnte. Und so bleibt den Zeltbewohnern in der Nachbarschaft nichts anderes übrig, als sich entweder die Ohren zu verstopfen oder ihren Kram zu packen und umzuziehen. In dieser Woche ist auch Bruder Doug Miller zugegen, der Star einer in Salt Lake City wöchentlich ausgestrahlten Sendereihe, in der er Ausflüge in die freie Natur unternimmt. Umzingelt von Kühltaschen, propellerbetriebenen Booten und einem Gefolge aus Cowboys und Medienleuten, lächelt er auf ein Zeichen hin in die Kamera und versichert all den Menschen daheim in Utah, dass er das Paradies gefunden hat. Einige der Camper aus der Umgebung – unter anderem Mark, ein nachdenklicher Mann, der aus dem besagten Bundesstaat stammt – zucken zusammen, als sie Zeugen des Spektakels werden. »Mein Gott«, flüstert Mark, »ich wünschte, er würde das lassen.«

Die nächsten sechs Wochen, also bis Ende August, wird keine Woche vergehen, in der Hawks Rest nicht von Rufen und Pfiffen, Hundegebell, dem Geschepper von Pferdeglocken und bierschwerem Geschnarche und Geschwätz widerhallt. Endlose Reihen von Packpferden und Mulis werden an unser kleinen Behausung vorbeiziehen und 600 Menschen den Pfad vor unserer Hütte benutzen, ausgestattet mit zwei- oder dreimal so viel Packtieren.

Nicht, dass diese Betriebsamkeit etwas Neues wäre. Schon vor 25 Jahren kam der *Forest-Service*-Ranger Gordon Reese mit durchschnittlich 100 Menschen pro Woche in Kontakt und sichtete gleichzeitig 400 Pferde und Mulis. »Fast ausnahmslos jeder, mit dem ich rede«, schrieb er 1979 in das Logbuch, »erwähnt irgendwann, dass sich hier erstaunlich viele Leute herumtreiben.« Reese berichtet, dass die große Anzahl von Besuchern das ungestörte Erleben der Natur stark einschränkt. Ähnliche Kommentare wurden in der Jagdsaison des darauf folgenden Jahres notiert, dieses Mal von einem Ranger namens R. Naylor, der nicht widerstehen konnte, seine offiziellen Eintragungen mit kritischen Randbemerkungen zu versehen. »Ich weiß nicht, ob es den ganzen Sommer so verrückt zugehen wird. Es werden illegale Vorratslager angelegt, Kettensägen kommen zum Einsatz; man lässt Pferde dicht am See grasen und hinterlässt überall Müll. Die Leute machen Feuer, und permanent müssen wir jemandem zu Hilfe eilen. Die Outfitter machen wegen diesem und jenem ein großes Geschrei, und wir verfügen über keine Autorität. Was wir hier oben brauchen, ist eine Einheit von Marines, die ein paar Köpfe zusammenschlägt. Trotzdem muss ich sagen, dass dieses Chaos meinen Job aufregend macht.«

Lange vor den Tagen von Gordon Reese und R. Naylor stand Hawks Rest in dem Ruf, ein Magnet für diejenigen zu sein, die nach ein wenig Wärme und Menschlichkeit suchten. Mitte der 30er-Jahre wurde die Hütte »Convention Hall« genannt, weil hier Tag und Nacht viele Arbeiter und Touristen Station machten. Nebenbei gesagt kamen nicht wenige, um vor dem Radio von Ranger Jack Tevebaugh zu hocken, das sich während der Jagdsaison besonderer Beliebtheit erfreute, wenn die Baseballmannschaften bei der »World Series« zur Weltmeisterschaft antraten. Die Gästeliste war lang, und Arm und Reich waren gleichermaßen vertreten.

Das Thorofare blieb überaus populär, besonders bei Reitern, was vor allem einer Unmenge von Pferde- und Jagdzeitschriften zu verdanken ist, die seit Jahrzehnten gnadenlos Werbung für dieses Gebiet machen und nachdrücklich die Tatsache unterstreichen, dass diese Region eine der letzten in den nördlichen Rockies ist, in der man kostenlos seine Pferde grasen lassen kann. Gleichzeitig hat man das Thorofare lange als einen Wallfahrtsort für Angler und Jäger gepriesen, obwohl die Bestände von laichenden Cutthroat-Forellen permanent abnehmen und es damit für Sportfischer bedeutungslos wird. In den späten 1960er-Jahren erinnerte Hawks Rest an eine Art Cowboy-Version des späteren Woodstock-Festivals. Don Hooper, der heute über 70 ist und in Kimberley, Idaho, lebt, betrat im Herbst 1961 als District Ranger die Bühne, drei Jahre bevor der *Wilderness Act* verabschiedet wurde. Er erinnert sich nicht gern an diese Zeit. Damals folgte ein Camp auf das nächste. An den Ufern des Yellowstone River und am Thorofare Creek hatten allein 60 bis 70 Outfitter ihre Lager errichtet. Sie standen so dicht, dass ihre Pferde und Mulis gemeinsam weideten. Hoop, wie ihn seine Freunde immer noch nennen, tat sein Bestes, um mit den größeren Gruppen einen regelmäßigen Kontakt zu pflegen. Bei diesen Gelegenheiten erklärte er den Leuten, wie sie die Auswirkungen ihrer Anwesenheit möglichst gering halten konnten. »Ich erinnere mich an einen Ausflug mit meiner Frau. Wir trafen auf eine 80-köpfige private Reisegruppe mit 150 Packtieren. Sie können sich vorstellen, wie ein derart überbevölkertes Camp ausgesehen hat.«

Unter Hoops Aufsicht versuchte man das Gedränge zu reduzieren, indem abgelaufene Outfitter-Zulassungen nicht erneuert wurden. Außerdem wurden in einem verzweifelten Versuch, den Menschenauflauf in Hawks Rest zu zerstreuen und auf andere Gebiete zu verteilen, unter Hoops Leitung Trail Crews zusammengestellt. Sie sollten alte Wege in anderen Teilen der Wildnis wieder in Stand setzen, unter anderem im Woodward Canyon, entlang des Buffalo Fork und am oberen Yellowstone. Die Arbeiten am Buffalo Fork waren kaum abgeschlossen, da gab es ein Problem mit einem Jugendlager. In diesem Zusammenhang manifestierte sich ein Thema, das noch heute und immer wieder aktuell ist: der Kampf der Mächtigen um Sonderprivilegien. In diesem Camp gab es einen waschechten Cowboy namens Jack Davis, der für den Lastentransport verantwortlich war. Davis weigerte sich, seine Mulis an so genannten *pigging strings* zu führen – lange Leinen, die Pferde und Mulis verbinden und die dünn genug sind, dass sie reißen, wenn eines der Tiere abrutscht. Wenn die Lasttiere aber nicht an Leinen geführt werden, erklärte ihm Hoop, werden sie die neuen Wege ignorieren, Serpentinen abkürzen, dabei das Gelände erodieren und feuchte Wiesen in Moraste verwandeln.

Hoop besprach die Angelegenheit mit seinem Vorgesetzten Robert Safran. Beide hielten es für eine gute Idee, Richtlinien für die Benutzung der Wege und für die Größe von Reisegruppen herauszugeben. Die beiden Männer vereinbarten ein Treffen mit dem Betreiber des Camps, das gegen Ende des Sommers stattfand. Ihnen wurde ein kühler Empfang zuteil, doch dies änderte nichts an ihrem Vorhaben. Safran veranlasste, dass Hoop einen Brief an das Camp schrieb, in dem die neuen Auflagen zusammengefasst waren. Zwei Wochen danach erhielt Hoop einen aufgeregten Anruf. »Kommen Sie schnell her!«, befahl Safran. »Wir haben riesigen Ärger wegen Ihres Briefs. Oh Mann, Sie sitzen ganz schön in der Tinte.«

Es hatte sich herausgestellt, dass der Betreiber des Camps ein guter Freund des damaligen Verteidigungsministers Robert McNamara war. Als McNamara von den neuen Vorschriften hörte, wandte er sich an Orville Freeman, der den Posten des Landwirtschaftsministers inne hatte. »Lieber Orv«, schrieb er, »es scheint, dass der *Forest Service* einem guten Freund, der seinen Geschäften in der Teton Wilderness nachgeht, große Schwierigkeiten macht. Könntest du bitte irgendetwas tun, um ihm das Leben zu erleichtern?« Der »Liebe Orv« verfasste ein Schreiben, das mit den Worten »Lieber Leiter« (des *Forest Service*) begann, in dem er eine umfassende Begründung für die getroffenen Entscheidungen verlangte. Der Leiter des *Forest Service* schrieb einen Brief an die regionalen Förster, der schließlich bei ihrem Vorgesetzten Robert Safran landete. Hoop ließ daraufhin alles stehen und liegen und legte eine schriftliche Begründung für den Entscheid nieder. Dann schickte er seinen Brief auf eine Reise, die alle Stationen in umgekehrter Reihenfolge durchlief. Wie durch ein Wunder blieben die neuen Richtlinien unangefochten. Trotzdem glaubt Hoop auch heute noch – und damit steht er nicht allein –, dass die Wiesen im Gebiet des Yellowstone immer noch zu stark genutzt und dass Ressourcen geschädigt werden.

Es ist natürlich außerordentlich reizvoll, wenn man den Bridger Lake, den Yellowstone River und die großen Weiden in unmittelbarer Nähe seines Zeltes hat; diese Annehmlichkeiten lassen es viele ertragen, dass die Gegend um Hawks Rest so stark frequentiert ist. Manche Besucher scheinen auch mehr vom Herdeninstinkt geleitet zu sein als ihre Pferde, und so schätzen einige von ihnen auch besonders die vergessene Tugend der Nachbarschaftspflege. Denn hier hat man Gelegenheit, die Leute aus dem Zelt nebenan auf ein Bier oder ein Glas Bourbon einzuladen und mit ihnen die Vorzüge von Mustangs gegenüber Quarter Horses zu diskutieren oder die Schönheit von bestimmen Packsätteln zu preisen. Oder man kann die Geschichte von dem Hengst hören, der letzte Woche in den grässlichen Sumpf beim Atlantic Creek geriet, und der zunächst erschossen und später mit Dynamit gesprengt werden musste, um potentiellen Ärger mit Grizzlys zu vermeiden. Und da wir gerade beim Thema Grizzly sind: Viele der Menschen, die sich hier aufhalten, finden es ungemein tröstlich, dass der große Bär wohl eher geneigt ist, über ein einsames Zelt herzufallen als über eine Kleinstadt. Außerdem würden sich in Anbetracht all der Schusswaffen, die es um Hawks Rest herum gibt, selbst Spezialeinheiten der Armee schwertun, dieses Gebiet zu erobern.

Es ist Teil unseres Jobs, herumzuspazieren und Leute zu besuchen, Fragen zu beantworten und sicherzustellen, dass keine

Bierdosen oder Süßigkeiten draußen stehen, die hungrige Bären anlocken könnten. Doch es kommen auch jeden Tag eine Menge Besucher zu uns – Männer und Frauen, die ihre Pferde gesattelt haben und 300 m oder 1 km zur Hütte geritten sind. Manche von ihnen brauchen Hilfe; ein Hufeisen, eine Karte oder einen Verbandskasten, und einige brauchen sogar ein Bett. Andere wollen wissen, ob es immer noch verboten ist, offenes Feuer zu machen (dieses Verbot besteht immer), und weitaus mehr Leute interessiert, ob wir Bären gesehen haben, wo es Fische gibt und was die besten Köder sind. Am zahlreichsten sind jedoch diejenigen, die einfach hereinschneien und uns mit ihren Geschichten unterhalten.

Das große Fest der Legenden beginnt bereits kurz nach unserer Ankunft. Galen Guthrie schaut an diesem Tag zweimal bei uns rein, um uns seine Grizzly-Geschichte zu erzählen, die sich vor Jahren ereignet hatte und die zudem in aller Ausführlichkeit im Logbuch der Hütte steht. Galen & Co, so beginnt die Mär, hatten eines Tages außergewöhnliches Anglerglück. Am Abend entschieden sich ein Freund und er, einen fast 7 kg schweren Fisch in den Baum vor der Hütte zu hängen. Warum sie das taten, hat er uns nie wirklich erklärt. »Genau da«, sagt er und deutet von der Veranda auf einen Punkt in kaum 10 m Entfernung. In Galens Gefolge befand sich auch ein frisch verheiratetes Pärchen, welches in dieser Nacht unter dem Fenster schlief, durch das man auf den vorher erwähnten Fischständerbaum sehen konnte. Als die Braut von einem seltsamen Geräusch geweckt wurde, stieß sie dem schlaftrunkenen Bräutigam einen Ellbogen in die Rippen. Immer noch benommen, schlug dieser gegen das Fenster, um die räuberische Kreatur zu verscheuchen, und dabei ging die Scheibe zu Bruch.

Galen hörte den Lärm und eilte zur Rettung herbei. In der Annahme, dass er es mit einem Schwarzbären zu tun hatte, stürmte er mit einer 22er-Pistole und einer Taschenlampe bewaffnet nach draußen. Das Testosteron geriet in Wallung, und laut schreiend näherte er sich ganz dicht jenem Tier, das sich tatsächlich als Bär entpuppte. Zu spät wurde ihm klar, dass es sich um einen Grizzly handelte, was, wie man sich vorstellen kann, seinen Kampfgeist erheblich dämpfte. Doch da waren sie, zwei aufrechte Raubtiere, die sich in grimmiger Entschlossenheit gegenüberstanden. Der Grizzly wich millimeterweise zur Seite und hatte seinen lodernden Blick fest auf den zitternden Galen geheftet. Natürlich ist er nicht gefressen worden, denn sonst würde er jetzt nicht auf der Veranda stehen und uns die Geschichte heute zum zweiten Mal erzählen. Doch es vergeht kein Jahr, ohne dass er an den Ort des Geschehens zurückkehrt. Er berichtet jedem davon, der bereit ist, ihm ein Ohr zu leihen, und jedes Mal erschauert er, wenn er daran denkt, was alles hätte passieren können.

Kapitel vier

Der Gipfel des Berges Hawks Rest erhebt sich fast 550 m über das Tal. Er mutet an wie der Bug eines mächtigen Schiffes, das westlich durch das stürmische Terrain der Absaroka Range gesegelt ist und fast schüchtern am Ufer des Yellowstone River angelegt hat. Es gibt andere, ähnlich aussehende Formationen in der Nähe, die parallel zu Hawks Rest aufragen – Yellowstone Point im Süden und die drei massiven Vorgebirgszüge von The Trident im Norden. Kein Pfad führt durch diese Felslandschaft, und jede Querfeldein-Wanderung wird zu einer mühsamen Klettertour über lockeren vulkanischen Boden, geborstenes Sedimentgestein und wirre Knäuel von Baumstämmen, die 1988 den Flammen zum Opfer fielen. Inzwischen hat der Wind 60–70 % dieser Bäume geknickt und wie Mikadostäbchen auf dem Boden verstreut. Die Umstände bewirken, dass es nur wenige Besucher bis zum Gipfel schaffen. Wer den Hawks Rest trotz aller Widrigkeiten bezwingt, wird mit der Aussicht auf einen der größten, außergewöhnlichsten Wiesenkomplexe der Rocky Mountains belohnt.

Im Norden liegt der Thorofare Creek, der über 30 km durch ein von Kieselsteinen bedecktes Überschwemmungsgebiet fließt und sich wie ein stolzer Rumba-Tänzer zwischen seinen Ufern hin und her wirft. Von Südwesten her nähert sich der wunderschöne Atlantic Creek dem Grasland, der aus der Teilung seines Mutterstromes an der kontinentalen Wasserscheide entstanden ist; ein Arm fließt nach Westen zum Pazifik, während der andere ostwärts dem Atlantik entgegenströmt. Und schließlich fällt der Blick auf ein atemberaubendes Teilstück des Yellowstone River, des längsten nicht von Dämmen regulierten Flusses Amerikas. Er entspringt inmitten der verbliebenen Schneefelder des Yount Peak und stürzt dann über eine Strecke von gut 32 km talwärts, doch hier sind seine Wasser träumerisch still. Von diesem hohen Aussichtspunkt wirkt der Fluss wie ein sanftes blaues Band, das sich in u-förmigen Windungen durch die Landschaft schlängelt wie ein achtlos fallen gelassener Bindfaden. Nachdem der Fluss den Hawks Rest passiert hat, begradigt er sich allmählich und strömt nordwärts in Richtung Yellowstone Lake. Der Ausblick erinnert an eine wilde Version des berühmtes Gemäldes von Thomas Cole, der den Mount Holyoke in Massachusetts verewigt und sein Werk *The Oxbow* genannt hat. Der Künstler hat versucht, die Ideale der kleinen Farmer mit dem in gewisser Weise im Widerspruch dazu stehenden ungestillten Hunger nach unberührter Natur in Einklang zu bringen. Doch anstelle der Farmer gibt es hier Outfitter, die weder Getreide anbauen noch Pflüge ziehen, sondern den ganzen Sommer über Horden von erschöpften Touristen zu Diensten sind.

Trotz der unsagbaren Rauheit der Umgebung war dieses Land lange Zeit von Menschen besiedelt. Um 1400 n. Chr. verließen die Sheepeater, eine Untergruppe der Shoshonen, den Südwesten und zogen in die Rockies. Einige frühe Autoren verhöhnten die Sheepeater als arm und jämmerlich; ihr Urteil gründete sich zum Teil darauf, dass dieses Volk keine Pferde besaß. Andere hielten diese Indianer jedoch für außerordentlich geschickt und zählten sie zu den besten Jägern und Fallenstellern der Rocky Mountains. Osborne Russell, ein Trapper des 19. Jahrhunderts, beschrieb sie als »ordentliche Menschen, die in Hirsch- und Schafsfelle von höchster Güte gekleidet und vollkommen zufrieden und glücklich sind«.

Lange bevor die Shoshonen diesen Landstrich bevölkerten, hielten sich andere Nomaden in diesem Gebiet auf, von denen einige zeitweilig an den Ufern der großen Gletscherseen im Süden lagerten, in der Nähe des heutigen Jackson. Trapper, Rancher und schließlich Archäologen haben immer wieder lange Abhandlungen über Fundorte geschrieben, an denen sich Spitzen von Projektilen, Werkzeuge und Mahlsteine häuften. Noch überraschender ist allerdings die Fülle der archäologischen Fundstellen in den hoch gelegenen Bereichen der Teton Wilderness. Nach einer umfassenden aktuellen Studie, die 1998 veröffentlicht wurde, hat man in der Wind River Range, in der Gros Ventre und in der Absaroka Range mehr als 20 solcher Orte pro Quadratmeile ausgemacht. Eine zeitgenössische Theorie malt folgendes Bild der damaligen Lebensweise:

Damals zogen die Menschen mit dem Erwachen des Frühlings aus dem Flachland zu den großen Seen in den Tälern, an deren Ufern sie gelbe Wasserlilien, Balsamwurzeln und wilde Zwiebeln ernteten und sogar laichende Cutthroat-Forellen fingen. Wenn es Sommer wurde, machten sich kleine Familienverbände ins Hochland auf, um manchmal wochenlang in festen Lagern in der Tundra zu leben. Sie jagten nicht nur Wild, das in diesem Gebiet mit Projektilen aus dem hiesigen Feuerstein erlegt wurde, sondern sammelten auch die in den höheren Lagen heimischen Pflanzen: Natterwurz und Claytonie, *bisquitroot* und Weißborkenkiefer. Archäologen haben dort Steinkreise gefunden, die 2,70 m im Durchmesser und 45 cm hoch sind. Man nimmt an, dass sie als Kultstätten dienten. Wenn mit dem Herbst der Abstieg in das Flachland begann, waren die Wanderer mit großen Bündeln von getrockneten Pflanzen beladen, die als Nahrungsmittel oder als Medizin benötigt wurden. Dieser Rhythmus bestimmte das Leben gut 8.000 Jahre lang.

Wenn man vom Gipfel des Hawks Rest herabblickt, versteht man sofort, dass die üppigen Wiesen eine der wichtigsten Lebensgrundlagen des Thorofare sind. Die großen Graslandschaften sind von sich windenden, mit Weiden gesäumten Fluss- und Bachläufen durchschnitten, an deren Ufern ein Gemisch aus Schilfrohr, Riedgräsern, Fingerkraut und Bergastern gedeiht. Im Frühsommer tummeln sich Elche unter den Weiden, während die Grizzlys auf ihrem Hinterteil sitzen und nach Yampa-Wurzeln und *bisquitroot* graben. Man kann Hauben- und Weißkopfadler beobachten, die über Schwärmen von Kanadagänsen und Spatelenten hinwegziehen und an den Flussufern patrouillieren. In einiger Entfernung vom Ufer brüten Schnepfen, und noch etwas weiter weg Rainammern, die ihre Nester in dichten Grasbüscheln versteckt haben.

Doch von all den Geschöpfen auf der Bühne des Thorofare nimmt keines eine so zentrale Rolle ein wie das Wapiti. Zehntausende streifen durch die niederen Lagen des Yellowstone National Park und durch die nördlichen Gefilde der Teton Wilderness. In großen Herden, die Hunderte von Tieren umfassen, kommen sie aus dem National Elk Refuge bei Jackson, aus den Schutzgebieten der Gros Ventre Range und von den mit Salbeisträuchern bewachsenen Ebenen am Greybull River. Mit unglaublicher Sicherheit finden sie ihren Weg durch das unwegsame Terrain und schaffen es irgendwie, genau in dem Moment hier einzutreffen, wenn der Schnee die Wiesen freigibt. Die Wapitis ziehen nicht nur Wölfe, Grizzlys, Kojoten und vereinzelt sogar Pumas an, sondern auch alle Aasfresser, wie Adler, Füchse, Dachse oder Käfer. Und natürlich sind sie auch für Menschen eine Attraktion, die manchmal Tausende von Dollars an Outfitter zahlen, um einmal in ihrem Leben einen mächtigen Bullen zu erlegen.

Als im 19. Jahrhundert Trapper wie John Colter und Osborne Russell ihre ersten Streifzüge in dieses Gebiet unternahmen, lebten überall in den höheren und niedrigeren Lagen Wapitis, die damals, an heutigen Maßstäben gemessen, ein durchaus entspanntes Dasein führten. Lange bevor die starken Schneefälle einsetzten, begannen die Tiere ihre gemächliche Wanderung in die Überwinterungsgebiete. Einige zogen in westlicher Richtung durch die Tetons, doch eine weitaus größere Zahl machte sich auf den langen Weg in das südwestliche Wyoming und steuerte die Red Desert oder die windgepeitschten Ufer des Green River an. Als dann die Siedlungen entstanden, als Stacheldrahtzäune ein immer enger werdendes Netz von Kleinstädten, Farmen, Rast-Stationen, Eisenbahnschienen und Viehweiden umschlossen, blieb der Weg zu vielen Winterarealen versperrt, und so waren die Wapitis gezwungen, in hoch gelegenen Bergtälern wie dem Jackson Hole zu überwintern.

Viele Jahre lang stellte dies kein großes Problem dar, denn Wapitis können sich in rauen Gegenden nicht nur von diversen Pflanzen ernähren, sondern auch – anders als Rinder – mit ihren Hufen durch dicke Schneedecken nach Nahrung graben. Als in den 1880er-Jahren die ersten Siedler von Jackson auftauchten, überwinterten dort bereits Tausende von Wapitis, insbesondere in den sumpfigen Arealen nördlich des heutigen Stadtgebiets, nahe der Mündung des Flat Creek und am Sheep Creek. Doch in harten Wintern – und die sind im Gebiet von Jackson Hole keine Seltenheit – führte die Tatsache, dass den Tieren der Weg zu den tiefer gelegenen Landstrichen im Süden versperrt war, zu Massensterben. Allein im Jahre 1890 verhungerten rund 20.000 von schätzungsweise 50.000 Wapitis, die in der Region von Jackson Hole den Winter verbrachten. Weitere Massensterben ereigneten sich in den Jahren 1886, 1889 und 1896 sowie 1909, als die Einwohner von Jackson behaupteten, dass man bei einem Spaziergang vom Ort aus 3 km weit über Wapitikadaver gehen könne, ohne je den Boden zu berühren.

Das Leiden der Wapitis, die in diesem schrecklichen Jahr um ihr Leben kämpften, war unbeschreiblich. Hunderte zog es zu den nahe gelegenen Farmen, wo sie die massiven, im Stile der Forts errichteten Zäune aus Holzstämmen niederrissen, welche die Bewohner um ihre Heuhaufen errichtet hatten. Viele Tiere zogen durch die Straßen von Jackson, sprangen von Schneehaufen in die Höhe und versuchten, Stroh von den Dächern der Ställe und Scheunen zu zerren. Manche brachen zusammen; ihr Fell fror an der Straße fest, und Krähen und Elstern pickten ihnen die Augen aus. Die Einwohner von Jackson standen mit den Wapitis gewöhnlich auf Kriegsfuß wegen der Weidegründe, die sie ihrem Vieh zugedacht hatten. Doch in diesem Jahr zeigten sie Mitleid. Es wurde eine Versammlung einberufen, bei der ein Hut herumging, und innerhalb von Minuten kamen 600 Dollar zusammen, von denen Heu gekauft wurde. Man teilte 16 km Land zu jeder Seite der Stadt in fünf Bezirke ein, in denen jeweils ein ortsansässiger Farmer für die Fütterung der Tiere zuständig war. Drei Jahre später bewilligte der Kongress 45.000 Dollar, von denen Heuwiesen im Nordosten von Jackson gekauft wurden, in denen die Wapitis überwintern konnten. Diesem Areal wurden noch 400 Hektar angrenzendes Land aus öffentlicher Hand hinzugefügt, und so entstand ein über 1.100 Hektar großes Refugium. Unglücklicherweise stellte sich bald heraus, dass diese Maßnahme nicht ausreichend war: In dem strengen Winter des Jahres 1920 verendete die Hälfte der Wapitis in diesem Tal. Sechs Jahre später startete die Isaak Walton League eine Kampagne; man konnte das vorhandene Schutzgebiet um 700 Hektar vergrößern.

In den frühen Stadien dieser Bemühungen sagten einige Leute voraus, dass die Wapitis gänzlich von der Bildfläche verschwinden würden. In einem Bericht über die Region südlich des Yellowstone, den Charles D. Walcott als Direktor des U. S. Geological Survey, des amerikanischen Geologischen Instituts, 1898 für den Senat verfasste, malte er ein düsteres Bild: »Es wird lediglich ein paar Jahre dauern, bis das Schutzgebiet für andere Zwecke beansprucht wird, und dann werden die Wapitis aussterben – wie die Büffel und das Großwild in Colorado, in anderen Teilen der Rocky Mountains sowie in der Sierra und den Küstengebieten.«

Die Fütterungsaktionen retteten fraglos unzähligen Wapitis das Leben, doch sind derartige Eingriffe auch immer von ungeahnten Folgen begleitet. Zum einen begünstigt eine so hohe Konzentration von Tieren die Verbreitung von Krankheiten. Dieser Umstand gibt gerade heute Anlass zur Sorge, in den Zeiten der Brucellose (diese Krankheit wurde durch Hausrinder in den amerikanischen Westen gebracht) und der Tuberkulose (37 % aller Kühe in Jackson wurden positiv getestet). Dort sieht man sich sogar durch CWD (*Chronic Wasting Disease* = chronisch auszehrende Krankheit) bedroht, die in einigen Punkten dem Rinderwahnsinn ähnelt, der in den 1990er-Jahren die britische Rinderwirtschaft in die Knie gezwungen hat. Zum anderen sind die Fortpflanzungsraten in den Gebieten, in denen gefüttert wird, niedrig. Aktuelle Studien belegen, dass die Kuh-Kalb-Relationen in der Gros Ventre Range und im National Elk Refuge weniger als halb so hoch sind wie bei den frei umherziehenden Herden. Außerdem gibt es auch grundsätzliche Bedenken gegen Eingriffe in natürliche Kreisläufe. Schon damals, in den 30er-Jahren des 20. Jahrhunderts, standen viele Bewohner dieser Region den Fütterungsprogrammen kritisch gegenüber, da sie eine Domestizierung der Wapitis befürchteten. Sie berichteten, dass die Tiere oft natürliche Nahrungsquellen ignorierten, wenn man Klee und Luzerne für sie bereitstellte.

Wapitis haben stets mit einem gewissen Einfallsreichtum auf den Menschen reagiert – indem sie sich aus ungeeigneten Winterquartieren zurückzogen oder Heu aus gut gesicherten Scheunen stahlen –, doch ihre cleversten Tricks haben sie für den Umgang mit Jägern reserviert. Die Herden des südlichen Yellowstone beginnen ihre Wanderung nicht mehr wie einst im frühen Herbst, sondern bleiben hinter der schützenden Grenze des Parks, bis der erste Schnee sie zum Aufbruch zwingt. In manchen Jahren beginnt die Migration nach Süden erst lange nachdem die ersten großen

Schneefälle niedergegangen sind, aber wenn sich das Wetter plötzlich bessert, drehen die Wapitis um und kommen zurück. Während die Tiere früher sorglos umherstreifen konnten, wenn sie den Park verließen, nehmen sie heute nicht nur den direktesten Weg zu ihren Überwinterungsgebieten, sondern sie tun dies oft auch im Schutze der Nacht, wenn keine Jäger auf der Lauer liegen. Diejenigen, die ostwärts in Richtung Greybull River ziehen, erklimmen, sobald sie den South Fork des Shoshone erreichen, sogar die unglaublich steilen Flanken des Needle Mountain, wo ihnen weder Pferde noch Jäger folgen können.

Es gab eine Zeit, in der Tausende von Wapitis aus der Region um Hawks Rest in Richtung Turpin Meadow strömten und den Highway in der Nähe des Togwotee-Passes überquerten. (Der Reisende Charlie Hendrick schrieb 1896, dass der erste große Schneesturm des Jahres eine ungeheure Menge von Tieren durch den Pass trieb. Seine Begleiter und er mussten sich in John Cherry's Hütte flüchten und sich vor der »Stampede« in Sicherheit bringen.) Es überrascht kaum, dass so große Ansammlungen von Wild Dutzende von Jägern anzogen. Kurz vor dem Ausklang des 19. Jahrhunderts berichtete Charles Walcott von der U. S. Geological Survey, dass »fast an jedem Bach in der großen Region südlich des Parks Jagdgesellschaften lagern. Sie warten auf die Migration der Wapitis, die sie nach den Jagdgesetzen von Wyoming ungestraft abschießen dürfen. Wenn die Regierung solche Tötungen in Zukunft nicht verhindert«, so argumentierte Walcott, »werden die Büchse und die Schrotflinte mit Sicherheit genauso für eine Ausrottung der Tiere sorgen wie die Zerstörung ihrer Überwinterungsgebiete.«

Nach zahlreichen kontroversen Diskussionen zwischen Naturschützern und Parkaufsehern auf der einen und Farmern und Jägern auf der anderen Seite wurde 1905 ein Kompromiss geschlossen, und Wyoming gründete das *Teton Game Preserve*; nun waren sowohl die Jagd als auch das Weiden von Nutzvieh auf einem großen Stück Land verboten, das an die südlichen Ausläufer des Parks angrenzte.

Vielerorts begrüßten Wapitijäger diese Initiative. »Echte Sportsmänner und alle, die sich für Gesetze zum Schutz des Wildes interessieren«, säuselte in jenem Jahr ein Schreiberling in einem Artikel für *Forest and Streams*, »werden der Legislative von Wyoming zu diesem weisen und weitsichtigen Akt gratulieren.« Aber schon 1935 traf der Staat eine äußerst fragwürdige Entscheidung und erlaubte die Jagd in dem existierenden Schutzgebiet. Im folgenden Herbst steuerten Hunderte von Schützen ihre Fahrzeuge zum Oberlauf des Spread Creek oder reihten sich am Buffalo Fork auf und warteten auf die durchziehenden Wapitis, die hier noch im Jahr zuvor eine sichere Passage gefunden hatten. Ein unbeschreibliches Gemetzel war die Folge. Verwundete Tiere und halb abgezogene Kadaver lagen überall verstreut. Diese Szenerie, die sich im früheren Teton Game Preserve ereignet hatte, war so grauenvoll, dass das Ereignis als das Spread Creek Massaker in die Geschichte einging. Der berühmte Künstler Archie Teeters verewigte das Geschehen in seinem Gemälde *The Massacre of the Elk*, das jahrelang im Jackson Drug Store hing.

Im darauf folgenden Herbst war die Jagd eine triste Angelegenheit, da die Wapitis sich scheinbar in Luft aufgelöst hatten. Erst spät im Dezember begannen die Herden nach Süden zu wandern; sie überquerten den Highway in der Nähe der Blackrock Ranger Station in Gruppen, die mehrere hundert Tiere umfassten.

Vier Jahre später taten sich die Jäger schwer, südlich des Yellowstone Parks Wapitis zu finden. Im *Wyoming Game and Fish Department* war man so frustriert, dass in den 40er-Jahren der Versuch unternommen wurde, die Tiere aus dem Park in den Nationalwald zu locken, indem man Salzblöcke als Köder auslegte. Das Experiment war in eine halb gare Theorie verpackt, an der einige Outfitter noch heute festhalten. Sie besagt, dass die Wapitis im Yellowstone Park bleiben, weil es so wenig Mineralien in der Vegetation des Nationalwaldes gibt. Doch in den folgenden Jahrzehnten konnten selbst die besten Biologen der Welt keine Beweise für einen Mangel an Mineralien im Nationalwald entdecken. Der anerkannte Wapiti-Experte Olaus J. Murie schrieb in seinem 1951 erschienenen Klassiker *Elk of North America*, dass es in diesem Waldgebiet mehr als genug Mineralsalze gibt und ein Ausbringen von Salz sich auf lange Sicht wahrscheinlich als überflüssig, wenn nicht gar als schädlich herausstellen wird. In einer Zusammenarbeit mit dem Biologen Dale E. Toweill kam Jack Ward Thomas 1982 zu einem ähnlichen Schluss: »Wenn Wapitis Salz lecken«, schrieben die beiden Wissenschaftler, »ist dies grundsätzlich eine Angewohnheit, die einen Luxus darstellt.« Nach vielen Jahren des groß angelegten Salzexperiments war die einzige Schlussfolgerung, zu der staatliche Experten für Großwild gelangten, dass es nicht möglich sei, eine solche zu ziehen. Es wurde lediglich die kaum bemerkenswerte Feststellung getroffen, dass Wapitis Salzblöcke mit Spurenelementen denen mit der herkömmlichen Kalzium-Phosphor-Mischung vorziehen.

Es ist Mitte Juli, und die feuchten Areale trocknen jetzt schnell. In der Wiese gegenüber unserer Hütte leuchten große purpurne Flecken von blühenden wilden Zwiebeln und Elefantenkopfläusekraut, doch ihre Tage sind bereits gezählt. Der Wasserspiegel des Yellowstone River sinkt jeden Tag um 15 cm, und der Fluss erwärmt sich ständig – eine gute Nachricht für alle, die vorhaben, ihr Samstagsbad in einem der tiefen Becken zu nehmen. Jetzt kann man über Wiesen gehen, die vor einigen Wochen noch so aufgeweicht waren, dass Pferde, Mulis und unvorsichtige Wanderer regelmäßig bis zu den Hüften in ihnen versanken. Inzwischen sind sie an vielen Stellen passierbar; das bei jedem Schritt aus dem Boden quellende Wasser steigt kaum über den Sohlenrand der Stiefel. Rauchfahnen ziehen durch das Tal – ein Hinweis auf die Brände, die von Oregon bis in den Südosten Wyomings wüten. Die meisten hiesigen Brandbekämpfer sind jetzt anderswo im Einsatz, in Colorado beim Hayman-Feuer oder irgendwo in Arizona. Um kein Risiko einzugehen, besteht in der Teton Wilderness immer noch das Verbot, offenes Feuer zu entfachen.

Fast jeden Morgen finden wir frische Wolfsspuren, meistens von einem, seltener von zwei Tieren, die dem in der Nähe beheimateten Delta-Rudel angehören. Manchmal entdecken wir ihre Fährten auf dem Thorofare Trail, der direkt an unserer Hütte vorbeiführt, aber noch öfter bemerken wir sie am Flussufer. In den Schlammbänken am Wasser hinterlassen die Wölfe besonders klare Abdrücke, die Ballen und Klauen ihrer Pfoten sind deutlich erkennbar. Im Frühling 1995 habe ich bei einem Projekt mitgearbeitet, bei dem wir 14 Wölfen, die aus Kanada hierher gebracht wurden, fast ein ganzes Jahr durch das Hinterland folgten. Einige Tiere des Delta-Rudels sind Nachkommen einer Gruppe von Wölfen, die ich gut kannte, und deshalb freue ich mich schon lange darauf, sie wieder zu sehen. Die Gruppe damals war als Soda-Butte-Rudel bekannt, und die Position des Alpha-Männchens hatte ein reifer Wolf inne. Sein Fell trug einen kobaltblauen Schimmer, weshalb er von den Biologen »Old Blue« genannt wurde. Blue war äußerst scheu, jedenfalls schien es zunächst so. Jedes Mal, wenn ein Betreuer Tierkadaver in das Eingewöhnungsgehege schleppte (ein umzäuntes, 2.000 m² großes Schutzareal, in dem die Wölfe die ersten neun Wochen verbrachten), verzog er sich schleunigst in eine der Hundehütten ähnlichen Kästen, die man dort aufgestellt hatte. Blue war das einzige Tier, das zu solch hastigen Fluchtreaktionen neigte. Eines Tages musste er eingenickt sein, denn er richtete sich erst auf, als das Fütterungs-Team bereits im Gehege war. Wie immer raste er in heller Panik auf eine der Kisten zu und streifte dabei das Bein eines erschrockenen Pflegers. Doch knapp neun Monate nach seiner Freilassung beobachteten Biologen, dass Blue beim Erlegen von Wapitis immer in vorderster Reihe aktiv war, und wenig später versammelte er bereits andere Mitglieder des Rudels um sich, wie ein weiser, alter Meister.

Im Herbst 1995 zog das Soda-Butte-Rudel immer weitere Kreise um den Ort, wo es im Lamar Valley ausgesetzt worden war. Schließlich landete es in einer unwegsamen Schlucht am Stillwater River, in der Nähe des Flood Creek. In diesem Gebiet hatte es 1988 gebrannt, und nun gediehen hier Virginische Traubenkirschen und Johannisbeeren, Rosen und Adlerfarne unter den Zweigen von jungen Espen und Drehkiefern. In diesem idyllischen grünen Dschungel gebar Blues Gefährtin, Nummer 14, in den ersten Maitagen einen allem Anschein nach weiblichen Welpen. Einige wunderten sich, dass sie diesen Ort gewählt hatte, da das üppige Dickicht von einer offenen Felslandschaft umgeben war, die kaum Schutz bot, und in der es weitaus weniger Wild gab als an anderen Plätzen. Die Mitglieder des Rudels entfernten sich auf ihren Beutezügen weit von diesem Ort, und manchmal ließen sie Blue und seine Gefährtin, die sich um den jungen Wolf Nummer 24 kümmerten, ganz allein zurück. Aber Nummer 24 überlebte, und im folgenden Jahr wurden die junge Wölfin und ihre Familie auf den Ländereien von Lazy EL gesichtet, einer über 5.000 Hektar großen Rinderfarm nahe Roscoe in Montana.

Es gibt bessere Plätze für Wölfe als eine Rinderfarm in Montana. Die Besitzer der Lazy EL Ranch waren gutwillig und bereit, eine abwartende Haltung gegenüber dem Soda-Butte-Rudel einzunehmen, doch viele ihrer Nachbarn waren es nicht. Es wurden kaum verhüllte Drohungen ausgesprochen, aus denen eindeutig hervorging, dass, sollte sich sonst niemand dieser verdammten Viecher annehmen, es jemand aus der Nachbarschaft tun würde. Der *Park Service* nahm die Drohungen ernst und verfrachtete das Rudel an den südöstlichen Ausläufer des Yellowstone Lake. Die Tiere wurden erneut in einem Eingewöhnungsgehege untergebracht, das mit Hubschraubern in das Hinterland transportiert worden war. Dort blieben die Wölfe bis zum folgenden Oktober. Nach seiner Auswilderung wanderte das Rudel nach Westen bis zum Heart Lake, der im mittleren Teil des Parks liegt. Blue starb im Frühling des Jahres 1997, wahrscheinlich an Altersschwäche. Gleich nach seinem Tod begab sich seine Gefährtin, Wolf Nummer 14, allein auf eine 130 km lange Wanderung, die am südlichen Ende des Yellowstone Lake begann, über das Pitchstone Plateau führte und am Bechler River endete. Nach kurzem Aufenthalt in einer ausgedehnten Wiesenlandschaft schloss sie sich schließlich wieder ihrem Rudel an. Doch – wie es bei Wölfen manchmal der Fall ist – blieb sie allein, und so wurden in den folgenden beiden Jahren keine neuen Welpen geboren. Das Rudel wurde kleiner, und viele befürchteten, dass seine Tage gezählt wären. Beutezüge führten es mehrmals in das National Elk Refuge bei Jackson, doch die Tiere kehrten immer wieder in die Teton Wilderness und in den südlichen Bereich des Yellowstone Parks zurück.

Während der warmen Jahreszeit ist das Thorofare für Wölfe ein Paradies. Knapp 20 % der großen Wapitiherden des Nordens und Tausende von Tieren aus dem National Elk Refuge und aus den Weidegründen der Gros Ventre Range kommen in diese Region, um hier den Sommer zu verbringen. Im Winter sieht es ganz anders aus. Angesichts des Massenexodus der Wapitis gleich nach den ersten massiven Schneefällen, fragten sich die Biologen von Anfang an skeptisch, ob ein Wolfsrudel im Thorofare überleben kann. Wegen der ebenso schwierigen Nahrungssuche in der Heart Lake Region führte die Wölfin Nummer 14 ihr Rudel im Januar 1998 ins Thorofare und ließ sich in der Nähe des Beaverdam Creek nieder. Dort traf die Gruppe auf andere Wölfe; es handelte sich um ein junges, aus zwei Alpha-Tieren und vier Welpen bestehendes Rudel, das die Wissenschaftler Thorofare Pack getauft hatten. In den meisten Fällen ergeht es Wölfen gar nicht gut, wenn sie in Territorien anderer Rudel eindringen und in Kämpfe verwickelt werden. Aber die Soda-Butte-Gruppe hatte vier erwachsene Tiere aufzuweisen, und das Glück war auf ihrer Seite. Es war eine blutige Schlacht. Als der Tumult sich legte, war das Alpha-Männchen des Thorofare Packs tot. Das Alpha-Weibchen wurde mit einem ihrer Welpen auf einen Abhang gejagt; als sich eine Lawine löste, kamen die beiden ums Leben. Die anderen drei Welpen verschwanden. Von diesem Moment an gehörte das Thorofare den Soda-Butte-Wölfen.

Im April 2002 machte sich das Rudel im Thorofare an einen gewaltigen Elch heran. Nummer 14, die den Angriff leitete, kam dabei ums Leben. Ihre älteste Tochter – der einsame Welpe, der am Stillwater River zur Welt gekommen war – hatte die Gruppe schon vorher verlassen und das Teton Pack gegründet, während eine Tochter aus einem anderen Wurf, was den Forschern entgangen war, inzwischen die Alpha-Position eingenommen hatte. Im Frühjahr des gleichen Jahres gebar diese junge Wölfin einen Wurf Welpen in der südöstlichen Ecke des Yellowstone Lake. Da nun all die ursprünglichen Mitglieder der Soda-Butte-Wölfe verschwunden waren, wurde das Rudel auf den Namen Yellowstone-Delta-Rudel umbenannt. Die Wölfin Nummer 14 streift nun nicht mehr durch diese wilden Hügel, doch ich tröste mich mit dem Gedanken, dass sie die Erste war, die diese Region als ihr Heimatrevier beansprucht hat; sie war diejenige, die das Rudel so oft bei seinen winterlichen Wanderungen angeführt hat, und viele Wölfe folgen noch heute ihren Spuren. Nach Aufzeichnungen des *Wyoming Game and Fish Departments* überwintern ungefähr 200 Wapitis in der Region des Thorofare – gerade genug Tiere, um das Rudel am Leben zu erhalten. Während der kalten Monate muss ein Wolf in diesem Landstrich sehr hart für seine Nahrung arbeiten, und das Yellowstone-Delta-Rudel ist die am weitesten ausschwärmende Gruppe des ganzen Ökosystems geworden. Oft besteigen Biologen ein Flugzeug und fliegen auf der Suche nach den Delta-Wölfen gen Süden; doch man findet sie nie, und den Wissenschaftlern bleibt nichts anderes übrig, als heimzukehren und es an einem anderen Tag erneut zu versuchen.

Neben ihren versteckten Wanderwegen gibt es einen weiteren, faszinierenden Grund, der es so schwer macht, dieses Rudel im Auge zu behalten. Zu dem Zeitpunkt, da ich diese Zeilen schreibe, ist das Alpha-Weibchen das einzige Tier des Rudels, das ein Halsband trägt. Natürlich hatte man auch anderen Tieren ein Halsband verpasst, doch sie haben großen Gefallen daran gefunden, sich die Dinger gegenseitig herunterzukauen. »2002 haben wir fünf Wölfen des Delta-Rudels ein Halsband angelegt«, erinnert sich Dough Smith, der für den *Park Service* arbeitet und das Wolf-Projekt leitet. Als er fortfährt, klingt er fast ein wenig ehrfürchtig: »Alle fünf sind abgenagt worden.« (Im Vorjahr verlief es genauso frustrierend; das Team hatte drei Wölfe mit Halsbändern versehen, doch zwei davon funktionierten nicht. Da dies der einzige Fall einer Fehlfunktion im ganzen Jahr war, fragen sich einige, ob das Rudel nicht nur in Bezug auf das Herunterkauen Meisterschaft erlangt habe, sondern vielleicht auch bei der Sabotage von elektronischen Geräten.) »Nummer 126 ist das Alpha-Weibchen, der dominante Wolf«, sagt Smith. »Sie lässt es nicht zu, dass andere Rudelmitglieder sich ihr nähern. Wahrscheinlich ist sie deshalb das einzige Tier, das immer noch ein Halsband trägt.« Vor kurzem dachten Biologen, dass man das Problem lösen könne, wenn Stachelhalsbänder verwendet würden, so wie Bulldoggen sie tragen. Man hatte diese Sorte gelegentlich in anderen Gebieten ausprobiert und immer Erfolg gehabt. Aber nicht hier, nicht beim Delta-Rudel. »Sie machen all unsere Bemühungen zunichte«, sagt Smith und grinst dabei über das ganze Gesicht.

Die Schlammbänke entlang des Flusses weisen nicht nur Wolfsabdrücke auf, sondern sind auch voll von Spuren, die Biber und Moschusratten, Elche, Pelikane und Enten hinterlassen haben. In den Morgenstunden finden wir sogar häufig Abdrücke von Grizzlytatzen. Einige von den großen Braunen durchstreifen jede Nacht die Uferzonen und versuchen schnüffelnd, etwas Genießbares zu finden – junge Vögel, Eier, Yampa-Wurzeln oder Fische. Selbst dicht bei den Zelten kann man oft Bärenspuren entdecken, da überraschend viele Leute immer noch Nahrungsmittel draußen herumstehen lassen – Dosen mit Cola und Bier, Schokoriegel, Kartoffelchips und große Tüten mit Keksen.

Neben den Tieren wird das Thorofare während der Sommermonate auch für einige Menschen zur Heimat. Kayla Michael, alias *Lone Eagle Woman*, ist eingetroffen. Ich wollte sie schon lange kennen lernen, hatte aber keine Ahnung, wie ich mit ihr in Kontakt kommen könnte, da sie sich den ganzen Sommer durch 800 km^2 Hinterland treiben lässt, meistens abseits begehbarer Pfade. Heute, knapp eine Woche nach unserer Ankunft, steht sie vor der Tür, bekleidet mit einer zerrissenen Jeans und rustikalen Billigschuhen; auf ihrer Nase sitzt eine Plastikbrille, und ihr langes blondes Haar wird von einem schwarzen Cowboyhut im australischen Stil gekrönt. Wir laden sie auf ein paar Erdnüsse und ein Glas Gatorade ein, und sie strahlt jedes Mal wie ein Weihnachtsbaum, wenn wir sie irgendetwas über den Yellowstone Park, die Wildnis, die Wasserfälle oder über Grizzlys, Wapitis und Wölfe fragen.

Es wäre eine Untertreibung, wenn man sagen würde, dass Kayla von diesem Landstrich besessen ist. In den Wintermonaten arbeitet sie in Jackson; sie wohnt dort meistens in einem billigen Motel oder in einem Privathaus zur Untermiete. Kayla nimmt das alles in Kauf, um immer wieder in das Thorofare zurückkehren zu können, vorzugsweise Anfang Mai. Dann bahnt sie sich durch 60–90 cm hohen Schnee ihren Weg hierher, nur um die schlichte Freude zu genießen, die Wiesen voller Wapitis, Grizzlys und Elche zu sehen – und um hier ungestört Zeit zu verbringen, bevor der ganze Zirkus losgeht und die Tiere sich in alle Winde zerstreuen. Ein paar selige Wochen lang gehören ihr die Überbleibsel von dem, was der begnadete Elch-Biologe George Shiras 1898 hier vorgefunden hatte. »Wenn man im Thorofare von einem hoch gelegenen Punkt aus nach Süden in Richtung Bridge Lake und Hawks Rest blickt«, so schrieb er, »dann hat man ein Gebiet vor Augen, das zwischen dem südlichen Ende des Sees und der Quelle des Yellowstone River liegt. Es gibt keine andere Region von dieser Größe in den ganzen Vereinigten Staaten, die so wild ist. Sie beherbergt die größte Fülle und die bedeutendsten Vorkommen gänzlich vom Menschen unbeeinflusst lebender Tierarten.«

Diesen Sommer ist es 20 Jahre her, dass Kayla zum ersten Male ihren 26 kg schweren Rucksack geschultert hat (er ist heute kein Gramm leichter), und durch den schmelzenden Schnee bis zu den grünen Wiesen von Hawks Rest gestapft ist. Seither hat sie das Thorofare fast jedes Jahr besucht, und ihre Streifzüge haben ihr ein tiefes Wissen über das Land vermittelt. Zudem übt sie einen unglaublichen Zauber auf Tiere aus. Obwohl ihr Tagebuch lediglich Berichte über Begegnungen mit frei lebenden Kreaturen enthält, vergeht kaum ein Tag, an dem sie nicht eine beachtliche Menge Tinte dafür verwendet, ihre Beobachtungen niederzuschreiben. Kayla erinnert mich an eine andere warmherzige Frau namens Pearl; sie war unsere Nachbarin, als ich ein Kind war. Obwohl ihr das Leben nicht immer gewogen war, ja manchmal sogar grausam mit ihr umging, war Pearl das Glück auf eine eigenartige und zugleich wunderbare Weise hold. Seit sie ein kleines Mädchen war, ist sie für ihr Leben gern angeln gegangen. Ihre besondere Gabe bestand darin, dass sie an jedem beliebigen Tag so viele Fluss- und Sonnenbarsche fing, dass selbst Jesus beeindruckt gewesen wäre. Kayla hat eine ähnliche Gabe; sie hat mehr Bären gesehen und sie begegnet auf einer Wanderung von 50 km mehr Wölfen, Wapitis, Bibern und Elchen, als die meisten Menschen in ihrem ganzen Leben erwarten können. Vielleicht hat sie, wie Pearl, früher einen schweren Schicksalsschlag erlitten, doch diesbezüglich kann ich nichts sagen. Denn in all den Stunden, die wir in den kommenden Wochen gemeinsam verbringen, wird sich die Konversation um kaum etwas anderes drehen als um dieses herrliche Fleckchen Erde, das sich vom Oberlauf des Yellowstone River und dem Thorofare über das Two Ocean Plateau bis zu den Absarokas erstreckt. Gleichzeitig habe ich das Gefühl, dass der Tag für Kayla nie genügend Stunden haben könnte, um uns alles zu erzählen. Bei ihrem ersten Besuch bleibt sie drei Stunden, bevor sie zu ihrem Camp in einem Waldstück in der Nähe des Bridger Lake zurückkehrt – rechtzeitig, um ihre abendliche Runde zu drehen, wie sie uns erklärt. Nachdem Kayla gegangen ist, sitzen wir noch lange am Tisch, und ihre Worte klingen in unseren Köpfen nach.

Inzwischen ist auch unser nächster Outfitter-Nachbar, John Henry Lee (der Kuhglocken-König), eingetroffen. Frühmorgens kommt er, das Kinn von einem Dreitagebart bedeckt, auf seiner weißen Stute angeritten. Er schäumt vor Wut und macht auf uns den Eindruck eines moralisch degenerierten Westernhelden. Lee fängt einen Streit mit uns an, weil wir seine Pferde in der Nacht zuvor von unseren Wiesen gejagt haben, und das hat ihn und seine Gefährten in eine gereizte Stimmung versetzt. »Von jetzt an habt ihr ein Problem«, macht er uns klar. »Hier habe ich das Sagen.« Das ist der Startschuss zu einem Wettpinkeln, das Wochen dauern wird. John

Henry hat es nicht leicht, und er neigt zu cholerischen Anfällen. Aus dem ehemaligen Führer ist ein Outfitter geworden, der seine bescheidenen Geschäfte in der Teton Wilderness betreibt. Er ist ein kleiner Fisch in einem großen Teich. Vor einem Jahr hat er sich mit dem Outfitter John Winter auf einem Parkplatz bei Turpin Meadow angelegt. Es ging um ein Wapiti, das einer von John Henrys Kunden auf einem Terrain erlegt hatte, das John Winter als sein Revier betrachtet. Jeder der Männer hatte ein paar Kerle zur Verstärkung dabei. Sie hatten die Hände an ihre Revolver gelegt, und es sah aus, als würden sich zwei rivalisierende Gangs gegenüberstehen, die Lust auf eine Schießerei hatten. In diesem Moment betrat Cavan Fitzsimmons, ein Ranger des *Forest Service*, die Szene. Nachdem er sich kurz umgesehen hatte, sagte er den Männern, dass er später wiederkommen würde, um dann mit demjenigen zu reden, der dann noch stehen würde.

Ein weiterer Teil des bunten Völkchens, das im Sommer das Thorofare bevölkert, sind die Trail Crews des *Forest Service*. Die meisten der Teams bestehen aus über zwanzig Männern und Frauen. Wenn es in diesem Lande der Aufschneider noch wirkliche Helden gibt, dann gehören sie wahrscheinlich dazu. Spät am Abend wogen sie über Hawks Rest herein, schwarz und staubig wie die Kehrbesen von Schornsteinfegern, da sie jeden Tag gut 100 meist verkohlte Bäume fällen, mit nichts anderem als Äxten und Zugsägen. Bei ihrem abendlichen Ritt zu unserer Hütte machen sie bei dem einen oder anderen Camp Halt und stellen sicher, dass Nahrungsmittel ordentlich verstaut sind und in den Verbotsphasen kein offenes Feuer gemacht wird. Einige von ihnen finden die Aufgabe, Outfitter zu überprüfen, nicht besonders erquicklich; wie man uns berichtet, sind diese Zusammentreffen von Schwindeleien und doppelzüngigem Gerede geprägt. Nachdem sie die Hintertür von Hawks Rest erreicht haben, bringen sie ihre Mulis und Pferde auf unsere Weide (aus diesem Grund wollen wir nicht, dass sie von John Henrys Tieren abgeweidet werden). Dann versammelt sich die ganze Mannschaft um unseren Tisch und verschlingt Unmassen von Spaghetti, Steaks, Kartoffeln und Kuchen. Zwischen 23.00 und 24.00 Uhr strömen sie wieder ins Freie; sie verkriechen sich in ihre Schlafsäcke, bedecken die Köpfe mit Insektennetzen und fallen erschöpft und hundemüde in den Schlaf der Gerechten. Im Morgengrauen sind sie wieder auf den Beinen. Zuerst werden die Pferde und Mulis versorgt, dann frühstücken sie selbst und bereiten ihre Wegzehrung vor, und sobald sie die Lasttiere wieder beladen haben, ziehen sie den Pfad hinunter, um ihr Tagwerk von neuem zu beginnen. Auf acht Arbeitstage folgen sechs freie.

Mit Ausnahme von Kayla kommt kaum jemand zu uns, der nicht beritten ist. Die Reaktionen auf die Tatsache, dass LaVoy und ich ohne Reit- und Lasttiere hierher gekommen sind – um gar nicht erst davon zu reden, dass wir von Red Lodge zu Fuß nach Hawks Rest gestiefelt sind –, reichen von Belustigung über Mitleid bis hin zu etwas, das Verachtung nahe kommt. Gestern schaute Julie, ein 13-jähriges Mädchen, bei uns herein. Sie war fassungslos, als sie erfuhr, das wir keine Pferde besitzen. Als sie uns verließ, sagte sie: »So wie ich das sehe, hätte Gott keine Pferde erschaffen, wenn er nicht gewollt hätte, dass wir auf ihnen reiten.« »Er hat auch die Beine erschaffen«, konterte ich, aber der Punkt ging eindeutig an die Kleine. Am Nachmittag wunderte sich Dick aus Worland in Wyoming, der sein Lager südlich vom Bridger Lake aufgeschlagen hat, laut darüber, dass der *Forest Service* Rucksackwanderer als Hüttenwarte anheuert. Als wenn wir nur auf der Veranda sitzen und Müsli essen könnten. Ich war zunächst sprachlos und dann zaghaft versucht, ihm etwas über John Colter, Wyomings Lieblingshelden, zu erzählen. Nachdem Colter zwei Jahre mit Lewis und Clark unterwegs gewesen war, entschied er sich gegen ein Leben in der Zivilisation und verbrachte einige weitere Jahre in den Rocky Mountains. Die meisten seiner Reisen hat er nicht zu Pferd gemacht, sondern mit einem Rucksack auf dem Rücken. Er war ein schlichter, robuster Wanderer, der in jeder Saison Tausende von Kilometern zurückgelegt hat und der Perlenschnüre, Schusterwerkzeuge und Zinnober als Geschenke für die Indianer mit sich führte. Aber ich entschied mich, den Mund zu halten. Dick hätte meine Geschichte wohl eh nicht geglaubt.

Zu den häufigsten und dabei liebenswürdigsten Besuchern zählt Dann Harvey, der den Sommer mit gut einem Dutzend 12- bis 16-jähriger Teenager von der *Wyoming Wilderness Academy* im Thorofare verbringt. Ihr Proviant ist in unserer Sattelkammer verstaut, und so reiten an vielen Tagen Jugendliche zu uns herauf, um Haferflocken und Spaghettisoße, Makkaroni und Käse oder ganze Hände voller Süßigkeiten zu holen. Einen Teil des Tages verbringt die Gruppe damit, Wege in Stand zu setzen oder Zaunpfähle zuzuschneiden, Müll von anderen Camps zu sammeln und kleine Drehkiefern auszureißen, die nach den Bränden von 1988 auf den Wegen gewachsen waren. In der verbleibenden Zeit lernen die Kids, Spuren von Tieren und Landkarten zu lesen. Außerdem schreiben sie Berichte, wenn sie Bären und Wapitis gesehen haben, und geben diese an das *Wyoming Game and Fish Department* weiter. Und natürlich angeln und baden die Kinder auch im Yellowstone River, treiben, auf einem Baumstamm liegend, den Fluss hinunter und tun so, als wären sie Alligatoren. Aus irgendeinem Grund scheint das Delta-Wolf-Rudel diese Jugendlichen besonders ins Herz geschlossen zu haben, denn die Wölfe lassen sich häufig mitten in der Nacht, nur 35 m von deren Camp entfernt, auf einem Pfad nieder und stimmen ein wildes Geheul an.

Man kann förmlich sehen, wie die Kinder aufblühen. Und das ist wundervoll, wenn man bedenkt, wie es bei vielen von ihnen zu

Hause aussieht: Sie haben Mütter und Väter, die im Gefängnis sitzen, die drogensüchtig oder alkoholabhängig sind; manche dieser Teenager sind sexuell missbraucht worden, einige wohnen bei Verwandten, andere in Heimen. Doch trotz allem, was sie durchgemacht haben, ist es ihnen gelungen, ein inneres Gleichgewicht zu entwickeln, das sie aufrechthält. Ein gutes Beispiel ist der 14-jährige Tom, von dem Dann mir eines Morgens bei einer Tasse Kaffee erzählt. »Sein Vater sitzt im Knast, und seine Mutter ist eine alkoholabhängige Prostituierte. Der Junge hat sich selbst in der Schule angemeldet. Er entscheidet allein, welche Kurse er belegt; jeden Morgen steht er auf und macht das, was getan werden muss. Tom ist eines dieser Kids, die so unauffällig sind, dass niemand darauf kommt, ihnen Hilfe anzubieten.«

Dann sagt, dass er in den letzten 18 Jahren beobachtet hat, dass Jugendliche, die durch ihr Verhalten Aufmerksamkeit erregen, einfach ignoriert werden. Das System ist überfordert, erklärt er; allein in Kalifornien gibt es ein 5 cm dickes Verzeichnis mit Namen von Mädchen und Jungen, die ein Zuhause brauchen. »In so einer Situation sind die Jugendlichen fast gezwungen, kriminell zu werden, um Beachtung zu finden«, fügt Dann noch hinzu. Die *Wyoming Wilderness Academy* nimmt sich der Jugendlichen an, die von Rektoren und Lehrern empfohlen wurden, und sucht dann nach Sponsoren, die ihnen einen Sommer auf einem Pferderücken in freier Natur ermöglichen.

Und schließlich wird die Szene von Hawks Rest noch von den Park Rangern bevölkert. Eine besondere Rolle spielt Bob Jackson, der leidenschaftliche – manche sagen: besessene – Action-Held, dessen Name so oft in den Nachrichten auftaucht. Zum einen, weil er gegen die Outfitter vorgeht, die Wapitis mit Salz ködern, und zum anderen wegen eines nicht enden wollenden Disputs mit dem *National Park Service.* In einem Akt von nahezu legendärer Torheit versucht diese Behörde, Bob das Maul zu stopfen, weil er den in den Augen der Aufsichtsbeamten unverzeihlichen Fehler begangen hat, sich entgegen der Anweisungen mit seinem Anti-Salz-Kreuzzug an die Presse zu wenden. Von all den Charakteren im Thorofare, verdienen wenige mehr als Bob, dass man über sie schreibt.

Kapitel fünf

In einer grünen Ecke des Mittleren Westens, umgeben von Mais- und Sojafeldern, liegt am Ende des State Highways 55 das ungefähr 850 Einwohner zählende Städtchen Seymour in Iowa. Diejenigen, die ihren Tank füllen müssen oder auf der Suche nach einem Liter Milch oder einem Stück Pizza sind, werden in Casey's General Store fündig. Besucher, die eine Übernachtungsmöglichkeit brauchen, sollten sich direkt in die Lee Street zu Seymours Bed & Breakfast begeben. Alle Gläubigen (und es gibt hier sehr viele Gläubige) werden in Seymour diverse Orte der Andacht finden, unter anderem die First Baptist Church in der Wall Street, die Assembly of God in der Fifth Street und, einen Häuserblock vom State Highway 55 entfernt, die United Methodist Church. In jedem dieser Gotteshäuser ist man mehr als gerne bereit, die Seele eines Trostsuchenden zu streicheln. Vor einigen Jahren fühlten sich die Methodisten allerdings nicht ganz so wohl in ihrer Haut, weil ihre Kirche ein wenig, nun ja, schäbig geworden war. Nachdem man die missliche Angelegenheit lange und gründlich durchdacht hatte, hielten es die Vermögensverwalter für das Beste, dem Beispiel der Millerton Methodist Church zu folgen. Dort hatte man das alte Heiligtum durch eine Fertigkonstruktion der Firma Morton ersetzt. Immerhin hatten viele der ortsansässigen Farmer solche Gebäude errichten lassen; sie benutzten sie als Werkzeugschuppen und waren vollkommen zufrieden mit ihnen. Andere schlugen vor, die Kirche oberflächlich zu renovieren; man wollte die alten Fenster ersetzen und einen hübschen, funkelnden Stoff über die Risse in der Decke spannen. Doch einer von den Jüngeren, ein enthusiastischer Mann Ende 40, hatte noch andere Pläne. Seiner Ansicht nach konnten Neuerungen kaum die Güte und das Niveau erlangen, welche die Originalausstattung aufwiesen. Er verfügte über den besonderen Blick, der ihn tief in das jungfräuliche Herz des der alten Holzkonstruktion zu sehen befähigte, die sich unter dem rissigen Putz und den abblätternden Lackschichten verbarg. Er war ein Mann, der an Restauration glaubte.

Aber jede Restauration ist eine äußerst aufwändige Angelegenheit, und es standen nur ein paar freiwillige Arbeitskräfte zur Verfügung. Man wird zwar an manchen Tagen einige Menschen dazu bewegen können, intensiv für den Erfolg eines solchen Projekts zu beten, doch – seien wir ehrlich – es ist verdammt schwer, eine Hand voll Leute zusammenzutrommeln, die bereit sind, sich zu dieser Arbeit zu verpflichten. Glücklicherweise war dieser Kerl nicht nur ein kundiger Restaurierungskünstler, sondern er besaß auch die Gabe der Überredungskunst. In dieser Hinsicht war er genauso begnadet wie der Priester (Generationen von Prediger-Vorfahren mögen daran nicht ganz unschuldig sein). Der erste Schachzug bestand in der Mobilisierung der Frauen, was nach seiner Aussage ein Kinderspiel war. Im Handumdrehen hatten sie sich im Altarraum versammelt, die Ärmel hochgekrempelt und sich der mühevollen Aufgabe gewidmet, alte Anstriche von den Dielen zu kratzen. Dann versammelte er die Männer, die Farmer, und bat sie, all ihre Schwing- und Bandschleifer mitzubringen – Maschinen, die Geräusche hervorbringen, in die das Mannsvolk so verliebt ist. Er platzierte sie auf der Galerie über den Frauen, denn, so sagte der findige Bursche, in Wahrheit arbeiten Männer nur eine Stunde lang hart; dann beginnen sie zu reden, und darüber vergessen sie die Aufgabe, die ihnen zugeteilt wurde. Er glaubte, dass die Männer ein bisschen intensiver ans Werk gehen würden, wenn sie immer auf die Frauen hinunterblickten, die sich ohne Pause ihrer Arbeit widmeten. Ob nun aus Schuldgefühl oder Ehrempfinden heraus, oder ob vom Beispiel der Frauen inspiriert – die Rechnung ging auf.

Eines Tages bekam ein Redakteur des *Seymour Herald* Wind von dem Projekt, und wenig später tauchte er mit Notizblock und Fotoapparat am Ort des Geschehens auf. Sein Artikel bewirkte, dass sich Kirchenmitglieder zur Mitarbeit bereit fanden, die bis dahin ein wenig abseits gestanden hatten – vielleicht motivierte sie die Möglichkeit, schnell berühmt zu werden. Tatsächlich fand der Redakteur bei seiner zweiten Visite weitaus mehr Freiwillige vor, fast einhundert an der Zahl. Um es kurz zu machen: Das Gotteshaus wurde wunderschön. Noch Monate nach seiner Fertigstellung konnte man während des Sonntagsgottesdienstes am Ende einer beliebigen Kirchenbank irgendeinen Farmer sitzen sehen, der, mit einem schlecht sitzenden blauen Anzug bekleidet, seine Handfläche über eine der hölzernen Säulen in seiner Nähe streichen ließ und die Gründlichkeit der Schleifarbeiten bewunderte. Zu guter Letzt brachten die Mitglieder der United Methodist Church von Seymour eine Tafel im Vorraum an, mit der sie sich bei dem braven jungen Mann für seine Vision bedankten und für seinen Mut, diese Restauration durchzusetzen. »In großer Dankbarkeit«, so kann man darauf lesen, »für Bob Jackson.«

Einige tausend Kilometer weiter westlich, in den entlegenen Gebieten der Teton Wildernis, gibt es keine Gedenktafeln. Und wenn es dort welche gäbe, dann wäre ihre Inschrift sicher nicht so gefühlvoll, dass man auf die Idee käme, sie in einer Kirche aufzuhängen. Doch dicht an der Südgrenze des Parks befindet sich die Hütte des *Wyoming Game and Fish Department,* und dahinter steht ein Toilettenhäuschen mit zwei Plumpsklos. Das eine ist etwas größer als das andere, und darüber hing tatsächlich lange Zeit ein handbemaltes Schild, auf dem »Park Ranger« stand. Mit diesen ausdrucksvollen Worten hatte man jenen Ort für Bob reserviert.

Ein paar Wochen nach unserer Ankunft in Hawks Rest beschließen LaVoy und ich, unserem Nachbarn einen Besuch abzustatten. Gegen 16.00 Uhr ziehen wir mit Gepäck für eine Übernachtung los. Wir wandern 5 km durch das Grasland am oberen Yellowstone River und überqueren einen hüfttiefen Thorofare Creek, um mit Bob zu Abend zu essen. Es ist ein herrlicher Spaziergang – die Wiesen leuchten in der Nachmittagssonne, und der Pfad ist mit Wolfs- und Bärenspuren übersät. Die Rauchschwaden haben sich ein wenig gelichtet, und so wird uns eine hervorragende Sicht auf die grandiose Felskaskade zuteil, welche die drei Finger von The Trident formt. Zwischen den Weiden in der Nähe des Flusses johlen und grölen wir ein bisschen, um unsere Anwesenheit all den Bären anzukündigen, die sich in der Gegend herumtreiben könnten. Aber den größten Teil des Weges schweigen wir, lauschen dem Glucksen der Kanadakraniche über uns und saugen den erdigen Geruch der Wiesen und den würzigen Duft der Kiefern ein.

Die Thorofare-Hütte macht einen lichten, sauberen und gut gepflegten Eindruck. Die Wände der Küche sind mit weißen Holzpaneelen getäfelt, und in den Regalen stehen lange Reihen von alten Gewürzdosen. Sie stammen aus den 20er-Jahren des 19. Jahrhunderts und enthalten Pfeffer, Basilikum und Oregano. Alles ist an seinem Platz, selbst in den Schränken herrscht absolute Ordnung. An der Westwand steht ein sehr geschmackvoller schwarzweißer, mit Holz beheizbarer Küchenherd, der mit einem Hubschrauber aus Enis in Montana eingeflogen wurde. Die Herstellerfirma, die Malleable Stove Mfg. Company in South Bend, Indiana, hat ihn mit Back- und Warmhalteröhren und einem Heißwasserreservoir ausgestattet. Bob deutet auf den Tisch in der Ecke und sagt, dass er mit dem Apfelmotiv der Tischdecke nicht sehr glücklich ist; das alte rotkarierte Wachstuch habe viel besser zur Einrichtung gepasst. Der Fußboden aus Fichte scheint ziemlich neu zu sein; als die Abendsonne ein wenig tiefer sinkt, leuchten die rötlichen Töne des Holzes noch intensiver.

Auf einem Bänkchen an der Ostseite der Küche steht eine Kombination aus Wasserkühler- und filter. In dieser Hinsicht, und nur in dieser, haben wir Bob mit unserer erstklassigen, von einer Quelle gespeisten Wasserleitung etwas voraus. Bei dem Gedanken daran, dass seine Bleibe mit fließendem Wasser ausgestattet sein könnte, wird Bob ganz schwach. Es gibt zwar ein Bächlein in der Nähe, doch was vor Jahren noch leicht möglich gewesen wäre, scheint in Anbetracht seines gesunkenen Glückssterns momentan unwahrscheinlich. Einige Mitarbeiter des *Park Service* hatten sich bereits empört, weil Bob hinter dem Hauptgebäude eine erhöhte Plattform für Zelte errichtet hat und weil er im Wald eine Duschkabine baut. Bei dieser Arbeit unterstützt ihn ein Freund, der Ingenieur ist. Die Kabine befindet sich 15 m südlich der Hütte und ist etwas größer als eine Telefonzelle. Die Wände bestehen im unteren Teil aus 90 cm hohen Paneelen, den oberen Teil bilden Rahmen mit Insektenschutzgittern. Auf dem Dach stehen zwei schwarze Fässer aus Metall. Aus ihren Böden kommt jeweils ein Schlauch heraus, der zu dem selbst gemachten Duschkopf führt. Der Wasserfluss wird durch Ventile geregelt. Heißes Wasser wird mit einer Rohrspirale, die in einer angrenzenden Feuergrube platziert wird, bereitet. Der durch die Hitze entstehende Druck sorgt dafür, dass das Wasser durch eines der Fässer zirkuliert. Vor dem Essen helfen wir Bob bei Feinarbeiten, indem wir Gummidichtungen zurechtschneiden und sie auf die Auslaufstutzen der Fässer setzen.

Die Scheune, das älteste Gebäude im Park, zeugt ebenfalls von Bobs Handwerkertalent. Er hat Schränke und Werkzeugkisten gezimmert und die dicken Bodendielen geglättet. Man hat die ganze Konstruktion angehoben und zwei zusätzliche Stämme darunter gesetzt, um unter dem Heuboden mehr Kopffreiheit zu haben. An eine Außenwand ist ein offener Stall angebaut, in dem Pferde angebunden und beschlagen werden können. Ein von Hand geschälter Stamm, der mit einer Kettensäge ausgehöhlt wurde, dient als Futtertrog. Die Corrals sind in einem außerordentlich guten Zustand, bis hin zu einem fachgerecht an Scharnieren aufgehängten Gatter. Sättel können auf dem massiven oberen Holm der Umzäunung abgelegt werden. Bereits in Planung sind Futterstationen, deren Tröge man kippen kann, um sie von Tannennadeln und Blättern zu reinigen.

Im Haupthaus ist der Raum neben der Küche ebenfalls getäfelt; das Holz hat jedoch eine dunklere Tönung und verleiht dem Zimmer die Atmosphäre einer Höhle oder einer Bibliothek. Hier finden sich zwei Schlafkojen und diverse Reihen von Büchern, die naturkundliche Themen bis hin zu Berichten über die Assiniboine-Indianer von Montana enthalten. Ein Blickfang ist das klobige Funkgerät, das Bob benutzt, um seine täglichen Meldungen abzusetzen, die er routinemäßig mit dem Satz »alles ist OK auf El Rancho Thorofare« beginnt – eine Phrase, die manchen ein wenig auf die Nerven geht.

Die Besichtungstour ist beendet, und es ist Zeit fürs Abendessen. Trotz all der Gesellschaft, die wir hatten, haben LaVoy und ich wochenlang im Zeitlupentempo gelebt. Umso mehr verwirrt es uns, den frisch rasierten Bob über den Küchenboden flitzen zu sehen, als hätte er Rollerskates unter den Füßen. Im gleichen Tempo hantiert er mit den Pfannen, rauscht in den Kartoffelkeller, um gleich darauf wieder aufzutauchen und hastig einen Teller mit Buffalo-Spaghetti zu leeren. Ein paar Moskitos schwirren durch den Raum, und hier und da hält Bob kurz bei seinen wilden Manövern inne, um mit einem energischen Klatschen seiner Schaufelhände ein paar von ihnen zu zerquetschen. Seine Energie ist so gewaltig, seine Gesten so ausladend, dass ich fast befürchte, dass er aus Versehen die ganze Mahlzeit zum Fenster hinauswerfen könnte. Dort würde sie zweifellos und augenblicklich von einem seiner treuen Pferde inhaliert werden, die – wenn sie uns nicht durch das Küchenfenster anstarren – über die Veranda trampeln und auf der Suche nach Süßigkeiten in LaVoys Rucksack herumschnüffeln. Bob redet so schnell, wie er sich bewegt. Ich bin damit betraut, einen Käsekuchen als Dessert zuzubereiten. Dabei stelle ich fest, dass ich, wenn ich die Kurbel des Handmixers so schnell drehe, wie er spricht, fast die Geschwindigkeit eines elektrischen Rührgerät auf höchster Stufe erreiche. Er pausiert nur so lange, wie er braucht, um einen Bissen herunterzuschlucken. Ansonsten redet er in einer Tour, erklärt Dinge, gibt Fragmente aus einer endlosen Kette von Geschichten zum besten und führt uns, wie an einem Pferdehalfter, zu dem Punkt, der ihm so viel Ruhm und Anfeindungen eingebracht hat.

Die unangenehme Lage, in der Bob sich gegenwärtig befindet, begann sich 1998, also vor vier Jahren, zu entwickeln. Damals überreichte er seinem Vorgesetzten einen fünfseitigen von ihm verfassten Bericht, den er »Grizzly-Sterblichkeit im Thorofare« betitelt hatte. Er basiert, so erläutert Bob, auf mehr als zwei Jahrzehnten Erfahrung mit den Aktivitäten von Outfittern entlang der südlichen Parkgrenze. Der Kern der in dem Papier getroffenen Aussage ist die These, dass gewisse Jagdpraktiken im Hinterland zu einer Situation geführt haben, die mit jenen Zeiten vergleichbar ist, in denen die Müllhalden im Yellowstone National Park eine unnatürlich hohe Konzentration von Bären zur Folge hatten. Nach Bob Aussage könnte eine Verdichtung des Bärenbestandes zu einem zunehmend aggressiven Verhalten und einer Gewöhnung der Grizzlys führen, was beide, Mensch und Tier, dem erhöhten Risiko einer Verletzung oder gar Tötung aussetzen würde. Es gibt drei Gründe für diese hohe Konzentration von Bären, so macht sein Bericht deutlich, die letztlich alle dazu führen, dass während der Jagdsaison zu große Mengen von Fleisch auf dem Boden zurückbleiben. Erstens: Die

Zahl der Jäger nimmt ständig zu. Zweitens: Es wird illegal gesalzt, um Wapitis aus dem Park zu locken und in den angrenzenden Arealen zu halten. Und schließlich drittens: Wapitis werden zunehmend schnell und oberflächlich zerlegt, was bedeutet, dass 20–30 kg genießbares Fleisch für die Aasfresser zurückbleiben.

An Bobs Porträt der Zustände im Thorofare ist sicherlich eine Menge dran, obwohl man nicht eindeutig sagen kann, wie sich die von ihm beschriebenen Praktiken tatsächlich auswirken. Einer von den Outfittern, die schon sehr lange in diesem Gewerbe tätig sind, gibt offen zu, dass durch den Einsatz von Salz »immer mehr Wapitis außerhalb des Yellowstone Parks gehalten werden«. Nun kann man zwar nicht behaupten, dass sich alle Wapitibullen um die Salzblöcke versammeln, doch die Köder locken immer mehr Tiere in Gebiete außerhalb des Parks, was bedeutet, dass immer mehr von ihnen während der Jagdsaison erschossen werden. Dies bedeutet wiederum, dass immer größere Mengen von Fleisch auf dem Boden liegen, was sicherlich zu einer höheren Konzentration von Bären führen kann. Die potentiellen Probleme könnten durch das oberflächliche Zerwirken der Jagdbeute noch brisanter werden, weil dadurch die für Bären verfügbare Fleischmenge noch größer wird. (Das Gesetz verlangt lediglich, dass man die Rückenpartie und das Blatt mitnimmt. Es ist also erlaubt, all das Fleisch um den Brustkorb, die 10–20 kg am Hals und, da das Blatt nicht eindeutig definiert ist, auch Portionen davon zurückzulassen). Wyoming ist derzeit der einzige Staat in den USA, der ein solches Zerwirken von Jagdbeute erlaubt. Einige sehen darin einen weiteren Beweis für den machtvollen Einfluss der Outfitter-Industrie, die es für unzumutbar hält, alles Fleisch abtransportieren zu müssen, da dann mehr Arbeitskräfte und Lasttiere eingesetzt werden müssten. Bob Jackson ist wegen seines permanenten Kampfes gegen das Salzen bekannt geworden, aber zu Beginn galt seine Hauptsorge eigentlich dem oberflächlichen, groben Zerlegen der Jagdbeute. »Es waren die Medien«, sagt er, »die das Salz in den Mittelpunkt gerückt haben.«

Jackson behauptet, dass die Methode des schnellen und groben Zerwirkens zunehmend Grizzlys auf den Plan lockt. Er sagt, dass man früher nur Innereien zurückgelassen hat, die schnell von Aasfressern beseitigt wurden; was dann noch übrig blieb, war seiner Ansicht nach für Bären kaum interessant. Doch hierüber streiten sich die Geister. Laut einer Untersuchung, die im Jahre 1986 durchgeführt wurde – in einer Zeit, in der die Outfitter gerade damit begannen, Salzblöcke entlang der Südgrenze auszulegen – ließen die Freizeitjäger in den Randgebieten des Parks schätzungsweise 450 Tonnen Fleisch, Organe und Knochen als potentielle Nahrungsquelle für Bären zurück. Aber vielleicht ist es nicht allein das grobe Zerlegen von Jagdbeute, das Bären in eine bestimmte Gegend zieht – die meisten Biologen gehen davon aus, dass die Tiere sehr wohl wissen, in welchen Gebieten hauptsächlich gejagt wird, und dass es in erster Linie der starke Geruch von Innereien ist, der sie in ein bestimmtes Gebiet lockt. Zudem verlassen sie sich heutzutage nicht mehr nur auf ihre Nasen, sondern auch auf ihre Ohren, und laufen dorthin, wo geschossen wird. Trotzdem erscheint es geradezu skurril, dass man vom Staat und vom *Forest Service* bestraft werden kann, wenn man einen Schokoriegel vor seinem Zelt liegen lässt, während man unbehelligt 20 kg Fleisch im Wald zurücklassen kann.

Es ist außerdem fraglich, ob Bären tatsächlich aggressiver werden, wenn sie sich in einem Gebiet konzentrieren. Grizzlys versammeln sich immer zu bestimmten Zeiten an Orten, die reiche Beute versprechen: Sie ziehen ins Hochland, wenn die Zeit der Mottenlarven gekommen ist, und sie tummeln sich an Flüssen, wenn die Forellen stromaufwärts ziehen; seit Jahrzehnten strömen sie bei Mülldeponien zusammen und seit Jahrhunderten an *Buffalo Jumps* – Steilhängen, an denen die Menschen früher Büffel zusammengedrängt und in den Tod hatten springen lassen. Die Bären sind in solchen Situationen nicht übermäßig aggressiv, sondern sie halten sich an eine strenge soziale Hierarchie, in der das größte und stärkste Tier die meisten Wahlmöglichkeiten hat. Außerdem wird ein Grizzly, der sich gerade über einen Kadaver hermacht, nicht zwangsläufig jedem Wanderer den Kopf abreißen. Der auf Bären spezialisierte Biologe Kerry Gunther hat über 20 Jahre lang Tierkadaver untersucht und ist bei seiner Arbeit oft auf Bären gestoßen, die sich an einem von Jägern erlegten Wapiti gütlich taten. »Normalerweise wird ein Bär nicht von einem Kadaver weichen, sondern Ihnen mit Drohgebärden klar machen, dass er ihn für sich allein beansprucht. Wenn Sie ihn nicht erschrecken und auf dem gleichen Wege verschwinden, den Sie gekommen sind, wird er Sie in Ruhe lassen. Probleme gibt es, wenn Leute auf einen Kadaver stoßen, einen Bogen um ihn herum machen und dann einen Bären aufscheuchen, der in unmittelbarer Umgebung seinen Mittagsschlaf hält.«

Bobs Behauptung, dass viele dieser gefährlichen Situationen vermieden werden könnten, wenn das Fleisch entsorgt würde, ist unwiderlegbar. Der gesunde Menschenverstand sollte jeden dazu veranlassen, seine Jagdbeute zu sichern – entweder, indem man sie in einen Baum hängt, sie aus dem Hinterland schafft oder sie zumindest mit in sein Camp nimmt. Damit würde man dazu beitragen, dass Jäger und Bären auf Distanz bleiben. Doch die meisten Outfitter tun das nicht; einige von ihnen haben mir gesagt, es wäre zu gefährlich. Wapitis werden oft in der Abenddämmerung geschossen, erklären sie, und sie auf die Lasttiere zu laden, würde bedeuten, nach Einbruch der Dunkelheit unterwegs zu sein, und dann sei die Gefahr, einem Grizzly zu begegnen, weitaus höher als bei Tage. Sie verschweigen dabei, dass viele Outfitter jeden Morgen in aller Herrgottsfrühe losreiten, wenn es noch stockdunkel ist, aber zugegebenermaßen haben sie dann keine Tierkadaver bei sich.

Allerdings könnte auch durchaus Faulheit eine Rolle spielen. Wird ein Wapiti in der Abenddämmerung erlegt, nimmt man das Geweih und die besten Fleischstücke meist sofort mit, und wenn der Jäger und sein Führer am nächsten Morgen zurückkehren, finden sie den Kadaver oft unter einem Bären begraben. Nach derartigen Erfahrungen gelangt man bald zu der Überzeugung, dass es sinnlos ist, noch einmal wiederzukommen. Ein paar Jäger mögen enttäuscht sein, doch in Wahrheit haben die meisten gar nicht die Absicht, ihre Kühltruhen zu Hause mit Fleisch zu füllen.

Damals, im Jahre 1998, war man nicht sicher, inwieweit Bobs Behauptungen der Wahrheit entsprachen, und daran hat sich bis heute nichts geändert. Als der Bericht veröffentlicht wurde, hat Jackson zumindest ein herzliches Schulterklopfen für »Grizzly-Sterblichkeit im Thorofare« geerntet. Sein Vorgesetzter John Lounsbury sorgte dafür, dass das Papier diversen Leuten vom *Park and Forest Service* sowie Mitarbeitern des *Wyoming Game and Fish Department* und des *U.S. Fish and Wildlife Service* zugänglich gemacht wurde. Diese Institutionen standen kurz vor einer Konferenz, die alljährlich vor Beginn der Jagdsaison abgehalten wird und deren Ziel die Koordination von Verwaltungsarbeiten und von Richtlinien zur Durchsetzung von Vorschriften ist. Bob berichtet stolz, dass Rick Hudson, der ranghöchste Vertreter des *Forest Service,* bei diesem Arbeitstreffen gesagt hat: »Ich hoffe, dass hier kein Tonbandgerät mitläuft, denn die in diesem Bericht aufgestellten Thesen entsprechen 100 % der Wahrheit.« Ein Grund, warum Hudson froh darüber war, dass seine Aussage nicht mitgeschnitten wurde, ist zweifellos das nicht gerade schmeichelhafte Licht, in das Jackson die Outfitter gerückt hatte, denn es ist in Wyoming eine äußerst undankbare Angelegenheit, dieses Gewerbe zu kritisieren.

Heute wird Bob von vielen im Park für einen Häretiker gehalten – in ihren Augen ist er ein Mann, der die behördliche Hierarchie ausgehebelt und die ganze Angelegenheit im grellen Lichte der Medien breit getreten hat. Doch Jackson schwört, dass dies nicht so gewesen ist. Als sein Bericht 1998 erschien, so erklärt er uns, sind die Medien auf ihn aufmerksam geworden, weil er Dia-Vorträge über den Yellowstone National Park bei Rotarier-Veranstaltungen in Iowa gehalten hat. »Ich habe alle Anfragen an die Abteilung für Öffentlichkeitsarbeit weitergeleitet«, beteuert er und sagt, dass jeder Teilnehmer der vorher erwähnten Konferenz eine Kopie von seinem Papier erhalten hat, und dass einer dieser Leute – oder einer ihrer Mitarbeiter – es an die Presse weitergeleitet haben muss. Wie immer es sich zugetragen hat, die Medien waren jedenfalls plötzlich im Besitz des Berichts, und der erste Flächenbrand wurde im September des gleichen Jahres von der *Jackson Hole News* entfacht.

Inzwischen hatte die Abteilung für Öffentlichkeitsarbeit des *Park Service* den Bericht von Bob Jackson nicht nur als »informativ« bezeichnet; sondern man zeigte sich auch erfreut darüber, von langjährigen saisonalen Mitarbeitern Informationen über Vorgänge in abgelegenen Regionen zu erhalten.

Als das Interesse der Medien wuchs, verschanzten sich die Outfitter hinter der arroganten Haltung der Unantastbaren. Obwohl es seit 1991 untersagt ist, in der Teton Wilderness Salzköder auszulegen, gab Harold Turner von den Triangle X Outfitters in dem Artikel der *Jackson Hole News* zu, dass er bei der Ausübung seines Gewerbes Salz eingesetzt hätte; gleichzeitig bezeichnete er diese Methode als gutes Mittel, um das Geschäft zu beleben. Zwei Jahre später, als Wyoming endlich ein Gesetz gegen das Salzen verabschiedet hatte, bestätigte Turner gegenüber Hal Herring von der Zeitschrift *Bugle*, dass einige Outfitter immer noch Salz auslegen, »aber seit der *Forest Service* dies verboten hat, reden die meisten nicht mehr darüber. Es hat uns in den 50er-Jahren geholfen, Wapitis außerhalb des Parks zu versammeln«, so Turner, »und es hilft uns heute – besonders, da wir jetzt ein Wolfsrudel in der Gegend haben, das die Tiere auseinander scheucht.« Und ein anderer Outfitter schrieb im gleichen Artikel: »Manchmal jagen wir an Plätzen, an denen mit Salz geködert wird. Insbesondere dann, wenn wir es mit Leuten zu tun haben, die keine guten Schützen sind und die im rauen Hinterland nicht gut zurechtkommen.« Ähnliche Kommentare höre auch ich in diesem Sommer immer wieder; viele Jagdführer in den nördlichen Regionen sagen: »Wir salzen für die fetten Kerle.«

Nachdem »Grizzly-Sterblichkeit im Thorofare« erschienen war, genoss Jackson noch ein Jahr lang bei vielen Mitarbeitern des *Park Service* großes Ansehen. Im August 1999 suchten die Biologen Wayne Brewster und Glen Plumb scheinbar enthusiastisch nach einem Zusammenhang zwischen dem Salzen und den Problemen, die durch Bären entstanden. Sie machten eine Reise ins Thorofare, ritten mit Bob die Parkgrenzen ab und hielten Ausschau nach Plätzen, an denen mit Salz geködert wurde. »Danke, dass Sie Ihr hart erarbeitetes Wissen mit uns geteilt haben«, schrieb Plumb am 6. August in das Logbuch der Thorofare-Hütte. »Es wird nicht lange dauern, bis wir uns wiedersehen.« Jackson sagt, dass Plumb die Absicht hatte, mit Biologen zurückzukehren und GPS-Koordinaten für die Orte festzulegen, an denen Salz hauptsächlich zum Einsatz kommt. Doch andere meinen, dass Plumbs Worte nichts weiter als heiße Luft waren und dass er nie vorhatte, seine Versprechungen in die Tat umzusetzen. Wie auch immer, es waren einige der letzten aufmunternden Worte, die Bob hören sollte.

Zwei Wochen nach Plumbs Besuch erfuhr Bob, dass die Biologen ihre Meinung geändert hätten und dass das Salzen kein Thema mehr sei. Ab dem folgenden Monat galt dies auch für das *Game and Fish Department* von Wyoming – eine Haltung, die sich bis heute kaum verändert hat. In Interviews hieß es nun, dass die meisten

Oufitter – mit dem Inkrafttreten der entsprechenden Vorschriften vor einem Jahrzehnt – Abstand von der Salz-Köder-Methode genommen hätten. Bob hatte sich zwischen die Outfitter und ihren Broterwerb gestellt, und nun wurde ihm der Boden unter den Füßen weggezogen.

Der Eiertanz, den der *Park Service* bei seinen Bemühungen vollführte, sich von Bob zu distanzieren, war außergewöhnlich. Man hätte das Problem auf einfache Weise lösen können, indem man ihn aus dem Thorofare entfernt und als Kartenabreißer am Osteingang des Parks eingesetzt hätte. Schließlich wäre es ein Leichtes gewesen, zu behaupten, dass seine große Erfahrung dort im Kontakt mit den vielen Menschen besser zum Tragen käme. Aber das hat man unterlassen. Die Beurteilung seiner Arbeit, die er in jener Saison geleistet hatte – ein Zeugnis, das im Herbst 2000 von Pete Dalton geschrieben wurde – liest sich noch wie der Brief eines stolzen Schulmeisters: »Jackson hat alle schwierigen Aufgaben gemeistert, die sich ihm im Zusammenhang mit dem Schutz von und dem Dienst an Parkbesuchern, mit dem Schutz von Ressourcen und mit dem Auftrag zur Vermittlung von Wissen gestellt haben. Dies gilt auch für die Erledigung aller untergeordneten Aufgaben und für die Durchführung von besonderen Projekten.« Zudem wurde Bob bescheinigt, dass er hervorragende Qualitäten im Umgang mit der Öffentlichkeit gezeigt habe. Dalton schreibt, dass Bobs Kontakte mit Outfittern, die außerhalb des Parks operieren, »von großer Professionalität, Höflichkeit und Angemessenheit« geprägt waren, und dass er bei dem Bemühen um den Ressourcen- und Besucherschutz in der Region des Lake Yellowstone sowie im gesamten Park einen wertvollen Beitrag geleistet habe. Die Lobhudelei geht noch weiter und wirft ein gutes Licht auf andere Arbeiten, die er verrichtet hat: das Säubern, Reparieren und Sanieren von Hütten außerhalb des Thorofare – Leistungen, die über das geforderte Maß hinausgingen und große Anerkennung fanden. »Es soll nicht unerwähnt bleiben«, so merkt Dalton abschließend an, »dass Bob im Frühling des Jahres 2000 in seiner Funktion als *National Park Service Backcountry Ranger of Yellowstone* als ›Bundesstaatlicher Bediensteter des Jahres‹ geehrt wurde.«

Im dem darauf folgenden Jahr hatte die Kontroverse um die Salzmethode bereits viele Gemüter erhitzt; die Beurteilung, die sich auf Bobs Arbeit in der Saison 2001 bezieht, liest sich wie die Dokumentation eines geradezu absurden Abstiegs. Diverse wichtige Kriterien seines Arbeitsplanes wurden plötzlich als nicht erfüllt angesehen. Er versage bei untergeordneten Tätigkeiten, seine Fähigkeiten seien ungenügend, seine Einschätzungen und Entscheidungen nicht fundiert und sein Kommunikationsstil ineffektiv. Derselbe Mann, dem im Jahr zuvor noch ein höflicher, professioneller Umgang bescheinigt worden war, wurde nun in jeder Beziehung bemängelt – angefangen bei der Qualität seiner Arbeit bis hin zu Pünktlichkeit und Höflichkeit. »Letztes Jahr wurde Bobs Tätigkeit in allen Punkten als zufriedenstellend beurteilt«, schrieb Dalton nun, »doch bei einer genaueren Überprüfung früherer Beurteilungen und bei Visiten in Gebieten, für die er zuständig ist (Thorofare), wurde mir eine Arbeitshaltung offenkundig, die grundlegenden Maßstäben von Pflichterfüllung nicht gerecht wird.«

Nachdem Jackson 25 Jahre lang jede Saison im Hinterland gedient hatte, wurde ihm nun gesagt, dass er »zwei Wochen vorher einen Antrag auf Genehmigung stellen muss, wenn Gäste, Familienangehörige oder Freunde eine der Wachhütten und ihre Einrichtungen nutzen wollen«. (Bob erzählt, dass man später nicht erlaubt hat, dass ihn seine Kinder in der Thorofare-Hütte besuchten, obwohl diese dort aufgewachsen sind. Er sei dort, um zu arbeiten, hatte man ihm gesagt, und nicht, um Gäste zu unterhalten.) Ferner erhielt er die Instruktion, dass »alle Medien, Reporter, Journalisten an die

Abteilung für Öffentlichkeitsarbeit verwiesen werden müssen«. Außerdem wurde ihm deutlich gemacht, dass er »den *National Park Service* bezüglich aller Angelegenheiten, die den Park oder den *Park Service* betreffen, nicht ohne eine vorher erteilte Erlaubnis durch das Büro des leitenden Rangers vertreten darf«. Sein Vorgesetzter sollte nun vor jeder Patrouille einen Plan entwerfen, und jede Abweichung davon musste vorher genehmigt werden. »In Fällen, in denen eine vorherige Genehmigung nicht eingeholt werden kann, müssen Sie Ihrem Vorgesetzten einen schriftlichen Bericht zukommen lassen, in dem die Gründe für bereits vollzogene Handlungen aufgeführt sind.« »Bob verfügt über ein großes Wissen, viele Fähig- und Fertigkeiten«, rundet Dalton seine Beurteilung ab, »doch diese Eigenschaften werden von einer ungenügenden Arbeitshaltung und einem Mangel an Kommunikation mit denjenigen, ohne welche die Arbeit nicht erledigt werden kann, überschattet.«

All dies verblasst noch gegen den Maulkorb, den man ihm am 28. August 2001 verpasst hat: »Bob Jackson ist nicht autorisiert, gegenüber den Medien als Repräsentant des *Yellowstone National Park Service* aufzutreten. Diese Anordnung gilt für alle Zukunft.« Und von dem Wahn getrieben, jedes nur mögliche Schlupfloch zu stopfen, ignorierten die Verfasser dieses Erlasses sogar den nicht unbedeutenden ersten Zusatz zur Verfassung der USA, in dem jedem Menschen das Recht auf freie Meinungsäußerung garantiert wird: »An freien Tagen und außerhalb des Parks darf er mit den Medien reden, aber es ist ihm nicht gestattet, Meinungen zu äußern, die sich auf den Yellowstone National Park, den *National Park Service* und auf alles, was er im Zusammenhang mit seiner offiziellen Tätigkeit für den *National Park Service* tut, beziehen. Während eines Kontaktes mit den Medien ist er nicht autorisiert, seine Uniform zu tragen; ferner muss er eindeutig klar stellen, dass er nicht als offizieller Vertreter des *National Park Service* auftritt. Es ist ihm nur erlaubt, auf Fakten beruhende Informationen bezüglich seiner Anstellung weiterzugeben, auch wenn er sich nicht im Dienst befindet.« Das Lieblingskind Bob Jackson, der Ranger, der jahrelang von großen Tieren gefeiert wurde, den man zu rauschenden Festen eingeladen hatte, wo er wichtige Leute mit Geschichten über die Jagd auf Wilderer in der rauen Wildnis unterhielt, wurde nun mit spitzen Fingern angefasst.

Als ich im Spätsommer mit Jackson unterwegs bin, erzählt er mir von einer langen Reihe weiterer ärgerlicher Auflagen; bei all den Schikanen hat man den Eindruck, seine Vorgesetzten wollten herausfinden, wie viel Bob ertragen kann. »Ihr werdet's schon sehen«, murmelt er, »ihr werdet's schon sehen.« Ob man seine Ansichten nun teilt oder nicht – es lässt sich kaum verleugnen, dass Bobs Bemühungen Wirkung gezeigt haben. »Vor zehn Jahren«, so erklärt einer der privaten Jäger aus Wyoming, »habe ich überall am Thorofare Creek Plätze gesehen, auf denen Salzköder ausgelegt waren. Seit Bob Stunk gemacht hat, findet man viel weniger solcher Stellen. Es wird immer noch Salz ausgebracht, aber nur an Plätzen, die abseits der Wege liegen.« Zugleich befürchtet dieser Waidmann, dass einige der Outfitter nur für ein paar Jahre stillhalten und darauf warten, dass Bob von der Bildfläche verschwindet. Er mag Recht haben, wenn man bedenkt, dass das *Wyoming Game and Fish Department* weitaus mehr Energie dafür aufwendet, Bobs Behauptungen bezüglich des Salzens zu widerlegen, als dafür, dass die bestehenden Gesetze gegen diese Praxis angewendet werden.

Kapitel sechs

Doch auch vor Bob Jackson gab es schon Kämpfer gegen das Salzen. Der heute pensionierte District Ranger Don Hooper legte sich in den 1990er-Jahren mit den Outfittern an. Während der Staat schon in den 1940er-Jahren mit Salz experimentiert hatte, um Wapitis aus dem Park zu locken und so die Jagd attraktiver zu machen, begannen die meisten Outfitter erst viel später, sich dieser Methode zu bedienen. Laut Hooper war das Salzen bis in die 80er-Jahre durchaus nicht allgemein üblich. »Als ich 1961 das erste Mal in den Wald kam«, erinnert sich Hooper, »habe ich in der Nähe von Fox Park, entlang des Snake River, Dutzende von Wapitispuren gefunden, die zu einem natürlichen Salzvorkommen führten, das ungefähr einen Kilometer von der Waldgrenze entfernt lag.« Hooper hat bei seinem Ritt kaum Anzeichen für ein künstliches Salzen durch Outfitter entdeckt. Auch andere Ranger bestätigen diese Beobachtungen.

Dann, im Sommer 1985, fiel Hooper bei einer Reise mit seinem Sohn auf, dass die Wapitipfade, die zu dem natürlichen Salzvorkommen am Snake River führten, nicht mehr in dem Maße von den Tieren benutzt wurden wie 20 Jahre zuvor. Kurz darauf entdeckte er nahe des jetzigen Standortes der Hütte des *Wyoming Game and Fish Departments* das, was er für die Ursache dafür hielt. »Es war ein großer Platz mit einem Durchmesser von ungefähr 10 m; der Boden war vollkommen zertrampelt, und in der Mitte befand sich eine Vertiefung, die fast 60 cm tief war, und darin lagen zwei Salzblöcke.«

Die Outfitter begannen ab den 80er-Jahren immer häufiger Salz einzusetzen. Warum, wissen sie selbst nicht so genau. Der Ranger

Cavan Fitzsimmons meint, dass sich darin möglicherweise nur das allgemeine gesellschaftliche Klima spiegelte. Das so genannte Jahrzehnt der Gier zeigte sich auch in den Jagdgewohnheiten. »Früher kamen viele Jäger aus anderen Bundesstaaten hierher, die einfach die Umgebung genossen. Aber in den 80er-Jahren erschienen immer mehr Leute, die Resultate sehen und Trophäen mit nach Hause nehmen wollten.« Ein Outfitter bekräftigt diese Aussage, als er uns erzählt, dass seine Jagdkunden heute nur noch zwei Fragen stellen: »Wie hoch ist Ihre Abschussrate?« und »Kann ich eine Trophäe ergattern?«

Zu dieser Zeit hatte das Fusionsfieber bereits von Amerika Besitz ergriffen, und auch viele Outfitter-Unternehmen in den Wäldern des Westens wurden aufgekauft; nicht nur von ihren mächtigeren Konkurrenten aus unmittelbarer Umgebung, sondern auch von reichen Leuten aus anderen Landesteilen. Und diese Neulinge waren oft Männer, die Resultate sehen wollten. Die Zeiten der Nebenjob-Outfitter, die den größten Teil des Jahres als Klempner in Cody gearbeitet hatten oder als Geschäftsführer in einem Laden für Autoteile in Riverton, waren so gut wie vorbei. Das wahrlich Verrückte an der ganzen Geschichte ist, dass der stärkste Faktor, der diese Veränderung der Verhältnisse bewirkte – indem er trophäensüchtige Jäger auf ihre Kosten kommen und das Geschäft der Outfitter florieren ließ –, die Feuer von 1988 waren. In Folge dieser gewaltigen Flächenbrände, deren mangelhafte Bekämpfung man dem *Park Service* und dem *Forest Service* vorgeworfen hatte, waren nicht nur viele junge Pflanzen gewachsen, die den Tieren des Waldes große Futterbestände bescherten; es waren auch viele Bäume ein Opfer der Flammen geworden, die den Wapitis bis dahin als Deckung gedient hatten, und so konnten die Jäger überdurchschnittlich hohe Erfolge verbuchen. Aus Logbucheintragungen von Park-Rangern während der späten 70er- und frühen 80er-Jahre geht hervor, dass die Erfolgsraten von Outfittern in der Thorofare-Region zwischen 30 und 40 % lagen. In den frühen 90er-Jahren, ein paar Jahre nach den Bränden, protzten die gleichen Outfitter in ihren Broschüren und Anzeigen mit über 90%igen Abschussraten. Tatsächlich hatten die verheerenden Feuer bewirkt, dass die Erfolgsquoten der Jäger in der Region um den Yellowstone National Park weitaus höher waren als in allen anderen staatlichen Wapiti-Jagdgebieten des Landes. Ein Outfitter ließ kürzlich verlauten, dass ihn das Thema Wölfe und ihre Wiederansiedelung im Augenblick nicht interessiere. Doch sobald die Abschussraten zu sinken begännen, würde seiner Ansicht nach jemand die Wölfe abschießen müssen. Er war noch nicht hier, als Erfolgsraten von 30–40 % – und zwar vor der Wiederansiedlung der Wölfe! – etwas ganz Normales waren.

Die Erfahrung am Atlantik Creek veranlasste Don Hooper zu seiner ersten Anti-Salz-Kampagne; die Fackel, die er damit anzündete, hielt er bis zu seinem Ruhestand hoch. »Ich erinnere mich an ein Treffen mit den regionalen Förstern an meinem letzten Arbeitstag. Sie haben mir zugesichert, dass sie sich um die Sache mit dem Salzen kümmern werden. Aber das war nur Augenwischerei.« So wie Bob Jackson heute eine Zielscheibe für den Zorn und die Drohungen der Outfitter ist, bekam Hooper ihren Unwillen während der 90er-Jahre zu spüren: »Ich würde eine kugelsichere Weste und einen Stahlhelm brauchen, wenn ich mich wieder in ihr Revier wagen würde, drohten sie. Man hat mir gesagt – selbstverständlich niemals unter Zeugen –, ich sollte vorsichtig sein, sonst würde meine Frau zur Witwe werden.«

Während Jacksons Argumente gegen das Salzen sich auf die potentiellen Gefahren stützen, die durch Grizzlybären erwachsen könnten, hatte Hooper einen eher grundlegenden Ansatz – er bezog sich auf die schlichte Tatsache, dass das Salzen einen Verstoß gegen den *Wilderness Act* darstellt. Das Salzen ist nicht nur verboten, es gibt auch eine Bestimmung in dem Gesetz, wonach eine Manipulation der Wanderungen von wild lebenden Tieren untersagt ist. Trotzdem wurden Hoopers Rufe nach einer Umsetzung des *Wilderness Acts* vollkommen ignoriert. Manche argumentierten, dass die Wapitis sich durch das Ausbringen von Salz lediglich besser auf das gesamte Gebiet verteilen würden, was keine Manipulation darstelle, und auch die alte Theorie des nährstoffarmen Waldbodens wurde wieder ausgepackt. Der Haken daran ist allerdings, dass die Outfitter nie Mineralienblöcke verwendet haben, sondern immer nur gewöhnliches Salz.

Zur gleichen Zeit ließ der oberste Wildaufseher des *Wyoming Game and Fish Departments* verlauten, dass in Wyoming überall Salz ausgebracht würde, »weil dies ein Staat der Viehwirtschaft ist, und somit Salzblöcke allen frei lebenden Tieren zugänglich sein sollten«. Er hatte wohl vergessen, dass in den nördlichen Bereichen der Teton Wilderness weder Rinder noch Schafe weiden dürfen.

Obwohl er vielen ein Stachel im Fleisch war, erhielt Hooper lange nach seiner Pensionierung eine interessante Einladung zu einer Exkursion, die nach den Bränden von 1988 in das nördliche Gebiet der Teton Wilderness führte. Die Teilnehmer waren Repräsentanten der Verwaltung der verschiedenen Nationalparks und Vertreter des *Wyoming Game and Fish Departments*, einige Outfitter sowie Biologen der Universitäten von Wyoming und Montana. Ein Punkt auf der Tagesordnung war das Salzen. Als die Gruppe in die entlegensten Areale des Hinterlandes vordrang, entdeckte Hooper das, wogegen er seit Jahren kämpfte. Von den 21 Teilnehmern war er der einzige, der das Salzen für ein Thema hielt, über das es sich zu diskutieren lohnte.

»Hören Sie«, hielt der Outfitter Don Turner von den Triangle X Outfitters ihm entgegen, »es ist besser, dass wir die Wapitis herlocken und sie hier (im Wald) töten; ansonsten wären wir gezwungen, sie im Grand Teton Park oder im National Elk Refuge zu erlegen.« Turner bezog sich damit auf die Tatsache, dass die Jagd dort im limitierten Umfang gestattet ist, um ein übermäßiges Anwachsen der Populationen zu verhindern.

»Ich stimme grundsätzlich mit Ihnen überein«, hielt Hooper seinem Kontrahenten entgegen, »doch das hier ist ein als *wilderness* ausgewiesenes Gebiet. Und in einer *wilderness* gelten andere Kriterien. Wenn das hier ein regulärer Nationalwald wäre, würde es mich nicht kümmern, dass Sie Köder für all diese Jäger-Banausen auslegen, und ich würde mich auch nicht über all die unprofessionellen Outfitter aufregen, die diese Leute hierher bringen.«

Ein Mitglied der Gruppe fragte die Outfitter, wofür genau sie das Salz einsetzten. Hooper zufolge hat Turner daraufhin behauptet, dass nie direkt an den Salzplätzen gejagt wird, und dass die Blöcke lediglich dazu dienen, die Wapitis in Gegenden außerhalb des Parks zu halten. Ein anderer Outfitter war gradliniger als sein Kollege Turner: »Wir reiten zu diesen Plätzen, und wenn die Jäger Wapitis bei einem Salzblock vorfinden, knallen wir sie ab.«

Am Ende der Reise wandte sich Turner an Hooper und fragte ihn rundheraus: »Warum legen Sie sich nicht irgendein Hobby zu und verschwinden aus der Wildnis?«

»Von mir aus gerne«, konterte der Befragte. »Wie wär's, wenn ich mich in Zukunft nicht mehr um das Salzen kümmere, sondern all meine Zeit darauf verwende, die geheimen Vorratslager der Outfitter zu räumen?« (Diese Antwort bezog sich auf eine im *Wilderness Act* enthalte Vorschrift, nach der feste Einrichtungen und permanente Vorratslager im Hinterland verboten sind – es ist heute üblich, diese Bestimmung zu missachten.) Hooper grinst, als er mir von diesem Wortwechsel erzählt. »Die anderen dachten, wir würden gleich aufeinander losgehen.«

Der *Forest Service* bezog zu guter Letzt Stellung, wenn auch nur schriftlich, und erließ im Jahre 1991 ein Verbot gegen das Salzen. »Aber die Outfitter haben sich nie daran gehalten«, beklagt Hooper. »Wenn sie unterwegs sind, packen sie die Salzblöcke aus, damit ihre Pferde daran lecken können. Danach lassen sie die Dinger einfach liegen.« Und in der Nähe der Wiesen, auf denen sie früher Salz ausgelegt haben, konnte man immer Blöcke zwischen den Bäumen finden. Der *Forest Service* ist nie eingeschritten; man hatte angeblich zu wenig Personal, um sich auch noch darum zu kümmern.«

Ende der 90er-Jahre nahm sich die *Wyoming Wildlife Federation* – ein Verband, dem vornehmlich private Jäger angehören – des Salz-Themas unter dem sportlichen Aspekt an. »Es geht um die Fairness bei der Jagd«, sagte der ehemalige Vorsitzende Kim Floyd. »Das Salzen ist nichts anderes als das Ködern von Jagdwild. Wir haben versucht, die Verwaltung des Bridger-Teton National Forest davon zu überzeugen, und wir haben mit den Rangern des Yellowstone National Park gesprochen. Und großen Widerstand haben wir von Seiten der Outfitter erfahren.« Schließlich wurde tatsächlich eine Gesetzesvorlage eingebracht, die zum Verbot des Salzens führte.

Vergessen wir für einen Moment die Auswirkungen, die das Salzen nach Bob Jackson auf die Grizzlys haben könnte. Vergessen wir sogar die unumstößliche Tatsache, dass diese Praktik nicht nur gegen den *Wilderness Act* verstößt, sondern auch durch einen Erlass des *Forest Service* und durch ein Gesetz des Staates Wyoming verboten ist. Was dann noch bleibt, ist der Schaden, den das Image der Jagd im Allgemeinen genommen hat. Immerhin gab es Anfang des 20. Jahrhunderts eine Zeit, in der Wyoming die Ideale der Fairness bei Sportschützen und Anglern so hochgehalten hat, dass die in diesem Staat jährlich erscheinenden Jagdberichte Artikel über Ethik enthielten. Auf der letzten Seite des *State Game Warden* von 1918 wurde sogar »Das Glaubensbekenntnis des amerikanischen Sportsmannes« abgedruckt. »Gehorche den Gesetzen des Staates und der Nation«, empfahl Grey. »Trachte danach, die Gesetze zu verbessern und achte die Autoritäten, die mit ihrer Durchsetzung beauftragt sind. Ich möchte, dass mein Junge, seine Kameraden und zukünftige junge Burschen die Erbschaft der Flinte und der Angelrute antreten können. Es ist das Erbe der freien Wildbahn; eine Hinterlassenschaft, die in der Liebe zur Natur und in der Achtsamkeit gegenüber dem Sinn und Schutz des Lebens idealisiert werden muss.«

Es hat wenig genützt, dass die Jäger sich in diesem Abschnitt des 20. Jahrhunderts, als die Jagd im Yellowstone National Park sogar noch erlaubt war, sich genauso engagiert wie jede andere Gruppe dafür einsetzten, dass dem Ködern mit Salz ein Ende gesetzt wurde.

Aus heutiger Sicht mögen diese Jahre wie ein fernes, goldenes Zeitalter erscheinen. Insbesondere, wenn sich der Jagdaufseher John Hyde heute darüber wundert, dass so ein großer Aufstand um ein bisschen Salz gemacht wird: »Ist es nicht das Gleiche, Wapitis mit Salz zu ködern oder einen Wurm auf einen Angelhaken zu spießen?« Und Harry Harju, der stellvertretende Leiter der Abteilung für wild lebende Tiere im *Wyoming Game and Fish Department,* erklärte kürzlich: »Es mag nicht so toll sein, dass es entlang der Grenzen des Yellowstone Parks einen Salzplatz nach dem anderen gibt. Aber wenn dadurch wieder eines der Wapitis aus dem Park abgeschossen wird, ist es vielleicht doch eine gute Sache.«

Obwohl das Chaos um uns herum immer größer wird, schaffen LaVoy und ich es gut gelaunt, Strukturen für den Tagesablauf zu etablieren. Zwischen 5.30 und 6.00 Uhr schlüpfen wir aus den Federn – es hängt davon ab, wie lange unsere Gäste am Vorabend geblieben sind, und in meinem Falle spielt es auch eine Rolle, ob sie Bourbon dabei hatten oder nicht. Gleich darauf folgt eine fröstelnde

Sitzung im Toilettenhäuschen; diese wird häufig von einem Gepolter untermalt, für das ein Bär verantwortlich ist, der auf dem Hügel hinter unserer Hütte Baumstämme auseinander reißt. (Der Morgen ist nicht fern, an dem der große Braune in dem Augenblick an unserem Herzhäuschen vorbeischlendern wird, wenn LaVoy dabei ist, sein Geschäft zu verrichten. Er wird dann dort festsitzen, und die Finger seiner gesunden Hand werden die Dose mit dem Pfefferspray umklammern.) Im Anschluss daran widmen wir uns eine ungefähr Stunde dem Schreiben, bevor wir die Aufmerksamkeit auf Pfannkuchen oder eine Schüssel mit Fünfkorn-Müsli richten, das von LaVoy liebevoll »Pampe« genannt wird. Nachdem wir unser Frühstück eingenommen und kurz über Funk mit Judy gesprochen haben, die in der Blackrock Ranger Station sitzt, schreiben wir noch ein bisschen und schwärmen dann aus, um Wege in Stand zu setzen oder Zäune zu bauen. Letzterer Aufgabe widmen wir uns nahezu mit Besessenheit, da wir John Henry Lees Pferden den Zugang zu unserer Weide unmöglich machen wollen. Leider würde unser Zaun wohl kaum einen Preis für gutes Design erhalten, aber ausgerüstet mit einem Dutzend frisch geschlagener Pflöcke und ein paar Latten, die in dem hohen Gras unter den Weiden herumlagen, schustern wir etwas zusammen, das unmittelbar nach seiner Fertigstellung bereits wie ein Überbleibsel aus dem 19. Jahrhundert aussieht. Aber wir schuften weiter, Tag für Tag, zäunen noch die kleinsten Abschnitte mit Stacheldraht ein, und legen Elektrozaunkabel, durch die nie Strom fließen wird. Dabei hoffen wir, dass John Recht hatte, als er sagte, seine Pferde wären daran gewöhnt. Und irgendwann geschieht das Wunder und die Nacht kommt, in der sie es nicht mehr schaffen, unsere mühevoll errichteten Barrieren zu durchbrechen.

Das Flussufer ist immer noch von einem langen, breiten Streifen blühender Lupinen gesäumt, der sich um jede Biegung des Yellowstone River schmiegt – wie eine zähe Salbe, die so blau ist wie der

Herbsthimmel. Am Fuße des Hawks Rest und in dem ehemals verbrannten Gebiet um den Bridger Lake öffnen sich die Knospen der Weidenröschen und überschwemmen das Land mit Millionen von violetten Blüten. Unweit vom Seeufer hocken beharrlich zwei kleine Weißkopfseeadler in ihrem Nest, obwohl sie um diese Zeit eigentlich schon flügge sein sollten, und tun sich an den Fischen gütlich, die Mami ihnen vorsetzt. Wann immer ich dort vorbeikomme, sitzen sie stocksteif im Horst und starren in den Himmel, als wenn sie zuerst eine Vision vom Fliegen heraufbeschwören müssten, bevor es ihnen möglich sein wird, sich tatsächlich in die Lüfte zu erheben. Die jungen Raben sind schon allein unterwegs; sie sitzen auf Baumstümpfen oder gleiten hoch oben auf einer Sommerbrise dahin und verkünden mit ihren rauen, rauchigen Stimmen so dies und das.

Mit jeder Woche, die verstreicht, werden wir mit der Landschaft vertrauter. Inzwischen wissen wir im voraus, wann die Gänse am Yellowstone River zu quaken beginnen oder wann die Maultierhirsche in der Dämmerung über die Wiesen ziehen. Nachdem ich einige Wochen im Hinterland verbracht habe, bemerke ich, dass es weniger die spektakulären Dinge sind, die meine Aufmerksamkeit erregen – Begegnungen mit Grizzlys oder Wölfen, Blitze die auf die entfernteren Gipfel herabprasseln –, sondern eher die schlichte und stille Weise, mit der sich der Sommer im Land ausbreitet. Es gibt mehr Yampablüten als gestern, und weniger Erdbeeren. Der Sonnenaufgang verschiebt sich zentimeterweise südwärts, vom Engpass am Lynx Creek zu den hohen, stämmigen Felswänden des Two Ocean Plateaus. Der Fluss sinkt wie ein Seufzer; an Stellen, an denen die Wasseroberfläche gestern noch glatt war, haben sich nun kleine Stromschnellen gebildet. Ohne mein Tagebuch hätte ich nicht die geringste Ahnung, welches Datum wir haben. Es gibt genug Zeit, um im Fluss zu baden oder in der Sonne zu lesen; genug Zeit, um darauf zu warten, dass die Brombeeren reif werden, die

Kanadakraniche fliegen, die Abenddämmerung einsetzt oder Unwetter vorüberziehen. Natürlich denke ich dann und wann an zu Hause, aber meine Erinnerungen an daheim scheinen mir kaum real zu sein.

Nachts liegen wir in unseren Stockbetten wie Kinder im Ferienlager und kreuzen durch das Universum. Einmal erzählt mir LaVoy von den sechstägigen Survival-Trips, die er jedes Jahr mit seinen Kindern unternommen hat, seit sie acht oder neun waren. Vater, Söhne und Töchter waren mit nichts anderem ausgerüstet als mit Schlafsäcken und einem Beil. Doch am meisten beeindruckt es mich, als LaVoy eines Nachts erzählt, dass er nach 40 Jahren, in denen er sein Leben der Religion der Mormonen gewidmet hatte, vor einem Jahrzehnt den Entschluss fasste, sich gründlich mit seinem Glauben auseinander zu setzen. »Ich habe allen Leuten immer wieder gesagt, sie sollten ihr Leben mal gründlich unter die Lupe nehmen. Wenn sich irgendetwas nicht richtig anfühlt, dann ist das ein Zeichen, dass es höchste Zeit ist, in sich hineinzuschauen. Und plötzlich war ich selbst an der Reihe.« In den folgenden drei Jahren verwendete er Hunderte von Stunden darauf, zu schreiben, zu lesen und zu reflektieren. Am Ende konnte er das Gefühl nicht loswerden, dass die Kirche für ihn ein Werkzeug war, das er dazu benutzte, einen wesentlichen Teil seiner Natur zu unterdrücken. »Nachdem das einmal klar war, war es verdammt schwierig, so weiterzumachen wie bisher.« Es war für alle ein großer Schock, als er den Ältestenrat einberief und um seine Exkommunizierung bat. LaVoy gewann so ein gewisses Maß an Freiheit, aber sein Entschluss bescherte ihm auch eine Scheidung und den Verlust von Freunden. Einer seiner Nachbarn ging so weit, ihm einen Zettel an die Tür zu heften, auf dem »Hexer« stand. »Wenn mich Leute im Supermarkt oder auf dem Postamt erkannt haben«, so erinnert er sich in einer sehr späten Stunde, »haben sie schnell eine andere Richtung eingeschlagen.«

Und so kam es, dass ein Mann, dessen Flugbahn lange Zeit von einer mächtigen, komplexen Religion bestimmt wurde – einer Religion, die in Utah die Zugkraft einer Dampflokomotive besitzt –, in den folgenden Jahren eine Weltsicht entwickelte, die weitaus weniger grandios ist. Der Kern seines heutigen Glaubens ist in einer Geschichte enthalten, die er buchstäblich Hunderte von Malen erzählt hat – meistens Kindern, die sich bei ihm in Therapie befanden. *Jumping Mouse,* »Die springende Maus«, ist zweifellos das bekannteste Märchen der Plains-Indianer. Es ist eine Legende, in der es um den Mut geht, mit Zweifeln und Betrug umzugehen, und paradoxerweise müssen alle diese Lektionen gelernt werden, um Vertrauen in das zu gewinnen, was unserer instinktiven Wahrnehmung zufolge der richtige Weg für uns ist. Es ist eine Geschichte, in der es um eine Instanz in uns geht, die unbestechlich ist, und um all das, was ein Mensch manchmal durchmachen muss, um sein eigenes Wiedererwachen zu bewirken. Genauso wertvoll für LaVoy – und für sehr viele, die seinen Weg gekreuzt haben – ist die Geschichte vom Singenden Stein. Dieses feinsinnige Märchen ist nicht nur bei den Plains-Indianern bekannt, sondern auch in der keltischen Kultur. Hier hört ein Knabe von seiner Großmutter über einen magischen Stein, der sich irgendwo im Land befindet und der seinem Besitzer unbegrenzte Weisheit und Macht verheißt. Der Junge widmet sein Leben der Suche nach diesem Stein. Nachdem er jahrelang mit gelehrten Männern und Frauen und sogar Zauberern nach ihm geforscht hat – zunächst im Norden, dann im Süden und im Westen –, wendet er sich schließlich nach Osten und kehrt nach Hause zurück, um seine Suche dort zu beenden, wo sie begonnen hat. Seine Mutter, die nun alt und gebrechlich ist, umarmt ihn und sagt: »Willkommen zu Hause, Singender Stein.«

In einer dieser Nächte – ich bin noch wach, LaVoy schläft schon lange – blitzt und donnert es in der Ferne. Ein schweres Unwetter bewegt sich in südlicher Richtung durch das Tal. Das Gewitter gewinnt ständig an Intensität, und irgendwann tobt es genau über unserer kleinen Hütte. Die Blitze zucken immer schneller hintereinander; es scheint, dass jeder imposanter sein will als sein Vorgänger, als würde sich alles auf ein großes Finale hin entwickeln, wie bei einem Feuerwerk. Einmal kracht direkt vor unserer Veranda ein Donnerschlag, der wie ein Gewehrschuss klingt. Da die Felswände zu beiden Seiten des Tales ein vielfaches Echo erzeugen, entstehen bemerkenswerte Klangeffekte. Als sich das Gewitter nach Norden verzieht, rollt ein wildes Getrommel den Yellowstone River herauf; die einzelnen Paukenschläge werden zwischen den Felswänden hin und her geworfen, sodass komplexe, markerschütternde Rhythmen entstehen. Es ist mit Abstand das größte Spektakel seit unserer Ankunft. Am nächsten Morgen ist der Yellowstone um fast 30 cm gestiegen, und seine Wasser sind schlammig und träge. In der Luft hängt der Duft von Lupinen und Kiefern, deren Äste immer noch tropfnass sind.

Am Nachmittag platzen Freunde von zu Hause in diese frisch gewaschene Welt hinein, und am Abend sitzen wir im Hauptraum der Hütte im Kreis auf dem Boden. Auch Kayla und ein paar Trail-Crew-Arbeiter sind da, als LaVoy einen Vortrag über die altmodische Methode des Feuermachens hält und diese mit Bogen und Drillholz demonstriert. Wie gewöhnlich schafft er es, aus diesem vielleicht etwas faden Thema eine große Sache zu machen. Er stellt seinen Zuhörern Fragen über die Bedeutung des Feuers, führt sie durch den ganzen Kreislauf von Kohlendioxid und Wasser, die durch die Sonne zu Glukose verwandelt werden, welche sich bei einem Feuer wiederum in Kohlendioxid und Wasser zurückverwandelt. LaVoy zeigt permanent große Zusammenhänge auf: zum Beispiel die Verbindung zwischen den Kondensstreifen, den die Düsen eines Flugzeugs in den Himmel brennen, und den Kondenswasserwölkchen,

Der Blick von Hawks Rest nach Süden, wo der Atlantic Creek in den Yellowstone River fließt. Die üppigen Uferzonen sind ein Paradies für Elche, Grizzlybären, Wapiti und viele andere Tiere.

Am ersten Tag unserer 220 km langen Wanderung stiegen wir über 1.200 Höhenmeter in das Hochland der Beartooth Mountains hinauf.

Hoch über dem Hidden Creek hält LaVoy Ausschau nach Tieren. Kurz zuvor haben dort Grizzlybären nach Mottenlarven gesucht.

Nach einem langen Tag im Sattel überqueren Outfitter auf dem Weg zu ihrem Camp den Yellowstone River. Im Hintergrund erhebt sich der Hawks Rest.

Hawks Rest liegt in einer »National Wilderness Area«, was bedeutet, dass alles mit Packpferden oder Mulis transportiert werden muss.

Die Hütte von Hawks Rest dient patrouillierenden Rangern auch heute noch als Unterkunft, nachdem ihre Vorgängerin von einem Grizzly zerstört wurde.

Es gibt keinen Strom. Gaslaternen sorgen für die Beleuchtung, und Wasser fließt von einer Quelle direkt in die Hütte.

Waschtag: LaVoy bearbeitet Kleidungsstücke in einem Eimer voll Seifenwasser mit dem Saugpfropf. Nach dem Spülgang werden sie zum Trocknen über die Holzumzäunung gehängt.

Frühling: Zwei Wapitikühe äsen entlang der zurückweichenden Schneegrenze, wo die Vegetation die meisten Nährstoffe enthält.

Der Grizzlybär – hier eine Mutter mit ihren Jungen – ist eines der erhabensten Geschöpfe des Yellowstone National Park.

Diese Höhle wurde früher von den Delta-Wölfen bewohnt, einem der 17 Rudel, die im Yellowstone National Park leben.

Motorsägen sind in den als »Wilderness« ausgewiesenen Gebieten verboten. Die Trail Crews leisten harte Muskelarbeit.

Der Fall Creek ergießt sich in den South Fork des Shoshone River. Meine Zeit in Hawks Rest neigt sich dem Ende zu; bald wird das Hinterland unter einer dicken Schneedecke begraben sein.

die wir ausatmen und die von Trillionen von kleinen Feuern verursacht werden, die in unseren Zellen brennen.

Später am Abend gewährt uns Kayla einen Blick auf die Rätsel, mit deren Lösung sie gerade beschäftigt ist. Es geht um die wahrscheinliche Ausbreitung des Blasenrosts, und wie er es mühelos schafft, über die Brandschneisen am Oberlauf des Yellowstone zu springen und neue Bäume zu infizieren. Dann denkt sie laut darüber nach, was einem Wapitikalb zugestoßen sein mag, bevor es starb; sie hat das Tier, das vollkommen erhalten war, in einem ruhigen Becken des eiskalten Falcon Creek gefunden. Kayla hat die Angewohnheit, am Ende ihrer Sätze fragend die Stimme zu heben. Es ist, als würde sie uns bei der Stange halten und sicherstellen wollen, dass wir ihr noch folgen. Bevor Kayla aufbricht, erwähnt sie noch, dass sie heute Vormittag auf der Nordseite des Rapid Creek gewesen ist, nahe dem Punkt, wo er mit dem Yellowstone River zusammenfließt. Dort ist sie einem schwarzen Wolf begegnet, der sie aus einer Entfernung von ungefähr 50 m angekläfft hat und offensichtlich sehr aufgeregt war. In diesem Areal gab es viele Spuren, erzählt Kayla, große und kleine Pfotenabdrücke. Als ihr klar wurde, dass sie sich in der Nähe einer Höhle befinden musste, trat sie eilig den Rückzug an. Wenn die Welpen im Herbst ein reisefähiges Alter erreicht haben, wird das Rudel gewohnheitsmäßig nach Norden, in das Yellowstone-Delta, ziehen, um sich dann nach Westen zu wenden, in Richtung Heart Lake; schließlich wird es den Fox Park im Süden durchstreifen, doch die Gruppe wird immer wieder in die heimatlichen Gefilde des Thorofare zurückkehren. Die Tiere werden genau den Tanz vollführen, den die Wölfin Nummer 14 kreierte, als sie ihr Rudel vor fünf Jahren hierher geführt hatte. Doch momentan scheint das Delta-Wolf-Rudel noch gern zu Hause zu sein.

In der folgenden Woche frage ich Bob Jackson, ob wir auf einem Hügel im Park campieren dürfen, um von dort ein Fernrohr auf die

Wolfshöhle zu richten. Bob will eine Erlaubnis einholen, kann aber die Leute in Mammoth nicht erreichen, die unsere Anfrage in den Zentralcomputer eingeben müssen. So ziehen wir ohne Erlaubnis los. Erst nachdem wir uns auf dem Hügel eingerichtet haben, fällt mir ein, dass Laura Bush, die Frau des Präsidenten, in der Gegend ist. Sie macht eine Tour durch den Park und wird von dem Outfitter Gary Fales geführt. Während wir mit unserem getarnten Fernrohr in luftiger Höhe hocken, kreisen bestimmt Flugzeuge des Geheimdienstes über uns und halten nach verdächtigen Subjekten Ausschau. Und so hoffen wir nicht nur Wölfe zu sehen, sondern auch, dass wir nicht von den blau uniformierten Männern entdeckt werden. Sie könnten uns für Wahnsinnige halten, die der Präsidentengattin nach dem Leben trachten. Auf unserem Außenposten setzen uns die Moskitos so zu, dass wir gezwungen sind, uns mit dicken Jacken, Hüten, Wollmützen und Handschuhen zu verhüllen. Aber die kleinen Teufel kommen dennoch auf ihre Kosten, indem sie sich auf die dünnen Streifen freiliegender Haut an Handgelenken und Wangen stürzen.

Das schönste Erlebnis dieses Tages ist der Anblick der Kanadakraniche; sie gleiten mit erstaunlicher Grazie etwas unterhalb unseres Aussichtspunktes durch die Luft, auf Flügeln, die eine Spannweite bis zu 1,80 m aufweisen. Ihre Luftröhre ist außerordentlich lang (bis 1,5 m) und stark gewunden. Sie bildet einen Resonanzraum, mit dessen Hilfe die lauten, trompetenartigen Rufe erzeugt werden, die wie ein Urschrei aus einer fernen, dunklen Vergangenheit klingen. Tatsächlich hat man in Nebraska Fossilien von Kanadakranichen gefunden, die sechs Millionen Jahre alt sind; somit sind dies die ältesten, heute noch lebenden Vögel der Erde. Wenn sie im April das Gebiet des Yellowstone erreichen, beginnen die erwachsenen Tiere, die eine lebenslange Partnerschaft eingehen, mit ihrem komplizierten Balzritual. Es ist ein Tanz, der mit einer tiefen

Verbeugung eröffnet wird, gefolgt von einer verwirrenden Abfolge von Hopsern, Sprüngen, Schritten und Drehungen. Es vergeht kaum ein Tag, ohne dass wir Kanadakraniche hören – einen ersten Ruf bei Tagesanbruch, ein letztes Lied in der Abenddämmerung. Die Jungen, die schon ein paar Tage nach ihrer Geburt den Eltern hinterherlaufen können, werden in dieser Woche das Fliegen lernen. In etwa acht Wochen werden sie das Thorofare verlassen und gen Süden ziehen.

An diesem Tag sehen wir keine Wölfe. Stattdessen entdecken wir spät am Abend eine Gruppe von Reitern, die eine Staubfahne hinter sich herziehen. Sie befinden sich in unmittelbarer Nähe des Terrains, auf dem sich das Delta-Rudel seit Anfang Mai aufhält; die Gruppe reitet zu einem Campingplatz, und der Weg dorthin führt in einer Entfernung von 70 m an der Höhle vorbei. Es ist seltsam, dass man diesen Platz nicht geschlossen hat, um mögliche Konflikte zu vermeiden, denn es gibt genügend andere Campingplätze in der Umgebung. Die Biologen des Parks haben solche Schließungen immer wieder gefordert, doch mit wenig Erfolg. Die diesbezügliche Entscheidungsbefugnis liegt allein bei den Rangern – zweifellos ein Relikt aus den Zeiten, in denen die Armee über den Park herrschte. Die Entschlossenheit, mit der die Ranger die Alleinherrschaft über ihr Territorium beanspruchen, würde jedem Wolfsrudel gut stehen, und so sind sie wenig geneigt, irgendjemanden einen Gefallen zu tun.

Da wir keine Aktivitäten vor der Höhle beobachten können, deutet alles darauf hin, dass sich das Rudel zu den so genannten Rendezvous-Plätzen aufgemacht hat. Im späten Frühling wandern die Wapitis des Greater Yellowstone mit ihrem Nachwuchs ins Hochland, um kurz hinter der Schneegrenze nach den frischesten, nahrhaftesten Gräsern zu suchen. Die Wölfe, die sich im Thorofare fast ausschließlich von Wapitis ernähren, sind oft gezwungen, ihnen zu folgen. Und wenn es in dieser Zeit junge Welpen im Rudel gibt, die bei weitem nicht so mobil und folgsam sind wie kleine Wapitikälber, ist das keine einfache Aufgabe. Das Rudel bewegt sich nur langsam voran, legt oft nicht mehr als zwei oder drei Kilometer auf einmal zurück, bis sie die Rendezvous-Plätze erreicht haben. Von dort aus gehen einige der erwachsenen Tiere auf die Jagd, während sich die anderen um die Jungen kümmern.

Das mag die Frage aufwerfen, ob es nicht einfacher wäre, wenn die Wölfe ihren Speiseplan umstellen und sich so lange von Bisons, Elchen und anderen Tieren ernähren würden, bis ihre Nachkommen alt genug sind, um den Wapitis mühelos zu folgen. Aber Wölfe stellen in der Regel einen festen Räuber-Beute-Bezug her. Das bedeutet, dass sie – mit wenigen Ausnahmen – nur die Geschöpfe jagen, die ihre Eltern als potenzielle Beute betrachtet haben, und in den meisten Fällen handelt es sich dabei um Tiere, die in einer relativen Fülle vorhanden sind. Aus der evolutionären Perspektive gesehen, ist die Angewohnheit, nur das zu jagen, was man kennt, einfach eine gute Methode, um zu überleben. Da es in diesem Ökosystem mehr als 30.000 Wapitis gibt, hat man die Biologen verpflichtet, keine Wölfe im Park anzusiedeln, die sich von Elchen oder Karibus ernähren, sondern Exemplare aus Kanada, die es gewohnt waren, Wapitis zu jagen. Die Beuteprägung ist der Grund dafür, dass man Wölfe beobachten kann, die an Bison- oder sogar Rinderherden vorbeiziehen, ohne sie eines zweiten Blickes zu würdigen. Wir Menschen wissen vielleicht, dass Kühe eine leichte Beute für sie wären, doch die Wölfe ahnen es nicht. Selbst die Viehwirtschaft hat dieses Verhalten bestätigt. Doch trotzdem neigt man heute immer noch dazu, jeden Wolf zu erschießen, der außerhalb des Parks herumstreunt.

Die Fülle der Wapitis, die während der warmen Monate durch das Thorofare ziehen, ist so groß, dass die Wölfe in diesem Sommer nur einen einzigen Rendezvous-Platz einrichten werden. Dieser liegt nördlich von ihrer Höhle. Bei der Betreuung des Nachwuchses werden sich die älteren Brüder und Schwestern, die Onkel und Tanten und natürlich auch das Alpha-Pärchen ablösen. Die Erwachsenen beschützen die Jungen nicht nur vor Raubtieren – sie verbringen auch jeden Tag viele Stunden damit, mit den Welpen zu spielen und zu raufen. (Vor einigen Jahren habe ich sogar einmal Wölfe beobachtet, die sich auf verbliebenen Schneefeldern bei Schlitterpartien vergnügten.) Die Ureinwohner Amerikas meinen dieses Verhalten der Wölfe, wenn sie erzählen, dass die Tiere ihnen als Vorbild für die eigene soziale Interaktion dienten.

Wir sind noch keine Stunde von unserem Ausflug zurück, da schneien Jason und Jonathan bei uns herein. Die beiden Führer arbeiten für Yellowstone Outfitters und sind begierig zu hören, ob wir Wölfe gesehen haben. »Dieses Rudel umfasst jetzt 130 Tiere«, sagt Jonathan und bezieht sich dabei auf die Delta-Gruppe. Er behauptet, diese Information stamme direkt vom Leiter des Wolf-Projekts. »Und das ist nicht alles«, fügt er hinzu, »inzwischen leben allein im Thorofare 485 Wölfe.« Das sind absolut verblüffende Enthüllungen. Demzufolge wäre das Delta-Rudel viermal größer als jedes andere Wolfsrudel, das Menschen bekannt ist. Und wenn man die Anzahl der Tiere, die demnach im Thorofare leben, zu der Wolfspopulation im ganzen Ökosystem ins Verhältnis setzt, dann müsste der Bestand in den letzten sechs Monaten auf gut 3000 Exemplare angewachsen sein. »Bei solchen Zuwachsraten«, erkläre ich Jonathan, »wird es bald mehr Raub- als Beutetiere geben, und dann wird die Nahrungskette auf den Kopf gestellt.« »Kapierst du jetzt, was ich meine?«, antwortet er. »Wir haben hier ein echtes Problem.«

In diesen Tagen tauchen immer mehr Thorofare-Führer bei uns auf, und jeder von ihnen hat nicht nur Kommentare zum Thema Wölfe parat, sie haben auch alle zu viele Cowboy-Filme gesehen.

Viele von ihnen sind fähige Naturburschen; sie sind von einem stolzen und unabhängigen Schlag, der schnell dabei ist, den Kopf zu schütteln – entweder aus Mitleid oder aus Abneigung gegen all die Speichellecker, deren Alltag und Schicksal von amerikanischen Konzernen bestimmt wird. Doch sie scheinen von dieser großen Herde genauso abhängig zu sein wie jede andere Gruppierung. Ähnlich der Hip-Hop-Kultur in den Großstädten, gehören sie einem Klub an, dessen Mitglieder sich durch ein bestimmtes Aussehen und Verhalten ausweisen. Den zentralen Punkt bei ihrem »Look« bildet eine 44er-Pistole, die in einem Halfter am Gürtel getragen wird. In den Patronenschlaufen fehlen idealerweise ein oder zwei Kugeln. Diese Leute vergessen, dass die echten Cowboys fast nie einen Revolver an der Hüfte trugen, da die Gefahr zu groß war, dass sie versehentlich an den Abzug kamen, während sie Pferde an Führleinen hinter sich herzogen. Das typische Outfit wird abgerundet durch zerschlissene Lederreithosen und Stiefel – wer Profilsohlen trägt, wird nicht ernst genommen – sowie durch langärmelige Hemden und einem Tuch um den Hals. Den letzten Schliff verleiht ein von Tabakgeruch abgerundeter, breiter Wyoming-Dialekt, der das überdecken soll, was in den Augen einiger ein Fluch ist – die beschämende Tatsache, dass man nicht in Wyoming, sondern in Ohio, New Jersey oder Kalifornien das Licht der Welt erblickt hat. Wie groß der Respekt ist, der den Bediensteten des *Park and Forest Service* oder den Mitarbeitern des *Game and Fish Departments* widerwillig gezollt wird, hängt davon ab, inwieweit ihre Kleidung und ihr Verhalten dem Kodex entsprechen. »Die meisten dieser Kerle können gerade mal eine Kiste auf einem Pferderücken befestigen«, beschwert sich ein erfahrener Mitarbeiter des *Forest Service.* »Sie reiten selbst bei größter Hitze mit Lederweste und Halstuch durch die Gegend, an der Spitze einer Hand voll feiner Pinkel. Warum müssen sie sich wie Vollidioten benehmen?«

Es mag sein, wie es will – nichts in diesem entlegensten Fleckchen Erde der 48 kontinentalen Staaten ist so erstaunlich wie das Verhalten von Outfittern und Führern. Die knappen Budgets und der schwache Wille des *Forest Service* sorgen dafür, dass selbst grundlegende Vorschriften – Bestimmungen, die den Einsatz von Salz und Kettensägen verbieten oder die Belegungsgrenzen von Camps und die Anzahl von Pferden und Maultieren regeln – als nahezu nicht existent angesehen werden. Selbst schriftliche Vorladungen scheinen kaum Eindruck zu machen. Einer der Ranger, die im Hinterland tätig sind, berichtet von einem seit langem bestehenden Ritual, das sich vollzieht, wenn er den mächtigen Triangle X Outfitters eine Vorladung zukommen lässt. »Jedes Mal, wenn ich denen eine Strafe aufbrumme, macht irgendjemand (ein Politiker) bei meiner Vorgesetzen (sie ist der District Ranger) einen Aufstand und versucht, die Sache abzubiegen.« Es muss der District Rangerin an dieser Stelle zu Gute gehalten werden, dass sie ihr Bestes tut, um ihren Mitarbeitern den Rücken zu stärken. »Trotzdem ist es so weit gekommen, dass ich ihr Bescheid gebe, wenn ich eine Vorladung geschrieben habe, damit sie sich innerlich auf einen Anruf vorbereiten kann.«

LaVoy und ich hatten uns kaum in der Hütte eingerichtet, als ein Outfitter mit der Frage an uns herantrat, ob wir bestechlich seien. Er würde sich freuen, wenn wir mit ihm zusammenarbeiten würden, ließ er verlauten und meinte damit, dass er es begrüßen würde, wenn wir hinsichtlich der Überbelegung seines Camps den Mund halten würden. Dafür sollten wir mit Wapitisteaks belohnt werden. Im Herbst diesen Jahres soll eine neue Vorschrift in Kraft treten, die das Jagen an Salzplätzen im Umkreis von 180 m verbietet. Sie ist schon jetzt für viele eine Quelle des Amüsements, da allgemein bekannt ist, dass es nicht genügend Aufseher gibt, um dieses Verbot durchzusetzen. Ein Mitarbeiter des *Forest Service*, der einen Outfitter wegen Nichtbeachtung von Sicherheitsvorschriften anzeigen wollte, wurde von seinem Vorgesetzten gebremst. »Er sagte, wir sollten doch versuchen, gute Beziehungen mit den Outfittern herzustellen. Diese sollten nicht unnötig gefährdet werden.« Natürlich steht für die Behörde auch viel Geld auf dem Spiel, unter anderem die finanzielle Unterstützung für das Wegenetz, das die Outfitter für den Transport ihrer Ausrüstung benötigen.

Die wunderlichsten Geschichten über Machtspiele der Männer, die in der Wildnis ihre Geschäfte betreiben, stammen allerdings von privaten Jägern. Ein paar Elch-Jäger aus Cody, die ihr Lager in der Nähe des Hidden Creek aufgeschlagen haben, berichten von einem Outfitter, der heimlich Stücke eines Wapitikadavers in ihr Camp geschleppt und hinter ihrem Zelt versteckt hatte, um Bären anzulocken. Und die Leute vom Falcon Creek hatten Probleme mit einem Führer, der versucht hatte, ein Wapiti zu konfiszieren, weil sie das Tier auf seinem Territorium geschossen hatten. Die generelle Abneigung der Outfitter gegen private Jäger lässt sich auf die Tatsache zurückführen, dass ihre Anwesenheit sich störend auf die sorgfältig orchestrierte Jagd auswirken kann. Da bei diesem Geschäft Tausende von Dollar auf dem Spiel stehen und die Zahl der zukünftigen Kunden davon anhängt, wie erfolgreich die gegenwärtige Saison ist, scheint für die Outfitter der Gedanke unerträglich zu sein, dass sie wegen eines privaten Jägers eine Trophäe einbüßen könnten.

Die privaten Waidmänner berichten auch von regelmäßigen Überraschungsbesuchen der *Wyoming Outfitters und Guides Association.* Die Abgesandten dieser Vereinigung wollen bei solchen Gelegenheiten das Fleisch der Jagdbeute überprüfen und fragen, wo die Tiere geschossen worden seien und ob Jäger zugegen wären, die aus einem anderen Staat kommen. All dies sei Teil der Bemühung, illegalen Outfittern das Handwerk zu legen, erklären sie.

Die Beziehungen zwischen den privaten Jägern und den Outfittern werden auch durch ein Gesetz belastet, das Jägern aus anderen Staaten einen Führer vorschreibt, sobald sie zu zweit unterwegs sind. Manche Jagdfreunde aus Wyoming empfinden dies als himmelschreiendes Unrecht, da sie weder Freunde noch Familienangehörige aus anderen Staaten zu ihren herbstlichen Streifzügen einladen können.

Ebenso problematisch ist, dass viele Menschen den Eindruck haben, dass man für gewisse Outfitter gerne Ausnahmen macht. Eine 50 Jahre alte Vorschrift besagt, dass nur so viele Pferde mitgeführt werden dürfen, wie man tatsächlich benötigt und nutzt. Diese Bestimmung soll Outfitter davon abhalten, große Mengen von Tieren in die Schutzgebiete zu bringen, um sie auf den Weiden durchzufüttern, die heute scherzhaft *»that good government grass«* genannt werden. Doch als Outfitter-Zulassungen erneuert werden mussten, wurde einigen von ihnen offiziell erlaubt, ihre Herden zu vergrößern. Und während für alle anderen die Zahl der mitgeführten Pferde oder Mulis auf 15 begrenzt ist, sind manchen Outfittern fünfmal so viele Tiere gestattet. Außerdem verstecken einige ihre Pferde und Mulis, so dass sie den Rangern nicht ins Auge fallen – ein Manöver, das ich in diesem Sommer mehrmals beobachtet habe.

»In als *wilderness* ausgewiesen Gebieten sind keine ständigen Einrichtungen erlaubt«, besagt eine Vorschrift, die weitaus älter ist als der *Wilderness Act.* Trotzdem sind geheime Vorratslager, Ölfässer und selbst umzäunte Koppeln ein fester Bestandteil der Wälder geblieben. (Es ist richtig, dass man in den 70er-Jahren Vorratslager für Nahrungsmittel erlaubt hatte, um möglichen Ärger mit Grizzlybären zu vermeiden. Doch dass ein Outfitter Vorräte oder Ausrüstungsgegenstände in einem Zeitraum dort lagert, für den er keine Aufenthaltsgenehmigung besitzt, war nie beabsichtigt.) Die Verwaltung hat außerdem seit langem versprochen, dass man Genehmigungen annullieren wird, wenn ein Outfitter nach vorheriger Verwarnung sein Camp dreckig hinterlässt. Trotz mannigfaltiger Missachtung dieses Gebots ist diese Drohung nie in die Tat umgesetzt worden. Der frühere District Ranger Don Hooper berichtet von seiner Empörung, als er merkte, dass von Seiten der Behörden mit zweierlei Maß gemessen wurde: »Dort, wo es um natürliche Ressourcen geht, um Land, das in öffentlicher Hand ist, sollten weder Outfitter noch reiche und mächtige Leute besondere Privilegien genießen. Aber ich habe festgestellt, dass dies immer davon abhing, wer jemand war und wie viel Einfluss er besaß.«

Ein Teil des Wilden Westens ist im Thorofare lebendig geblieben – in einem Gebiet, in dem viele Gefahren lauern, in dem Führer auf alles, von Schneestürmen bis hin zu Grizzlys gefasst sein müssen. Aber gleichzeitig haben wir dort eine Art Vetternwirtschaft entstehen lassen, die einer demokratischen Nutzung von öffentlichen Land zum Hohn gereicht.

Kapitel sieben

Als die Hütte repariert, der Zaun zusammengeflickt und das Feuerholz für die Trail Crews gehackt und gestapelt ist, beschließen LaVoy und ich, die Wolfsmanie und den Krieg um Weidegründe hinter uns zu lassen, unsere Rucksäcke zu packen und in höher gelegene Gefilde aufzubrechen. Fast zwei Tage später erreichen wir südlich von Blind Basin die 3400-m-Marke. Während der letzten Kilometer haben wir uns durch eine Reihe von steilen, weglosen Schluchten gequält, die kein Reiter, der einigermaßen bei Verstand ist, jemals passieren würde. Wir sind auf Händen und Knien gekrochen und haben mit jedem Kilometer 600 m Höhe gewonnen. Die Aussicht, die sich von hier oben bietet, ist atemberaubend. Schmale Streifen von Tundra, die durch messerscharfe Felskanten und mehrere hundert Meter hohe Klippen voneinander getrennt sind, erstrecken sich in alle Richtungen. Durch enge Schluchten stürzt der Blick ins scheinbar Bodenlose, um sich schließlich auf dem Tiefland zu fangen, das sich mit einem Teppich aus Lupinen, Klebrigem Storchschnabel, Johannisbeersträuchern, Weißwurz und Glockenblumen schmückt. Selbst in dieser Höhe gibt es immer noch massive Felsformationen, die noch höher in den Himmel ragen – zum Beispiel den Thunder Mountain, der ein wenig wie das Sommerquartier von Darth Vader anmutet. Auf der anderen Seite des Thunder Mountain gibt es ein namenloses Stück Tundra, auf das kaum jemand seinen Fuß setzt, und dort liegt das Wrack eines Flugzeugs, das vor ungefähr 40 Jahren abgestürzt ist. Im Logbuch unserer Hütte gibt es einen Eintrag von einem Ranger, der im Herbst 1993 an der Absturzstelle war. »Die Passagiere sind dort begraben worden. Einige Knochen ragten aus der Erde; ich habe sie bedeckt und ein Gebet gesprochen. Es ist ein wundervoller Ort für eine letzte Ruhestätte.«

Hier beginnt sich die Wirkung der Absarokas voll zu entfalten, und so können wir uns jetzt den lähmenden Schrecken vorstellen, den diese Gipfel bei den frühen Forschungsreisenden ausgelöst haben. Das Beispiel Captain Bonnevilles zeigt, in was für eine missliche Lage auch diese erfahrenen Männer geraten konnten. Nachdem er den ganzen Westen bereist und Tausende von Kilometern zurückgelegt hatte, wusste er hier, etwas südlich von unserem jetzigen Standpunkt, nicht mehr weiter, und so kletterten er und eine Hand voll Männer viele Stunden, bis sie schließlich einen hoch gelegen Aussichtsplatz erreichten. Die Gruppe hoffte, von dort aus eine gangbare Route nach Westen zu entdecken, die sie zum Green River führen sollte. Sie standen rittlings auf der Kontinentalen Wasserscheide, schreibt Washington Irving in *Die Abenteuer des Captain Bonneville*, an einem Ort, den die Indianer als den höchsten Punkt der Welt betrachten, an dem sich gigantische Gipfel auftürmen, die bis in die schneeigen Schichten der Atmosphäre hineinragen:

> Der grandiose Ausblick, der sich Captain Bonneville eröffnete, traf ihn mit solcher Wucht, dass er für eine Weile erstaunt und schier überwältigt war ... Wohin auch immer sein Blick wanderte, war er fassungslos ob der endlosen Weite und der Verschiedenartigkeit der Objekte. Unter ihm schienen die Rocky Mountains ihr verborgenes Inneres zu offenbaren: tiefe, erhabene Täler, kostbare Seen, unwirtliche Pässe, schroffe Hohlwege und schäumende Gebirgsströme. Wenn er den Blick schweifen ließ, verlor sich das Auge in einer nahezu uner-

> messlichen Landschaft, deren Ausläufer zu allen Seiten im Dunst verblassten, wie die Ränder des offenen Meeres an einem Sommertag. In jedweder Richtung erblickte er weit ausgedehnte Ebenen, die schimmernd das Sonnenlicht reflektierten; ... und schneebedeckte Berge, eine Kette nach der anderen, Gipfel hinter Gipfel, bis sie, den Wolken gleich, mit dem Horizont verschmolzen ... So stand der Captain eine lange Zeit da; er starrte auf die Szenerie, verloren in einer Flut von vagen imaginären Bildern und Empfindungen.

Wir können dieses Gefühl nachvollziehen. Wenn wir jetzt in einer Höhe von 3400 m nach Süden blicken, sehen wir das sich räkelnde Rückgrat des Rampart Peak; in einer anderen Richtung bleibt der Blick an Flächen von grüner Tundra hängen, die über die kegelförmigen Flanken des Yount Peak drapiert sind, um dann über das abschüssige Tafelland des Thorofare-Plateaus zu schweifen und sich schließlich im Labyrinth der erodierten Klippen des Blind Basin zu verlieren. Doch die schier grenzenlose Weite dieser Landschaft ist so enorm, dass wir nur Schnappschüsse aufnehmen können, einzelne Szenerien. Wir haben nicht die geringste Chance, das Ganze zu erfassen oder dieses majestätische Gebirgsknäuel gar zu enträtseln. »Wir sind auf einen anderen Kontinent gestoßen«, höre ich LaVoy murmeln.

Der Bann ist gebrochen, als plötzlich von Südwesten ein Gewitter heraufzieht. Wir bewegen uns zügig in südlicher Richtung auf einem Felsgrat vorwärts, der so schmal ist wie eine Messerklinge; an einigen Stellen ist er 150 m hoch und nur knapp 1 m breit. Uns treibt die Hoffnung, dass der eingeschlagene Weg schließlich über den Rücken eines gewaltigen Felsens führen wird und wir von dort aus zum North Fork des Yellowstone River absteigen können. Jetzt ist das Dröhnen von Donnerschlägen zu hören; wie Speere bohren sich ein paar Kilometer entfernt Blitze in die hohen Klippen, die in der Nähe des Yount Peak aufragen. Wir beginnen gerade zu glauben, dass wir es zumindest bis zum Fuß des Felsens schaffen werden, wo wir vielleicht in irgendeine Felsspalte kriechen können, um den schlimmsten Launen des Unwetters zu entgehen, da endet der Grat abrupt und fällt 12 m senkrecht in eine windgestrahlte Bergscharte ab. Uns bleibt nichts anders übrig, als umzukehren, um an einer günstigeren Stelle hinabzusteigen. 150 m tiefer gelangen wir schließlich in ein mit Geröll übersätes Tal und versuchen, uns von hier aus einen Weg zum Yellowstone zu bahnen. Als Hagelkörner auf uns niederprasseln, flüchten wir hastig unter einen Vorsprung und warten erst einmal ab. Zitternd vor Kälte stärken wir uns mit Nüssen, Rosinen und ein paar Bissen Trockenfleisch. Wie alles andere, so erinnert auch das Wetter in den Absarokas an gewissen Tagen an griechische Mythen. Hier regnet es nicht nur. Der Himmel blutet, und sein Lebenssaft besitzt die Farbe von Waffenstahl; große, zerfetzte Wolkenvorhänge schieben sich ineinander, nur um gleich darauf an einer anderen Stelle wieder auseinander zu reißen. Das Donnergrollen lässt die Erde erbeben und wird von den Wänden der Canyons hin und her geworfen. Kaum ist es verklungen, erfolgt schon der nächste dröhnende Paukenschlag.

Als das Gewitter nachlässt, vollführen wir einen heiklen Tanz über ebenso weitläufige wie rutschige Geröllfelder. An einigen Stellen ist das Gewirr von Steinen und Felsbrocken auf die Aktivität von Grizzlys zurückzuführen, die hier nach Mottenlarven gesucht haben. Diese Larven sind fette kleine Kreaturen, wahre Proteinbomben, deren Bäuche die Größe von Geleebohnen haben. Bei Nacht laben sie sich an den alpinen Wildblumen, und am Tage verstecken sie sich in Ritzen, Felsspalten und unter Steinen. Man findet sie überall in den höheren Lagen des Ökosystems; doch nur hier, in den Absarokas, gibt es so viele von ihnen, dass es sich für die

Bären lohnt, den Forellen, Beeren und *bisquitroot* den Rücken zu kehren und in die Tundra zu ziehen. »Es gibt einen bestimmten Platz in einem Bergkessel«, verrät uns der Biologe Kerry Gunther, »an dem ich manchmal neun Grizzlys, aber nie weniger als fünf Tiere gleichzeitig gesehen habe. Im Augenblick arbeitet dort eine Studentin für uns, und sie hat sogar ein ganzes Dutzend Bären beobachtet, die nur ein paar hundert Meter voneinander entfernt gefressen haben.«

Zum großen Ärgernis der Farmer legen die Motten ihre Eier in den bewirtschafteten Feldern des Tieflands ab. Sobald sie aus ihren Puppen geschlüpft sind, fliegen sie ins Hochland und ernähren sich dort von dem Nektar der blühenden Tundrapflanzen, bis sie im Herbst zur Eiablage ins Flachland zurückkehren. Bei den Grizzlys hat sich das schon lange herumgesprochen. Bereits in den 1940er-Jahren haben Bärenforscher über die Schwierigkeiten geschrieben, Grizzlys mit Ködern anzulocken, weil diese im Gebirge waren und sich mit Mottenlarven voll stopften. In diesem Sommer wird ein Forscher, der den Schmelzprozess der Gletscher in der Wind River Range untersucht, Kerry Gunther eine Tasche voll kleiner Fundstücke mitbringen, die aus dem Eis stammen. Darunter werden Fragmente von Motten sein, die Hunderte, ja, sogar Tausende von Jahren alt sind.

Die Tatsache, dass Grizzlys sich auch von winzigen Kreaturen ernähren, von Ameisen bis hin zu Larven und Würmern, konnte man lange nicht mit der allgemein verbreiteten Vorstellung in Einklang bringen, dass große Bären nur große Bissen schlucken. »Es ist schon bemerkenswert«, schrieb der reiselustige Colvin Verplank 1872 über Grizzlys, »dass selbst der große Wilde unseres Kontinents kleiner wird und in unserer Wertschätzung sinkt, wenn wir ihn besser kennen lernen. Was soll man noch sagen, wenn man bemerkt, dass diese mächtige Bestie ihren majestätischen Geist und

Körper in bestimmten Jahreszeiten dazu benutzt, Grashüpfer zu jagen und zu fressen?« Natürlich verköstigen sich Grizzlys auch mit größeren Brocken; im Frühling gibt es junge Wapitikälber, und kurz darauf beginnen die Forellen zu laichen. Mit dem Herbst kommt die Brunftzeit der Wapitis, und in den stark frequentierten Gebieten, wie dem Hayden Valley, werden sich diverse Bullen bei Zweikämpfen verletzen und schließlich ein Opfer der Bären werden. Aber auch wenn Wölfe ein Tier reißen, sind Grizzlys oft nicht weit; manchmal schlagen sie das Rudel in die Flucht und beanspruchen die Mahlzeit für sich. Vor zwei Jahren beobachteten Biologen, wie Wölfe ein Bisonjunges zu töten begannen. Plötzlich mischte sich ein Grizzly ein, der dem Rudel nicht nur die Arbeit, sondern auch die Beute abnahm. Ein anderes Mal war es ein Wapiti, der in der Nähe des Mount Everts vor den Wölfen aufs Eis geflüchtet und dort eingebrochen war. Wieder erschien plötzlich ein Grizzly, der das Tier im Wasser tötete und es ans Ufer zog. Doch all dies ändert nichts daran, dass die mächtigen Braunen einen großen Teil ihres Kalorienbedarfs mit Pflanzen, Larven, Grashüpfern und Motten decken.

Nach einer weiteren Stunde erreichen wir schließlich einen Bergkamm, der hoch über dem North Fork des Yellowstone River liegt. Unser einziges Problem ist, dass wir auf dem Weg ins Tal Abhänge bewältigen müssen, die am Anfang jeweils nur ein leichtes Gefälle aufweisen, dann aber dort, wo die Tundra aufhört, über eine Strecke von 20–30 m beinahe senkrecht in die Tiefe abfallen. Wir probieren es hier und da, laufen hin und her und kratzen uns die Köpfe, bis wir endlich eine Stelle finden, die uns passierbar erscheint. Doch auch hier ist der Abstieg nicht leicht: Da es keinen Pflanzenbewuchs gibt, besteht der Untergrund nur aus lockerer, trockener Erde und kleinen Steinchen, und so findet der Fuß kaum sicheren Halt. Selbst Felsbrocken von der Größe einer Waschmaschine – die man in anderen Teilen der Rocky Mountains nicht von der Stelle rücken könnte – machen den Eindruck, dass sie schon bei der leisesten Berührung in Bewegung geraten könnten. Dieses Gebirge scheint fest entschlossen zu sein, uns auf die eine oder andere Weise zu verunsichern – sei es durch Grizzlys, lockeres Gestein, steile Felswände oder durch Unwetter, die so heftig toben, dass man fürchtet, vom Hochplateau gefegt zu werden. Als wir taumelnden Schrittes einen Platz erreichen, an dem wir unser Nachtlager aufschlagen können, erwische ich mich bei dem Gedanken, dass Menschen sich nur hin und wieder in solche Gegenden begeben sollten. Und derjenige, der sich hierher wagt, sollte Ehrfurcht zeigen und mit den erfrorenen Fingern Opfergaben und Talismane umklammern.

Unser Lagerplatz 250 m über dem North Fork ist das einzige Fleckchen ebener Erde, das wir weit und breit entdecken können. Ob mich nun das Gewitter oder der Knöchel strapazierende Marsch durch die Tundra ausgelaugt hat, ich bin jedenfalls völlig erledigt. LaVoy dagegen ist wieder einmal voll erhabener Gedanken. Und so verkündet er bei einem Teller Suppe den Entschluss, dass seine sterblichen Überreste verbrannt und in der Wüste von Utah verstreut werden sollen. Natürlich müsse er noch mit seinen Kindern über diese Entscheidung reden, erklärt er, was vermuten lässt, dass ihm diese Idee erst hier oben in der dünnen Höhenluft der Absarokas gekommen ist. »Es ist das einzig Richtige, weil es absolut mit allem übereinstimmt, was um uns herum geschieht«, sagt er und deutet auf die Engelmannfichte neben unserem Zelt. »Siehst du den Baum da? Denk mal daran, wie klein er früher war und wie schnell er gewachsen ist. Irgendwann hat er sein volles Potential ausgeschöpft, ist so groß und stark geworden, wie seine Umgebung es ihm erlaubt. Und eines Tages beginnt er, zu verfallen. Irgendwann ist es ein alter Baum, ein bisschen gebeugt von der Last des Lebens. Vielleicht lässt er ein paar Zweige hängen, die zwar immer noch ein wenig Grün aufweisen, doch irgendwann hat er keine Kraft mehr, fällt um und stirbt.«

LaVoy liebt bedeutungsschwangere Pausen; oft sind die Abstände zwischen seinen Sätzen so groß, dass ein Lastwegen bequem hindurchfahren könnte. »Erleichtert dich das?«, frage ich ihn. »Gibt dir das ein Gefühl von Sicherheit, wenn du an deinen eigenen Tod denkst?«

LaVoy grinst unter seinem Vollbart, und als er mir lächelnd antwortet, ist er so ruhig, als würden wir Trockenfleischrezepte austauschen. »Es ist mehr als das«, sagt er. »Ich finde es schrecklich, dass wir immer glauben, wir müssten den Alterungsprozess verzögern oder sogar verhindern – schließlich ist er ein Teil des Lebens. Wir begraben Menschen in Särgen, die mit Blei ausgekleidet sind, weil wir das Unvermeidbare nicht ertragen können. Aber denk an den Baum. Du stirbst und verwandelst dich in etwas Lebloses. Doch bald darauf wirst du wieder ein Teil des Lebens sein.« Auf alle Fälle wirkt LaVoy jetzt sehr lebendig; er grinst immer noch und gestikuliert mit den Händen. »Ein großer Teil des verfallenden Körpers verwandelt sich in Kohlendioxid und Sauerstoff«, doziert er, »und ein Teil davon fliegt in Form von Wassermolekülen womöglich um die halbe Erde. Das Kohlendioxid wird vielleicht von der kleinen Blume aufgenommen, die zu deinen Füßen wächst. Und mit ein bisschen Fotosynthese verwandelt es sich in Zucker, der vielleicht von einem Bären gefressen wird. Das ist wahre Unsterblichkeit, Bruder! Vielleicht kannst du all die Verstorbenen nicht durch diese Organismen sprechen hören, aber sie sind hier und ein Teil der lebendigen Welt. Sie sind mit Sicherheit hier.«

Ich fühle mich, als hätte ich einen Zeitsprung gemacht und würde plötzlich mit John Muir Suppe löffeln. »Die Zerstörung war in Wirklichkeit ein Akt der Schöpfung«, hatte Muir über die Vernichtung der Wälder durch Vulkane geschrieben, die sich nördlich von hier, auf dem Specimen Ridge ereignet hatte. »Es ist Fortschritt, der stattfinden konnte, weil die Schönheit durch den Tod hindurchmarschiert ist.« Der nun folgende Auszug aus LaVoys eigener Kosmologie ist zugegebenermaßen nicht ganz so eloquent; er nennt es die »Alka-Seltzer-Theorie«. »Stell dir vor, das Wasser in einem Glas ist das Universum. Dann stell dir vor, du wärst ein Alka-Seltzer, das sich mit der Zeit in den endlosen Zyklen von Leben und Tod auflöst. Du steigst auf und vermischst dich, wirst ein Teil des Ganzen.«

All diese Offenbarungen scheinen ihn und seine Entscheidung unerschütterlicher gemacht zu haben als je zuvor. »Ich bin ein ganz erbärmlicher Mistkerl«, sagt er. »Ich weiß, dass es so ist. Aber jetzt sprenge ich die Fesseln. Es ist, als wenn ich bei meiner Geburt das Innerste einer Zwiebel gewesen wäre. Im Laufe der Zeit sind dann so viele Schichten um mich herum gelegt worden; durch unsere Kultur, durch Erwartungen von Familie und Freunden. Ich habe mich immer dagegen gewehrt, weil es mich einengt. Es ist nichts anderes als eine Form der Zähmung.«

Wir setzen Wasser auf, um heiße Schokolade zu machen, und beobachten, wie im Westen die Wolkendecke aufreißt und die Sonne durchkommt. »Ich sage dir«, flüstert LaVoy, »wenn es ein Leben nach dem Tode gibt und es besser ist als das hier – ich glaube nicht, dass ich es ertragen könnte.«

Und während wir hier sitzen und philosophieren, ahnen wir nicht, dass sich Kayla zur gleichen Zeit nur ein paar Kilometer weiter südlich aufhält und ebenfalls ein Gipfelerlebnis der besonderen Art hat. Wir erfahren erst davon, als wir wieder in unserer Hütte sind. Sie sitzt auf unserem Regiestuhl und atmet ein paar Mal tief durch die Nase, um ihre Emotionen im Zaum zu halten. Wenn es um Begegnungen mit Grizzlys geht, dann ist Kayla öfter zum Tanz aufgefordert worden als jedes Animiermädchen, doch nie war ihr ein Bär so nahe gekommen wie an jenem Tag. »Es geschah am Morgen«, erzählt sie, »weit von jedem begehbaren Pfad, an der windgeschützten Nordseite eines Waldstücks. Ich war dabei, meine Sachen zu packen, und wühlte gerade im Rucksack, um die Sonnencreme herauszuholen.« Sie legt eine Pause ein, die eine ganze Minute dauert, und atmet nochmals tief durch. »Als ich mich umdrehte, sah ich in einer Entfernung von nicht mal 10 m eine Grizzly-Mutter mit zwei Jungen, die direkt auf mich zustolzierten. Ich habe viele Bären gesehen. Aber ich habe noch nie erlebt, dass bei einer solchen Begegnung mein Leben vor meinem geistigen Auge an mir vorüberzieht.« Dann berichtet sie, dass ihr unabsichtlich ein Schrei entwich, der die Bären dazu veranlasste, anzuhalten und zögernd kehrt zu machen. Als ihr die Wirkung ihres Ausbruchs bewusst wurde, stieß sie noch einen Schrei aus, nicht lauter als der erste, und daraufhin schlenderten die Bären einfach davon.

Als Kayla ihre ersten Ausflüge in die Wildnis unternahm, war sie eine hingebungsvolle Anhängerin der Pfingstbewegung. »Bei meinen Wanderungen in der freien Natur konnte ich beobachten, wie das Leben läuft. Dann kam ich wieder zurück in die Stadt, in die Kirche, und dort schien alles in entgegengesetzter Richtung zu verlaufen. Mir schien die Wildnis echter zu sein.« Es sieht so aus, als wäre eine brisante Begegnung mit einem Grizzly gerade das Richtige, um ein gläubiges Herz wieder zu entflammen. (Jemand hat geschrieben, dass der Grizzly ein Gott des Alten Testaments ist.) Vielleicht ist es auch ein Überbleibsel ihres alten Glaubens, dass Kayla ein Pfefferspray mit sich herumträgt. Trotzdem kommt sie nie in die Versuchung, davon Gebrauch zu machen, und es erübrigt sich wohl auch zu sagen, dass sie nie darüber nachgedacht hat, ein Gewehr mit sich herumzuschleppen – eine Entscheidung, die an der Würde der schießeisenverliebten Cowboys nagen könnte. (Dabei sollten die dem großen Bären auf immer und ewig dankbar sein, denn ohne ihn würden sie vollkommen albern aussehen.) »Sie lügt«, sagt der Outfitter John Henry Lee zu LaVoy, als ob er im Alleinbesitz jeglicher Wahrheit wäre. In seinen Augen sind Kaylas Abenteuer reine Erfindung.

Cavan Fitzsimmons sitzt in Hawks Rest an unserem Tisch; ein schmuddeliger Filzhut thront über seinem jungenhaften Gesicht, in der einen Hand hält er eine billige Gabel und in der anderen ein Taschenmesser. Er wartet darauf, dass sein Steak auf dem Plastikteller vor ihm landet. Der frühere Football-Spieler hat das spitzbübische, gute Aussehen eines Filmstars, ohne dabei eitel zu sein. Neben ihm sitzt der Mann, der für diese Schicht sein Partner ist: Jason, ein dünner, drahtiger Kerl, der sogar noch rußverschmierter ist als die meisten seiner Kollegen. Seine Körpermaße lassen kaum vermuten, dass er sowohl essen kann wie ein Bär als auch unermüdlich und flink mit der Zugsäge umzugehen weiß. »Abgesehen von einer Begegnung mit einer vom Aussterben bedrohten Art hab ich heute alles mitgenommen«, sagt Cavan, und erzählt von der Säge, die sich vor zwei Stunden von einem der Packtiere gelöst hat und dabei kaputtging, von der täglichen Arbeit des Instandhaltens von Wegen, von verschmutzten Camps und von Leuten, die trotz des Verbots Feuer machen. »Ja, ich weiß, dass es verboten ist«, hat einer zu Cavan gesagt, als der ihn am Two Ocean Pass neben einem Lagerfeuer erwischte. »Aber ich dachte nicht, dass Sie mir über den Weg laufen würden.«

Im Thorofare wogt ein Meer aus Testosteron. Bei den Trail Crews zeigt sich das insofern, als sie von dem Ehrgeiz besessen sind, an einem einzigen Tag mehr zu leisten als alle anderen. Cavan Fitzsimmons ist nicht nur ein Workaholic, so behaupten einige, sondern ein echter Fanatiker in Sachen Arbeit. Das mag wohl auch auf Jason zutreffen, der locker mit ihm mithalten kann; doch andere Menschen, die in diesem Sommer mit Cavan zusammengearbeitet haben, hat man schwer atmend murmeln hören, dass er ein verrückter Hund sei. Vor etlichen Jahren, als er ganz allein für das nördliche Ende der Teton Wilderness zuständig war, ist er während jeder Schicht 400 km geritten, um den Outfittern so viel Präsenz wie möglich zu zeigen. In drei Wochen wird seine Freundin ihm als Volontärin acht Tage lang zur Hand gehen. Sally sieht dies als Chance, einmal zu sehen, womit ihr Liebster seinen Lebensunterhalt verdient – doch auch sie wird fast zusammenbrechen.

Vielleicht liegt es an ihrem jugendlichen Alter, dass viele dieser Saisonarbeiter immer noch ein paar Krümel Idealismus in den Hosentaschen haben. Cavan ist der Sohn eines Bundesrichters und Pferdetrainers, und er glaubt, hier etwas bewirken zu können. »Meine Mutter war großartig«, erzählt er bei einem Cocktail aus Wodka und Gatorade und versucht damit die Ursprünge seiner »Das-schaffe-ich-schon-Einstellung« zu erläutern. »Als ich elf war, wünschte ich mir ein Pferd. Doch ich bekam kein Reitpferd, sondern eine Zuchtstute. Meine Mom sagte, ich solle einen Hengst suchen und sie decken lassen, und das hab ich getan. Sie wollte, dass ich mich während der Schwangerschaft um die Stute kümmere und dann das Fohlen aufziehe. Ihrer Ansicht nach musste ich all das erleben, um eine Beziehung zu dem Pferd zu entwickeln und ein guter Reiter zu werden. Irgendwann habe ich dann verstanden, dass man etwas geben, etwas investieren muss, bevor man kriegt, was man will.«

Nachdem ich den Jungs ihre mitgebrachten Steaks gebraten habe, damit sie die Füße hochlegen und sich entspannen können, dauert die Unterhaltung wieder einmal bis Mitternacht. Idealismus hin oder her, auch Cavan gibt zu, manchmal zu kämpfen zu haben – zumindest zu später Stunde, wenn sein Schlafbedürfnis überhand nimmt und er den theoretischen Versuch unternimmt, alles, was für diesen Wald getan werden müsste, mit seinen begrenzten Möglichkeiten als Saisonarbeiter in Einklang zu bringen. Im Herbst tritt die neue Bestimmung in Kraft, nach der das Jagen an einem Salzplatz im Umkreis von 180 m verboten ist. Cavan weiß, dass diese Vorschrift so lange kaum durchsetzbar ist, wie diese Plätze nicht markiert sind, und bisher wissen nur wenige Eingeweihte, wo sie sich befinden. Außerdem, ergänzt LaVoy, ist es den Outfittern nun zwar verboten, an bereits bestehenden Salzplätzen zu jagen, aber was soll sie davon abhalten, neue einzurichten? Doch niemand spricht über das eigentliche Problem: Wie sollen ein paar Männer ein fast 800 km^2 großes Gebiet überwachen und im richtigen Moment auftauchen, wenn Menschen am falschen Ort auf Tiere schießen?

Dass Cavan seinen Job dennoch locker sieht, liegt sicher daran, dass er Sinn für Humor hat. Als wir beim Nachtisch aus Keksen und Schokolade sind, erzählt er von einer Begegnung im letzten Jahr mit einem Mann, der sein Lager direkt neben einem Bach errichtet hatte. Cavan sagte dem Mann, dass er mit seinem Zelt einen Mindestabstand von 30 m zum Wasser einhalten müsse. Daraufhin knöpfte der Kerl seine Pistolentasche auf, ließ den Colt um den Zeigefinger kreisen und grölte: »Ich scheiß auf dich, du Kiefernschwein!«. Als Cavan mit »Kiefernschwein« betitelt wurde, prustete er los; er lachte, bis er Bauchschmerzen bekam, und sein Gegenüber konnte schließlich nicht anders als mitzulachen. Kurz darauf haben die beiden das Zelt gemeinsam ab- und an einer anderen Stelle wieder aufgebaut. Als er anfing, hier zu arbeiten, haben die anderen Ranger zu ihm gesagt: »Glaube nichts von dem, was du hörst, bis du klare Beweise hast« – ein Rat, den er heute selbst gern weitergibt. »Der Umgang mit den Outfittern ist ein Spiel«, erklärt er mir, »nichts anderes als ein Spiel.«

Letzte Woche ist er über ein Camp gestolpert, in dem ein riesiges Feuer brannte. Der Outfitter versuchte es mit faulen Ausreden und erzählte, dass einer seiner Kunden in einen Bach gefallen sei und er ihn nur wärmen wolle. »Das war natürlich Blödsinn«, sagt Cavan, ohne eine Spur von Ärger in seiner Stimme. »Aber man muss sich überlegen, wann und wo es sich lohnt, einen Streit anzufangen. Ich hätte den Outfitter fragen können, welche Kleidung sein Kunde getragen hat und wo er genau ins Wasser gefallen ist, und dann hätte ich noch den Führer ins Kreuzverhör nehmen können. Stattdessen habe ich ein Auge zugedrückt. Man darf die Leute nicht verprellen, indem man zu hart mit ihnen ins Gericht geht.« Diese Haltung unterscheidet sich sehr von Bob Jacksons Einstellung. Aber Cavan sieht Bob als große Hilfe, denn weil es ihn gibt, kann er selbst in einer angespannten Situation das Spiel »Böser Polizist, Guter Polizist« spielen. Bei einigen Outfittern reicht es vollkommen, wenn er sagt: »Na schön, ich werde hier nicht die Bob-Jackson-Nummer abziehen«, und schon wendet sich das Blatt. Doch ich gebe jedem nur eine einzige Gelbe Karte«, sagt Cavan. »Beim zweiten Mal ist er dran.«

Es scheint niemanden zu interessieren, dass auch viele andere Ranger des *Forest Service* – sogar Bob Jackson, auch wenn es kaum zu glauben ist – genau wie Cavan und Jason der Meinung sind, dass eine bessere Überwachung kaum eine Antwort auf alle Probleme in der Teton Wilderness ist. Einigen von ihnen mag es eine Genugtuung sein, hier und da einen Strafzettel zu schreiben, doch eine wirkliche Veränderung wird erst dann eintreten, wenn die Jäger selbst besser informiert und damit bewusster werden, und wenn die Kunden irgendwann damit beginnen, sich im Gegensatz zu ihren Outfittern und Führern an Vorschriften und Bestimmungen halten. Cavan berichtet in diesem Zusammenhang, dass auch die Outfitter immer einsichtiger und somit williger werden, saubere Lagerplätze zu hinterlassen. Er führt dies hauptsächlich auf die Aufklärungsarbeit zurück. »Es hat 15 Jahre gedauert«, sagt er, »aber hier draußen sind 15 Jahre gar nichts.«

Die Männer und Frauen von den Trail Crews sind so wichtig, weil sie zu den wenigen Mitarbeitern des *Forest Service* gehören, die vor Ort arbeiten. Einige sehr engagierte Leute in leitenden Positionen, wie Rob St. John, der Manager der Teton Wilderness, würden für ihr Leben gerne in der freien Natur arbeiten, doch Rob erstickt unter den Papierbergen, die sich auf seinem Schreibtisch auftürmen. Für ihn und den Rest der Bevölkerung sind Leute wie Cavan und Jason ein wahrer Segen, denn sie lieben ihren Job und sind daher bereit, für ein lausiges Gehalt lange Schichten mit Schwerstarbeit zu absolvieren. Natürlich gibt es auch Leute innerhalb der jeweiligen Bezirksverwaltung, denen es ziemlich egal ist, wer draußen in den Wäldern sein Bestes gibt; für sie ist ihr Job nichts weiter als eine Sprosse auf der Karriereleiter. Sie stellen eine Gefahr dar – darin sind sich alle einig –, weil sie immer geneigt sind, Budgets zu kürzen, um zu beweisen, wie knauserig sie sein können, ohne an die Konsequenzen zu denken. Es ist bedauerlich, dass genau dieser Schlag es oft schafft, sich bis an die Spitze hochzuarbeiten, wo maßgebliche Entscheidungen getroffen werden, die das Schicksal der Nationalwälder bestimmen.

Eine solche Gleichgültigkeit gegenüber der Natur war den Burschen, die als erste breitkrempige Hüte in dieser Gegend trugen, fremd. Es waren Männer wie Rudolph »Rosie« Rosencrans, der Anfang des 20. Jahrhunderts als Ranger in dieser Region seinen Dienst absolvierte. Rosie, der als Sohn eines Försters in Österreich geboren wurde, wusste schon als kleiner Junge, dass er den großen Teich überqueren und in das exotisch anmutende Land namens Wyoming reisen würde. Die zündende Flamme loderte während eines Ferienaufenthaltes in Wien auf, als die Familie Rosenkranz gemeinsam Buffalo Bill Cody's Wildwest Show erlebte. Rosie war eines jener Kinder, die ihre Träume nicht einfach unter ihren Kopfkissen begraben können. Als er zum Wehrdienst verpflichtet wurde, entschied er sich für die Marine, weil er hoffte, irgendwann in Amerika von Bord gehen zu können. Als sein Schiff, die »Prinzessin Elisabeth«, nach Einsätzen in China und in der Südsee schließlich im Hafen von San Francisco festmachte, ließ Rosie das Seemannsleben hinter sich, um endlich die Rocky Mountains zu sehen.

Rosie Rosencrans war aus dem gleichen Holz geschnitzt wie Cavan und seine Kollegen, denn auch er konnte schuften wie ein Pferd. Einmal, als er in Wyoming auf einer Ranch am Green River arbeitete, wurde eine große Viehherde durch einen Schneesturm von der Außenwelt abgeschnitten. Man musste die Tiere freischaufeln, um sie zu retten, und dazu waren viele hilfreiche Hände von Nöten. Rosie schnallte sich seine Skier unter die Füße, um die Nachbarschaft zusammenzutrommeln; 27 Stunden lang kämpfte er sich durch den Schneesturm und legte beachtliche 130 km zurück. Dann eilte er zurück zur Herde und schloss sich den Männern an, die sich inzwischen am Unglücksort versammelt hatten. Unermüdlich schwang er die Schaufel, bis die Tiere endlich aus ihrer Notlage befreit waren. Viel schlimmer als die ganze Plackerei, erinnert er sich später, war für ihn, dass die Eigentümerin der Ranch es nie für nötig hielt, auch nur ein einziges Wort des Dankes an ihn zu richten.

Rosie war immer ein Mensch mit einem ausprägten Sinn für Rechtschaffenheit. Auf seiner ersten Reise nach Jackson erfuhr er irgendwann, dass sein Begleiter sich dort niederlassen und seinen Lebensunterhalt als Geldfälscher verdienen wollte. Es kam zu einem Kampf, bei dem Rosie einen Schlag mit einem schweren Revolver auf den Kopf bekam, doch mit klaren Worten und harten Fäusten konnte er seinen Gegner letztlich davon überzeugen, umzukehren und die Stadt in Ruhe zu lassen. Seine Laufbahn als Ranger begann Rosie 1904 mit der Unterzeichnung seines ersten Arbeitsvertrags. Dieser garantierte ihm ein fürstliches Monatsgehalt von 60 Dollar, zwei gute Pferde und die notwendige Ausrüstung. Über weite Strecken seiner Dienstzeit waren es dann nicht Geldfälscher, sondern Wilderer, die Rosie auf Touren brachten, und so hat er auf einige der übelsten Burschen des Westens Jagd gemacht.

Eine der schlimmsten Wildererbanden dieser Region war Anfang des 20. Jahrhunderts die Binkley-Purdy-Isabel-Gang, ein munterer, bunt zusammengewürfelter Haufen aus Einheimischen, die regelmäßig durch den Yellowstone National Park zogen und Wapitis schossen. Die Bande erbeutete Fleisch, Felle und Vorderzähne (so genannte *Tusks*), die sie dann für gutes Geld überall im Westen verkauften. Die Wilddiebe waren sich des Risikos bewusst, von Armee-Scouts geschnappt zu werden, die routinemäßig durch das Hinterland von einer Schneeschuhhütte zur nächsten patrouillierten. Daher zog die Bande es vor, bei schlechtem Wetter mit kleinkalibrigen Gewehren zu jagen, deren Schüsse kaum mehr als 100 m weit zu hören waren. (Mit der Herstellung von primitiven Schalldämpfern haben Ed Binkley und seine Männer diese Taktik noch verfeinert.) Wenn sie es auf Vorderzähne abgesehen hatten, ließen sie einen erlegten Wapiti ein paar Tage liegen, um die Gefahr zu minimieren, einer Patrouille über den Weg zu laufen. Wenn sie dann zurückkehrten, um die Tiere zu zerlegen, schnallten sie sich häufig Bretter unter die Schuhe, an denen Wapitihufe befestigt waren – alles Teil ihrer Bemühungen, Spuren zu verwischen. Einer ihrer gelungensten Streiche gelang ihnen an dem Tag, als Binkley im Büro des Richters Pierce Cunningham auftauchte und behauptete, er habe einen berüchtigten, viel gesuchten Wilderer ausfindig gemacht. Während eine große Schar von Männern dieser heißen Spur nachging, konnten Binkley und seine Bande an anderer Stelle ungestört wildern; mit ihrer Beute flohen sie dann nach Idaho, um von dort aus Felle und Vorderzähne im Wert von 10.000 Dollar nach Los Angeles zu verschiffen. Doch das Glück verließ sie. Der Duft, den die Leinensäcke verströmten, lockte einen kleinen streunenden Hund an; dieser riss einen der Säcke auf und offenbarte ihren Inhalt so der Reederei.

Dank der bemerkenswerten Detektivarbeit, die Rosie im Anschluss über viele Wochen leistete, konnte eine Bundesbehörde schließlich feststellen, dass die ergaunerten Felle und Zähne aus dem Yellowstone Park stammten. Anders als bei der eingeschneiten Herde wurde er diesmal mit Dank überschüttet. »Kein noch so guter Ranger hat jemals eine solche Leistung vollbracht«, lobhudelte die *Pocatello Tribune*, »und nie hat ein geschickterer Mann auf Schneeschuhen oder Skiern so entschlossen und unnachgiebig mit einem gleißenden Schneefeld gekämpft. Er ist stämmig gebaut, hat die Beine eines Herkules, Schultern wie ein Schrank mit einer breiten Brust. Von diesem Schlage ist der Mann, der Purdy und Binkley das Handwerk gelegt hat.« Andere Autoren beschrieben ihn als »Blutsbruder der Grizzlys«, als die Art von ganzem Kerl, »der mit den weit geöffneten Augen jener Männer durchs Leben geht, die vor nichts und niemandem Angst haben«.

Die heftigste Auseinandersetzung seines Lebens hatte Rosie mit ortsansässigen Ranchern wegen der Sturheit, mit der diese Salzblöcke für ihre Rinder auf den Ländereien ausbrachten, die zum National Forest gehörten. Trotz Anweisungen von Seiten der Verwaltung, das Salz gleichmäßig in der ganzen Region auszulegen, um so eine bessere Verteilung der Tiere auf verschiedenen Weideflächen zu erreichen, brachten die Viehzüchter ihre Salzblöcke nur an den Flussufern aus, wie sie es seit Jahrzehnten gewohnt waren. Rosie erklärte den Ranchern immer wieder, dass ihre Tiere bei Anwendung der neuen Methode besser gedeihen würden, aber er hätte auch mit Baumstümpfen reden können. Verärgert sammelte er schließlich selbst die Salzblöcke ein, lud sie auf Pferde und brachte sie an andere Stellen. »Sie haben gesehen, dass es funktioniert«, sagte Rosie Jahre später, »und das hat sie kuriert.« Und wenn er nicht gerade Ranchern gut zuredete oder Wilderern das Handwerk legte, hob er Feuergräben aus, baute Hütten und sogar eine ganze Ranger-Station. Und einmal vertäute er sich mit einem furchtsamen alten Arzt und brachte diesen durch einen Hochwasser führenden Fluss zur Hütte einer Frau, die in den Wehen lag.

Im Jahre 1913 ritt Rosie eines Tages einen Hügelkamm oberhalb des Thorofare Creek entlang, als er eine große Gruppe von Männern am Flussufer entdeckte. Er entschied sich, den Weg nach unten zu nehmen und die Reisenden zu begrüßen. Unter ihnen befand sich ein älterer, vornehm aussehender Herr mit weißem Haar. Rosie konnte es kaum fassen, aber ein Irrtum war ausgeschlossen: Vor ihm stand Buffalo Bill Cody, der Held seiner Kindheit. Cody und seine Führer hatten vergeblich nach dem Blind Basin gesucht. Es war ihr Glück, dass sie mit Rosie einen Mann getroffen hatten, der jeden Stein und jeden noch so kleinen Schlupfwinkel dieses Landstriches kannte, und der mehr als gern bereit war, sie zu ihrem Ziel zu führen. »Nie habe ich eine Reise mehr genossen«, sagte Buffalo Bill später. Er war von seinem neuen Führer so begeistert und ihm so dankbar, dass er ihm bei seiner Rückkehr ins Camp anbot, er dürfe sich als Andenken irgendetwas aussuchen, was ihm gefiele. Die Männer staunten nicht schlecht, als der Forest Ranger um eine Locke von Codys Haar bat. Diese Bitte überraschte selbst den alten Hasen des Showgeschäfts; er trat für einen Moment beiseite und dachte nach. Schließlich griff Buffalo Bill in sein dichtes Haar und bot Rosie ein paar gelockte Strähnen an, worauf dieser sein Messer zog und sie ihm vorsichtig vom Kopf trennte.

Lokale Historiker meinen, dass es eine Kombination aus verschiedenen Faktoren war, die Rosies Augenlicht mit der Zeit stark schwächten: das Führen von Tagebüchern, das Zeichnen von detaillierten Landkarten – beides geschah oft bei schlechtem Licht –

und einige intensive Attacken von Schneeblindheit. Als er auf die 60 zuging, war sein Sehvermögen so stark eingeschränkt, dass er, obwohl er immer noch für zwei arbeiten konnte, den Dienst beim *Forest Service* quittieren musste. Der schließlich völlig erblindete Ranger lebte noch weitere 42 Jahre in einer kleinen, von Bäumen umgebenen Hütte in einer Seitenstraße im Zentrum von Jackson.

Kapitel acht

Die Trail Crews sind weitergezogen, und die Cowboys sind zurückgekehrt. Heute lümmelt Bob in unserem alten Regiestuhl, ein lakonischer Bursche um die 25. Bei einer Tasse Kaffee berichtet er von einem Ausflug bei Vollmond am gestrigen Abend. Gegen 10.30 Uhr hatte er ein paar Pferde eingekreist, die getürmt waren, um sich auf einer Weide am Senecio Creek den Bauch voll zu schlagen. Als er sie zurück ins Camp bringen wollte, stand plötzlich ein mächtiger Grizzly auf dem Weg, und die Pferde, die er an der Leine führte, machten sich panisch in die entgegengesetzte Richtung aus dem Staub. Bob kämpfte um sein Leben, als er versuchte, nicht von der Führleine erfasst zu werden. »Ich hab diesem Bären alle möglichen Ausdrücke an den Kopf geworfen«, sagt Bob und schüttelt den Kopf. »Aber er hat mich nur angestarrt, und irgendwann ist er weggerannt.«

Es gibt wenig Fische, dafür aber viele Wapitis, erzählt Bob, und dann sagt er, dass die Jagdsaison bestimmt wieder sehr gut wird. Diesbezüglich sieht es im Gallatin National Forest, der im Norden an den Park grenzt, ganz anders aus. Jahrelang zählte er zu den besten Wapiti-Jagdgebieten des Landes – gleich nach dem Thorofare. Tatsächlich werden von allen in Montana erlegten Wapitis 55 % in Jagdbezirken geschossen, die an den Yellowstone Park angrenzen. Es gab Jahre, in denen sich die Outfitter im Gebiet des Gallatin mit 80%igen Abschussraten brüsten konnten, doch in letzter Zeit sind die Zahlen nicht halb so gut. Natürlich machen viele den »Teufel« Wolf dafür verantwortlich, doch die Rudel spielen diesbezüglich nur eine kleine Rolle. Die nördliche Region bietet das ganze Jahr über eine gute Lebensgrundlage für große Wapitipopulationen, und daher leben dort auch viele Raubtiere – nicht nur Wölfe, sondern auch Pumas, Kojoten, Schwarzbären und Grizzlys. »Wenn man die Tötungsrate pro Rudel berechnet«, sagt der Biologe Doug Smith, »dann bleibt diese in allen Gebieten ziemlich konstant. Aber im Gallatin gibt es weitaus mehr Wapitis als im Thorofare.«

Einige Forscher glauben, dass die Zahl der im nördlichen Territorium lebenden Wapitis die Kapazitäten dieser Region fast übersteigt. Wird der kritische Punkt überschritten, dezimiert sich eine Population auf natürliche Weise – ein dynamischer Prozess, bei dem die Dichte als Regulationsfaktor wirkt. Steigt die Zahl der in einem Gebiet lebenden Wapitis zu stark an, setzen die Kühe nicht mehr so viel Fett an und bringen weniger Kälber zur Welt. Die Tiere, die geboren werden, tendieren dazu, ebenfalls immer weniger Nachwuchs zu produzieren, was bedeutet, dass die Bestände weiter schwinden. Zudem hatten die Wapitis in den letzten vier Jahren mit diversen Dürreperioden zu kämpfen, und dieser Umstand greift die Gesundheit aller wild lebenden Tiere an. Solche Erklärungen scheinen weitaus plausibler zu sein als der Versuch, das Schrumpfen der Wapitipopulationen den Wölfen zuzuschreiben. Dies wird besonders deutlich, wenn man in Betracht zieht, dass die Zahl der Kälber pro Herde auch in den Teilen Montanas gesunken ist, in denen es keine Wölfe gibt. Doch das sind nicht die Ursachen dafür, dass es immer weniger Jäger in die Regionen nördlich des Parks zieht. Zum Teil liegt es wohl eher daran, dass viele der Bäume, die in den Bränden von 1988 verbrannten, inzwischen umgestürzt sind. Als Folge dessen haben immer weniger Leute Lust, die Wege zu verlassen und dem Wild zu folgen. Außerdem hegen einige Sportsmänner eine große Abneigung gegen den Gedanken, sich eventuell mit einem Grizzly um ihre Beute streiten zu müssen.

Kurz nachdem der Cowboy Bob sich in den Sattel geschwungen hat und davongeritten ist, erscheint ein berühmter Namensvetter – der Ranger Bob Jackson aus dem Yellowstone Park. Er fragt mich, ob ich Lust hätte, ihn bei der Suche nach illegalen Salzplätzen zu begleiten. Im letzten Sommer hatte der Student Dustin Walters ein paar solcher Plätze entdeckt, als er seine Abschlussarbeit über Erneuerungsprozesse in der Pflanzenwelt schrieb und in diesem Zusammenhang Untersuchungen im Thorofare anstellte. Ich hatte bereits beschlossen, mich mit Walters Arbeit auseinander zu setzen, da ich über einen viel sagenden Eintrag im Logbuch unserer Hütte gestolpert war: »Als ich mich des Salz-Themas annahm, dachte ich, es wäre nichts weiter als ein Forschungsprojekt im Rahmen einer Abschlussarbeit«, schrieb er im August 2000. »Doch nachdem ich im Hinterland mit ein paar Leuten gesprochen hatte, wurde mir bewusst, dass es sich um ein brisantes Politikum handelte. Ich bete darum, dass ich im September nicht von Outfittern erschossen werde.«

Am nächsten Morgen brechen wir zu Fuß auf. Wir gehen querfeldein; unser Ziel ist die steile Rückseite des Hawks Rest, wo wir im Gebiet des hohen Felsgrats oberhalb des Thorofare Creek nach Salzplätzen Ausschau halten wollen. Wir haben kaum 3 km zurückgelegt, als ein scheußliches Unwetter von Westen heraufzieht und wir kurz darauf mit Wagenladungen von kieselsteingroßen Hagelkörnern bombardiert werden. Dieses Gebiet ist vollkommen verbrannt, und so finden wir kaum Schutz. Als wir endlich eine kleine Gruppe von Drehkiefern sehen, verkriechen wir uns dort, essen ein paar Bissen und versuchen, uns zu unterhalten. Aber der Hagel prasselt auf unsere Umhänge und die Schirme unserer Mützen, und der dabei entstehende Lärm ist so groß, dass wir brüllen müssen, um uns zu verstehen. Die Körner reißen den Astern und Weidenröschen die Blütenblätter von den Köpfen und rollen dann in Rinnen, die innerhalb von 20 Minuten 5 cm hoch mit Eis gefüllt sind. Als der Schauer etwas nachlässt, beginnt Bob, ein paar gute Geschichten zu erzählen. Einmal saß er nachts völlig still in einem Wald, um Wilderern aufzulauern. Doch statt ihnen kam ein Grizzly, der ihm ins Gesicht starrte.

Bob erzählt, dass er mit seinen Gedanken schon in der Wildnis war, lange bevor er das erste Mal einen Fuß in den Yellowstone Park setzte. Bereits als Kind sei er an allem interessiert gewesen, was mit der Natur zu tun hatte. Seine Klassenkameraden in Iowa waren so verwundert über die große Begeisterung, mit der sein älterer Bruder und er jagten, angelten und Fallen stellten (Letzteres machten sie jeden Morgen um 5:30 Uhr auf dem Weg zur Schule), dass die beiden bald »die großen weißen Jäger« genannt wurden – ein Spitzname, der sogar Eingang in das Jahrbuch der High School fand. Konsequent ihren Neigungen folgend, studierten letztlich alle drei Jackson-Brüder Biologie in Iowa; nach Abschluss des Studiums absolvierte Bob den Eignungstest für die staatliche Laufbahn, erzielte gute Noten und landete schließlich im Yellowstone Park – zunächst als saisonal Beschäftigter im *Bureau of Sport Fisheries* und später beim *Park Service* als *Fire Guard* im Bezirk des Yellowstone Lake.

Es war lange Zeit sehr schwierig, einen Vertrag als Ranger im Park zu bekommen, doch in den 1970er-Jahren war es fast unmöglich. Das lag teilweise daran, dass bei der Babyboomer-Generation ein großes Interesse an Jobs bestand, die mit dem Umweltschutz zu tun hatten. Zum anderen überflutete in dieser Zeit eine große Welle von Kriegsveteranen den Arbeitsmarkt, und wie heute wurden auch damals Veteranen im Ausleseprozess vorgezogen. Doch seine Vorgesetzten waren sehr beeindruckt von dem Farmerjungen aus Iowa – von seinem Engagement, seinem Pferdeverstand und seiner Fähigkeit, selbstständig zu arbeiten. Dann bewarb sich der damalige Superintendent Jack Anderson um einen der fünf Verwaltungsposten pro Jahr, die sonst nur an Senatoren und andere große Tiere vergeben wurden, und nutzte seine Stellung dann, um Jackson einen Job als Ranger im Hinterland zu verschaffen – ein Engagement, das heute vergessen scheint.

Als sich das Unwetter verzieht, wird es kalt. Die Temperaturen liegen jetzt bei 5 °C. Während des Aufstiegs an der Rückseite des Hawks Rest stapfen wir die ganze Zeit über schmelzende Hagelkörner, und während wir uns rutschend und schlitternd vorankämpfen, wird unsere Unterhaltung wieder von Bobs Hauptthema bestimmt. Er kennt unzählige Geschichten über Outfitter, die sich irgendwelcher Vergehen schuldig gemacht haben. Bob hat im Laufe der Jahre eine ganze Reihe von Kerlen geschnappt, die sich als Wilderer versucht haben, und unter ihnen waren auch ein oder zwei Outfitter. Er hat dafür gesorgt, dass es inzwischen sogar illegal ist, zerlegte Waffen mit in den Park zu nehmen, und er war auch die treibende Kraft, die zur Änderung einer Vorschrift geführt hat, die den Jägern das Verfolgen von verwundeten Tieren in das Gebiet des Parks nicht länger erlaubt. »Ich habe Leute getroffen, die blutige Schneebälle bei sich hatten«, erklärt er mir. »Sie haben den Schnee in ihrer Hand schmelzen lassen und so künstliche Blutspuren gelegt. Dann haben sie behauptet, dass sie ein Wapiti außerhalb des Parks angeschossen hätten und dass sich das Tier über die Grenze geflüchtet hätte – und dabei haben sie auf das Blut im Schnee gedeutet, das ihre Geschichte beweisen sollte.« Irgendwann lasse ich die Bemerkung fallen, dass einige dieser Tricks ganz schön gerissen anmuten, aber Bob will nichts davon hören. »Blödsinn«, sagt er, »das sind Gesetzesbrecher. Wenn ich jemanden beim Wildern schnappe, dann gibt es kein versöhnliches Getue und keine Höflichkeitsfloskeln. Tatsache ist, dass ich mich im Recht befinde und sie ein Unrecht begangen haben.« Bob Jackson ist von dem Thema Wilderer besessen; leidenschaftlich verfolgt er sie über Stunden und Tage, durch

Schnee, Graupel und Hagel. »Ich muss alles über diese Leute wissen. Wenn ich reite, kreisen meine Gedanken unaufhörlich um sie. Man muss alles in Betracht ziehen – zum Beispiel das, was sie als Kinder in *Outdoor Life* gelesen haben, die romantischen Vorstellungen, die sie immer noch haben, wenn sie heute auf die Jagd gehen.« (Bob erinnert sich, dass er selbst von den Anzeigen in dieser Zeitschrift fasziniert war, die Leser dazu inspirieren sollten, sich als staatlicher Trapper zu verdingen und dann nach Herzenslust zu jagen, zu angeln und Fallen aufzustellen.) Wenn er einen Wilderer stellt, werden sie fast ausnahmslos ganz reumütig. »Dann sitzen sie tränenüberströmt da – alle, außer Nate natürlich. Ich reiche ihnen wortlos Stift und Papier, sie schreiben ihr Geständnis, unterzeichnen es, und das war's.«

Wir sind fast auf dem Bergrücken, als die Wolkendecke aufreißt, und mit dem Wetterumschwung bekommen auch Bobs Geschichten einen anderen Klang. Er berichtet, dass er erlebt hat, dass sogar Ranger und Aufseher sich »unters Volk« mischen und mit Outfittern verbrüdern, denn – ob diese nun gut, schlecht oder irgendetwas dazwischen sind – letztlich sind sie es, die hier den Ton angeben. »Die Ordnung ist immer auf der Jagd nach dem Chaos«, sagt Bob, als er nach einem kräftigen Schluck seine Wasserflasche verschließt. »Aber in Wahrheit ist es ein schönes Gefühl, mit den Jungs am Feuer zu sitzen, mit ihnen zu trinken und ein bisschen zu quatschen. Dir wird in einer kalten Nacht etwas zu essen und eine Tasse heißer Kaffee angeboten, dein Pferd wird neu beschlagen, und dann gehst du zurück zu deiner Hütte und liest Louis L'Amour.« Andererseits behauptet Bob, dass die Menschen sich danach sehnen, dass die Ordnung aufrecht erhalten wird. Wenn er damit Recht hat, muss man sich fragen, wie sich langfristig die Tatsache auswirken wird, dass er so wenig Rückhalt hat – die meisten Outfitter hassen ihn, und von Seiten des *Park Service* erfährt er kaum nennenswerte

Unterstützung. Zweifellos schafft er es noch immer, sich durchzusetzen (unter den Mitarbeitern des *Park Service* geht das Gerücht um, dass Bob Jackson, solange er die Senatoren Baucus und Grassley auf seiner Seite hat, unantastbar ist), doch mich beschleicht das Gefühl, dass ihn seine Arbeit nicht mehr so befriedigt wie früher. Seit der *Park Service* sich von ihm distanziert hat, so gesteht er ein, »macht es keinen Spaß mehr«.

Bobs Vision von Recht und Ordnung gründet sich auf Strukturen, die sich vor vielen Jahren in seinem Kopf gebildet haben, als auch seine Leidenschaft für die Natur entflammte.

Seine Vorstellungen von guten und schlechten Menschen und von dem, was richtig und was falsch ist, haben sich nicht nur in den Jahrzehnten geformt, in denen er im Hinterland Dienst tat – sie basieren auch auf Erfahrungen, die er in den grünen Feldern von Iowa gemacht hat. Die Kinder der Familie Jackson wurden zum Teil gehänselt, weil sie die Kleidung älterer Geschwister oder anderer Verwandter auftragen mussten. Bobs Vater war nicht arm, doch mit seinem bescheidenen Einkommen ermöglichte der Farmer seinen fünf Kindern lieber das College, als dass er es für modische Schulkleidung ausgab. Bobs legasthenische Schwester und einer seiner Brüder, der mit einer Gaumenspalte geboren war, sahen sich zusätzlichen Schikanen ausgesetzt, und Bob stand ihnen nur zu gern zur Seite. »Es war nicht fair«, kommentiert er seine Haltung, »ich konnte das nicht dulden.« Jahre später erschien es ihm ganz natürlich, seinen Beschützerdrang nun auf die Tiere des Yellowstone zu übertragen. »Alles ist ein Teil des ewigen Kreislaufs des Werdens und Vergehens. Je länger man in der Wildnis ist, desto mehr wird einem bewusst, dass man ein Teil davon ist, nur ein Stück von dem größeren Ganzen.« Bob stößt allgemein auf taube Ohren, wenn er beim Salz-Thema einen grundlegenden Mangel an Respekt beklagt – nicht nur gegenüber dem Grizzly oder dem Wapiti, sondern auch gegenüber den Kunden, denen eine echte, abenteuerliche Jagd vorgegaukelt wird, welche in Wirklichkeit kaum mehr ist als eine Hatz, die in einem großen Zoo ohne Zäune stattfindet. »Selbst den Führern wird ihre Würde genommen«, sagt Bob, »wenn ihre Bosse sie anweisen, das Gesetz zu brechen, indem sie Salzblöcke auslegen müssen, und jedes Mal, wenn sie helfen, den ganzen Schwindel zu inszenieren.«

Man mag der Ansicht sein, dass Bob sich auf einem heroischen Kreuzzug befindet und ihn – wie Frank Clifford in einem Artikel in der *Los Angeles Times* – mit dem »Lone Ranger«, dem einsamen Hüter von Tier und Natur, vergleichen; andere werden sich vielleicht seinem Vorgesetzten anschließen, der sich gegenüber einem Journalisten aus Missoula derart vergriffen hat, dass er Jackson als »unzurechnungsfähig« bezeichnete. Die Motive für sein Denken und Handeln entspringen in jedem Fall einer Reihe von lauteren Prinzipien. (Im Herbst diesen Jahres hat jemand via Internet in einem Yellowstone Chat Room darüber spekuliert, ob Bob nicht in Wahrheit mit den Wilderern unter einer Decke stecke. Ich versichere Ihnen, dass er sich eher dass Leben nehmen würde.) Doch seine Prinzipien sind die Grundsätze eines zunehmend einsamen Mannes, der in einer einsamen Gegend arbeitet; er ist in die Art von Alleinsein gehüllt, die es schwer machen kann, einen wirklichen Gauner von einem Fantasiebild zu unterscheiden. »Ich muss das im Blick behalten«, hat er einmal zu mir gesagt. »Ich muss mir klar sein, warum ich etwas tue, wie mein geistiger Zustand ist. Andernfalls wird man nur noch zu einem Produkt seiner Umgebung.«

Bobs Auseinandersetzungen mit den Outfittern werden manchmal auch dadurch geschürt, dass er kaum eine spektakuläre Geschichte überhören kann. Es ist zweifellos wahr, dass Outfitter illegal Grizzlys getötet haben, und es vielleicht immer noch tun. Aber er hat LaVoy und mir mehrmals von Grabstätten berichtet, von

»Grizzly-Friedhöfen«, die es überall in der Wildnis geben soll. Vor zwei Wochen haben LaVoy und ich auf einer Wanderung nach einem gesucht, der sich angeblich hinter dem Camp eines gewissen Outfitters befinden sollte, aber wir haben nicht die geringste Spur eines Beweises gefunden. Und, nebenbei gesagt, wenn tatsächlich Bären in der Teton Wilderness beerdigt wurden, könnte man sie ja auch einfach wieder ausgegraben. Kurz gesagt, wenn Bob etwas Negatives über Outfitter hört, ist er sofort bereit, es zu glauben; und die Outfitter glauben ihrerseits jeden Unsinn, den man ihnen über Bob erzählt. Vielleicht zeigt das nur, dass jeder, der viel Zeit in der Wildnis verbringt, früher oder später zu einem fantasievollen Geschichtenerzähler wird.

Wie tief die Verachtung ist, die Bob für Outfitter empfindet – zumindest für die Art und Weise, wie sie sich im Thorofare verhalten –, wurde an einem regnerischen Nachmittag deutlich, als sein Partner Frank Deluka eine Pause in unserer Hütte einlegte. Wir hatten diesen stämmigen, breitschultrigen, 33 Jahre alten Burschen das erste Mal am nordöstlichen Zipfel des Yellowstone Lake, am Ninemile Trailhead, getroffen. Frank befindet sich beim *Park Service* noch auf den unteren Sprossen der Karriereleiter, doch er ist auf dem Weg nach oben – langsam, ohne jegliche Hast, wie jemand, der mit seinen Einkäufen geruhsam nach Hause schlendert, weil nichts und niemand auf ihn wartet. Der frühere Feuerwehrmann aus New Jersey hat ein Lächeln im Gesicht, das Gelassenheit signalisiert, und gleichzeitig zieht er dabei eine Augenbraue nach oben. Er ist ein guter Kerl, der immer bereit ist, zuzuhören, dabei aber weiß, dass die Hälfte von dem, was man ihm erzählt, wahrscheinlich frei erfunden ist.

Frank neigt selbst hier und da ein wenig zum Flunkern. Zum Beispiel, wenn er Outfittern erzählt, er stamme nicht aus New Jersey, sondern aus Pindale in Wyoming – aus der Stadt, für die er einst als saisonal beschäftigter Ranger gearbeitet hat. Frank sagt, dass dieser kleine Schwindel seine Chancen verbessern soll, ernst genommen zu werden. Seinen New-Jersey-Akzent begründet er damit, dass er dort zur Schule gegangen sei. Frank meint, dass die Outfitter einen dahergelaufenen Kerl von der Ostküste, der so gut wie nichts von Pferden versteht und ihnen sagen will, wie sie ihre Arbeit machen sollen, nicht ernst nehmen würden. Und dann berichtet er von einem jungen Ranger Anfang 20, der kaum reiten kann und mit seinen langen Haaren und seiner modischen Brille »nicht wie ein Ranger, sondern eher wie ein Techno-Jünger aussieht«. Dieser Grünschnabel ist kürzlich zu einem Outfitter geritten und hat ihm gesagt, er solle seine Pferde öfter mit Insektenschutzmittel besprühen, damit sich sie sich nicht so oft auf der Erde herumrollen und dabei den Boden aufwühlen und Pflanzen zerstören. Dabei hatte er die Tatsache übersehen, dass sich Pferde und Mulis, ob mit oder ohne Insektenschutz, einfach gerne auf dem Boden räkeln. Wie auch immer, der junge Ranger wollte gerade sagen, dass er diesmal ein Auge zudrücken und keinen Strafzettel schreiben würde, da geriet der Outfitter in Rage und machte dem Burschen lautstark klar, dass er gefälligst aus seinem Camp verschwinden und sich nie wieder blicken lassen sollte. Immer noch wutschnaubend, verlangte der Beschuldigte ein paar Tage später vom District Ranger, er solle den Grünschnabel feuern. »Wenn man aber aus Wyoming stammt«, schließt Frank seine Argumentationskette, »hat man gleich ein paar Pluspunkte auf ihrem Konto.«

Als Frank Deluka im vorigen Jahr den *Forest Service* verließ, um eine Stellung als saisonaler Gesetzeshüter im Yellowstone Park zu bekleiden, ahnte er nicht, dass er den größten Teil des Sommers im Thorofare verbringen würde, die meiste Zeit unter der Vormundschaft von Bob Jackson. In mancher Hinsicht könnten die beiden kaum unterschiedlicher sein: Frank, der mit seiner lockeren, unverbissenen Sichtweise höchstens eine gelegentliche Verwarnung schreibt, und Bob, der keine Gefangenen macht. »Ich glaube nicht, dass Bob jemals einen Outfitter getroffen hat, der ihm sympathisch ist«, meint Frank. »Er nimmt einen Umweg von 10 km in Kauf, um eines ihrer Camps zu inspizieren. Wir sollen jeden Outfitter einmal pro Jahr schriftlich beurteilen. Doch er schreibt jedes Mal eine Beurteilung, wenn er einem von ihnen begegnet.«

Bob glaubt hingegen, dass ein aggressives Auftreten das Einzige ist, was bei diesen Leuten Wirkung zeigt. »Man muss sich darüber im Klaren sein, mit wem man es zu tun hat«, sagt er, als wir heute unterwegs sind. »Einmal habe ich zu Fuß meine Runde gemacht, da kam mir ein Outfitter entgegen. Er gab seinem Pferd die Sporen und raste direkt auf mich zu, aber ich bin keinen Millimeter zur Seite gewichen. Er kam mir so nah, ich hätte ihn aus dem Sattel reißen können, und dann brüllte er: »Eines Tages wird dich jemand erschießen, Jackson!« Doch Bob war schlagfertig: »Dann sollte er beten, dass er mich mit der ersten Kugel erwischt.« Es gab weitere Drohungen, weitere Untaten. Zweimal hat man versucht, seine Pferde zu vergiften – einmal mit Erfolg, doch ohne tödlichen Ausgang. Ein andermal wurden bei Nacht Stacheln von Stachelschweinen an der Stelle ausgestreut, wo sich seine Mulis wälzen. »Es ist wie beim Football oder bei irgendeiner anderen Sportart«, meint Bob. »Man muss seinen Energielevel erhöhen, sein ganzes Potential entfalten.« Offen räumt er ein, dass diese Einstellung nicht unproblematisch ist, weil sie mit einer behördlichen Richtlinie kollidiert, nach der die Ranger für ein harmonisches Miteinander sorgen sollen. »Die haben keine Ahnung, was hier draußen los ist. Die Outfitter werden uns nie respektieren, weil sie sich selbst auf der anderen Seite des Zauns sehen. Ihr Weltbild ist ganz anders als meins. Ich mag die Konfrontation nicht, aber das ist der einzige Weg, um zu überleben.«

Frank Deluka verteidigt Bob eher, als dass er ihn kritisiert und hält ihm sein enormes Wissen und seine große Erfahrung zu Gute. Seiner Meinung nach ist es eine Schande, wie schnell einige Mitarbeiter des Parks ihm den Rücken gekehrt haben. »Einige behaupten, dass Bob lügt, wenn er sagt, dass er schon fast 30 Jahre im Thorofare arbeitet. Letzte Woche habe ich in alten Logbüchern geblättert, um zu sehen, was 1969 dort los war, in dem Jahr, in dem ich geboren bin. Und da habe ich einen Eintrag von Bob und einem anderen Ranger gefunden, die dort auf Patrouille waren und nach Wilderern Ausschau hielten. Andere im Park«, so erzählt Frank weiter, »Leute, die ziemlich hohe Positionen bekleiden, reden geringschätzig über Bobs Bemühungen, Wilddiebe aufzuspüren; sie sagen, dass heutzutage kaum noch im Thorofare gewildert wird. Doch«, fügt Frank hinzu, »auch diesbezüglich erzählen die Logbücher andere Geschichten. Ich weiß nicht«, sagt er nachdenklich, »ich schätze Traditionen, so wie die meisten Feuerwehrleute. Wenn jemand kommt, der eine neue Feuerwache bauen will, dann lehnen wir uns mit aller Kraft dagegen auf. Wir wollen die alte Wache erhalten, das Backsteingebäude mit den Wasserspeiern auf dem Dach. Den meisten Leuten hier im Yellowstone scheint die Tradition ziemlich egal zu sein. Was in der Vergangenheit war, spielt keine Rolle; wichtig ist nur, was heute in ihrem Aufgabenbereich passiert. Bob hat viel für die Tradition des Parks getan. Und jetzt will keiner etwas mit ihm zu tun haben.«

Es ist fast Nachmittag, als Bob und ich auf einem hohen Berggrat stehen, einige hundert Meter über dem Thorofare Creek. Wir blicken auf die nahe gelegene Flanke von The Trident, welche die südliche Grenze des Yellowstone National Park bildet. Jedes Flussbett, jede Einzelheit, ruft in Bob eine Geschichte wach. »Siehst du den hohen Felsen oberhalb der Klamm dort?«, fragt er mich und deutet mit seinem Arm quer über das Tal. »Das ist der Aspen Creek.

Ich habe dort zwei Kerle geschnappt, die einen Wapiti mit Blei vollgepumpt hatten – sie haben aus einer Entfernung von gut 800 m auf das Tier geschossen. Jetzt geh mal zwei Flüsse höher. Das ist der Cat Creek; er wurde so genannt, nachdem ich Nate Vence geschnappt habe, als er einen Puma gewildert hatte. Etwas westlich davon ist die Gegend, in der Jack Kincaid einen blutigen Schneeball aus seiner Tasche zog. Und gleich dahinter, da, wo der Escarpment Creek entspringt, wurde einer von John Billings Führern dabei überrascht, als er im Parkgebiet einen Wapiti geschossen hat.« Und so geht es weiter. Die südöstliche Region des Parks ist für ihn eine Art persönliches Register, in dem alle Scharmützel eines Vierteljahrhunderts verzeichnet sind. Während ich hier stehe, dämmert mir, dass jeder Outfitter, dessen Revier sich entlang der südlichen Parkgrenze befindet – vom Oberlauf des Thorofare Creek bis hin zum Fox Park –, es irgendwann einmal erlebt hat, dass er oder einer seiner Mitarbeiter wegen eines schwerwiegenden Delikts, meist wegen Wilderei, bestraft worden ist. Bob behauptet, dass die Wilderei eine Art Aufnahmeprüfung ist, ein Ritual, das vollzogen werden müsse, damit man im Club willkommen geheißen wird. Ich bin mir nicht ganz sicher, ob er damit nicht Recht hat.

Als wir die Wiesen unterhalb des Thorofare Plateaus erreichen, ist es schon spät am Nachmittag. Wir folgen nicht nur den Spuren des Studenten Dustin Walters, sondern orientieren uns auch an den kleinen Punkten auf einer Landkarte, die ein Führer gezeichnet hat, der zum einen für einen Outfitter arbeitet, und zum anderen als Scout für den *Park Service.* Nachdem wir eine kurze Strecke querfeldein gegangen sind, treffen wir auf einen Nebenweg, der absolut frei von wucherndem Pflanzenwuchs und ausladenden Ästen ist. Diese Arbeit wurde eindeutig nicht mit Zugsägen erledigt, wie es hier vorgeschrieben ist, sondern mit Kettensägen. Plötzlich wird mir klar, warum gewisse Führer immer so sehr darauf erpicht waren, von mir zu erfahren, in welchem Gebiet sich die Trail Crews in der nächsten Woche aufhalten werden. »Einmal hat einer tatsächlich einen Generator in den Park gebracht«, berichtet Bob. »Er hat zwei große Zelte aufgestellt, eins über das andere, und um den Lärm noch mehr zu dämpfen, hat er einen Auspuff zusammengeschustert und die Abgase in einen großen Wassereimer geleitet. Und dann hat er mitten in der Nacht, wenn niemand in der Nähe war, mit einer elektrischen Kettensäge Feuerholz gemacht.«

An der Ostseite der ersten Wiese entdecken wir einen kreisförmigen Salzplatz mit einem Durchmesser von etwa 25 m. Überall finden sich Wapitispuren, die meisten sind erst nach dem Unwetter von heute Morgen entstanden. Entlang des Randes hat man drei Löcher gebuddelt; ihr Umfang entspricht der Größe eines Mülltonnendeckels, und sie sind 15 bis 20 cm tief. Ich befeuchte meine Finger und probiere etwas Erde. Sie schmeckt stark nach Salz, aber es ist schwer zu sagen, wann es hier ausgebracht wurde. (Je nach Bodenbeschaffenheit kann Salz sehr lange im Boden bleiben; die Wapitis fressen sich durch gewaltige Mengen von Erde, um daran zu kommen.) Von hier aus arbeiten wir uns weiter in östlicher Richtung auf eine noch größere Wiese vor und finden dort, inmitten von verbrannten Baumstämmen, den König aller Salzplätze – zwei stark zertrampelte Kreise, die zusammen etwa 45 m lang und 18 m breit sind. Auch hier finden sich viele Wapitispuren, die meisten haben Kühe und Kälber nach dem Hagel von heute Morgen hinterlassen. Bob steht unter Hochspannung, er ist begeistert. Mit seiner Stiefelspitze scharrt er SALZ! in den Boden, die einzelnen Buchstaben sind über einen halben Meter hoch. Er sagt, wir sollten herausfinden, ob und von wo aus hier auf die Tiere geschossen wird, und so verbringen wir gut eine Stunde mit der Suche nach Projektilen, Patronenhülsen und Initialen, die gelangweilte Jäger in Bäume geritzt haben könnten.

Auf dem Rückweg entdecken wir noch einen Pfad, der mit Kettensägen geebnet wurde. Er führt auf das Thorofare Plateau hinauf, wo vermutlich noch weitere Salzplätze zu finden sind. Doch es ist Abend geworden, und da nach Einbruch der Dunkelheit das Risiko steigt, auf einen Bären zu treffen, verzichten wir auf die Erkundung dieses Terrains. Während wir von dem Felsmassiv, das hinter dem Hawks Rest aufragt, absteigen, entdecken wir unter uns auf einer Wiese, dicht am Thorofare Creek, einen verräterischen Kreis. »Das muss der Salzplatz sein, von dem mir private Jäger erzählt haben«, meint Bob, als er mit seinem Fernglas ein kegelförmiges Loch von über einen Meter Tiefe inspiziert. »Man kann erkennen, dass sie dort Salzblöcke verwenden und nicht das körnige Zeug. Der Platz ist insgesamt kleiner, und dort, wo sie den Block platzieren, haben sie ein tiefes Loch ausgehoben.«

Erst, als das Tageslicht vollkommen verblasst, dreht sich unsere Unterhaltung nicht mehr ums Salz. Bob wendet sich nun seiner anderen großen Leidenschaft, der Bisonzucht, zu. Er sagt, seine Bison-Ranch sei die einzige des Landes, die sich bemüht, die natürlichen familiären Strukturen innerhalb der Herde zu erhalten. Sein Wissen schöpft er aus mehr als 25 Jahren Beobachtung im Yellowstone Park. Er hat gesehen, wie die Tiere miteinander umgehen und über die Gründe ihrer Verhaltensweisen nachgedacht. Da er die familiären Strukturen aufrechterhält, ist es nicht mehr nötig, Kälber abzustillen und sie von ihren Müttern zu trennen, und auch auf die zusätzliche Fütterung von Kälbern kann verzichtet werden – kurzum, all die sehr arbeitsintensiven Vorgänge entfallen. Während ich ihm zuhöre, beginne ich, mir weniger Sorgen um diesen Mann zu machen. Denn wenn er im Herbst den Park verlässt, erwartet ihn eine andere Welt, in die er seine Energie stecken kann. Aber das hätte ich mir auch denken können.

Der Strom der Besucher reißt nicht ab, und da ich in der Hütte nicht den Hauch einer Chance habe, ein paar Zeilen zu Papier zu bringen, verkrieche ich mich einige Stunden des Tages in unser 35 m entferntes Gepäckzelt »Hawks Rest West«. LaVoy ist in der Hütte unterdessen so nett und bewirtet die Besucher mit Strömen von Gatorade und heißer Schokolade, setzt ihnen etwas zum Knabbern vor oder zeigt ihnen die Gegend und spielt den Dozenten. Natürlich dauert es nur ein paar Tage, bis mich in dem 1,50 x 2 m großen Gepäckzelt die Platzangst überkommt. Als es mir die Kehle zuschnürt, beschließe ich spontan, einen kurzen Ausflug zum Two Ocean Pass zu machen; ich hoffe, dort in John Winters Camp ein paar von seinen Jungs zu treffen. Da uns morgen zwei Freunde besuchen wollen, die heute abend im nicht weit entfernten Camp von Lynn Madsen eintreffen, will ich bis morgen zurück sein. Ich brauche dringend Bewegung, und so erscheint mir die 17 km lange Wanderung zum Two Ocean Pass genau das Richtige zu sein.

Ich bin gerade 5 km von der Hütte entfernt, als ich auf einen von Madsens Führern treffe; Jason ist von seinem Pferd abgestiegen, und überall liegen Ballen und Gepäckstücke verstreut. »So ein verdammter Mist«, meint Jason und erklärt, dass das Leitpferd – es ist nicht gerade das hellste – dieses Schlamassel verursacht hat, indem es sich mit der Leine, an der die anderen Lasttiere geführt werden, dreimal um einen Baum gewickelt hat. Ich biete ihm meine Hilfe an, aber Jason meint, ein paar der Pferde seien immer noch ziemlich nervös, und dass sie sich wahrscheinlich eher beruhigen, wenn weniger Menschen in der Nähe sind. Jason hat ein gutes Händchen; ich kenne einen Ranger des *Forest Service,* der ihn dazu bringen will, der Outfitter-Welt zu entsagen und Ranger zu werden. Aber Führer sind treu, wenn auch nicht immer einzelnen Outfittern, so doch zumindest ihrem Berufsstand. Wenn einer von ihnen die Seiten wechselt, dann ist das für sie so, als würde ein Fan der Red Sox plötzlich den

Yankees zujubeln. Ein Stück weiter oben am Weg finde ich eine Mülltüte, die ein Päckchen enthält, in dem sich ein paar saftige Steaks befinden. Jason muss sie bei dem Missgeschick verloren haben. Ich gebe mich kurz der Versuchung hin und sehe vor meinem geistigen Auge, wie ich die Steaks in meinen Rucksack verstaue und am Abend ein königliches Mahl genieße – doch dann beschließe ich, ein braver Junge zu sein, und gehe zurück, um Jason den verlorenen Proviant zu bringen.

»Ein paar Freunde von dir sind auf dem Weg hierher«, sagt er und schiebt sich den Cowboyhut aus der Stirn, »sie müssten ganz in der Nähe sein.« Er hat Recht: Nach 3 km stoße ich auf eine Gruppe von Leuten, unter denen sich meine Freunde Sue und Dave befinden; dafür, dass sie einen Ritt von mehr als 30 km hinter sich haben, sehen sie bemerkenswert frisch aus. Sie befinden sich in Gesellschaft zweier anderer Parkgäste, beides Männer um die 50; einer von ihnen geht zu Fuß und führt seinen Schecken am Zügel. Die Gruppe wird nur von einem einzigen Mann geleitet. Matt ist 19 oder 20 Jahre alt, trägt einen Cowboyhut, hat eine 44er an der Hüfte und zieht zwei gesattelte Handpferde ohne Reiter hinter sich her. Er berichtet von einem Unfall, der sich 14 km von hier entfernt ereignet hat. Eines der Pferde hatte sich aufgebäumt, war gefallen und dann über das Bein eines Gastes gerollt. Der Mann hatte einen Schock erlitten und ihm sei schwindlig gewesen, aber er wäre bei Bewusstsein, versichert mir der Junge – er sei sogar mehr als einen Kilometer zu Fuß weitermarschiert, bis ihn der Schmerz schließlich überwältigt hatte. Ich bin fassungslos, dass Matt diesen Mann und seine Frau mit nichts weiter als einer Fleece-Jacke und einer Flasche Wasser einfach auf dem Weg zurückgelassen hat. Keiner hat ein Funkgerät, auch in Madsens Camp nicht. Sue und Dave haben Matt gegenüber erwähnt, dass es in Hawks Rest ein Satellitentelefon gibt, und so hatte Matt geplant, zu unserer Hütte zu reiten und dort, falls nötig, einzubrechen. Zum Glück habe ich das Funkgerät des *Forest Service* bei mir, und so beginne ich, mit der *Teton Interagency Dispatch* in Jackson eine Rettungsaktion zu organisieren – sie wollen wissen, in welchem Zustand der Verletzte ist, wo er sich genau befindet (Matt kann den Standpunkt des Paares an Hand einer Landkarte nicht genau beschreiben), und ob es für einen Hubschrauber möglich ist, dort zu landen.

Mein größtes und zugleich drängendstes Problem ist, dass mein Funkgerät so viel Batteriestrom saugt, wie ein Grizzly Larven frisst. Das Glück ist nicht auf meiner Seite, und so können wir das Gespräch nicht zu Ende bringen. Ich hatte vor, mit den Führern von John Winter ein Interview machen, und da ich aus diesem Grund mein Diktiergerät dabeihabe, beraube ich es seiner Batterien und ersetze zwei der insgesamt neun Stromlieferanten des Funkgeräts – was reicht, um den Kontakt wieder aufzunehmen. Nach einer Stunde hat Matt genug und beschließt, die Gäste ins Camp zu bringen. Ich bleibe allein zurück, um die Rettung zu Ende zu bringen. Es ist fast Abend, als ich schließlich von der Dienststelle höre, dass ein Hubschrauber den Verletzten und seine Frau ins Krankenhaus von Idaho Falls gebracht hat. Das ist für mich genauso erfreulich wie für das Paar, denn nun bleibt es mir erspart, die 14 km zu ihnen zu laufen, ein Feuer zu machen, die beiden in einen Schlafsack zu wickeln und ihnen dabei zu helfen, die Nacht zu überstehen.

In der Zwischenzeit war der Gast, der seinen Schecken am Zügel führte, allein in Hawks Rest aufgetaucht. Er ist zu Fuß durch einen grässlichen Bibersumpf am Atlantik Creek gewatet, und so klebten an seinen Stiefeln dicke Schichten von Matsch. Der Mann gestand LaVoy, dass ihn der Unfall seines Reisefährten so schockiert habe, dass er nicht wieder aufsitzen und weiterreiten wollte. LaVoy versuchte, ihm die Angst zu nehmen, und sagte, dass er ein wirklich gutes Pferd hätte, das ihm sicher keine Probleme machen würde –

doch seine Bemühungen waren vergeblich. Letztlich konnte er nichts anderes tun, als die Zügel des Schecken wieder zusammenzuflicken (irgendwann hatte das Pferd darauf gestanden, und der verunsicherte Mann hatte das Problem mit seinem Taschenmesser gelöst). Er gab ihm einen aufmunternden Klaps auf die Schulter und wies ihm den Weg zum Madsen-Camp.

Es ist kaum verständlich, dass ein Outfitter einen ernsthaft verletzten Kunden irgendwo am Weg sitzen lässt, ohne Schlafsack, Streichhölzer und sogar ohne Pfefferspray, und dass drei Stunden später ein weiterer Gast die Gruppe verlässt, ohne dass er es bemerkt. Derartige Sünden werden oft damit abgetan, dass das Leben in den Rockies eben rau sei. Ein Outfitter, dessen Camp sich in der Nähe des Open Creek befindet, hatte es sich zur Angewohnheit gemacht, seine Jagdkunden allein zum Trailhead zurückkehren zu lassen, denn ansonsten hätte er Männer und Pferde bereitstellen müssen, um seinen Schützlingen auf der immerhin 64 km langen Reise Begleitung angedeihen zu lassen. Es hagelte so viele Beschwerden, dass der Staat versuchte, seine Zulassung zu annullieren – eine leider untypische Vorgehensweise, die zudem erfolglos blieb.

Meine Freundin Sue war spät im Madsen-Camp eingetroffen und hatte am nächsten Morgen ein bisschen länger geschlafen. Um 8.30 Uhr schlenderte sie ins Küchenzelt und sagte scherzhaft zu Nancy, der Köchin, sie hoffe, dass sie das Frühstück nicht verpasst habe. »Doch«, antwortete die Befragte mit finsterer Mine, »genau das haben Sie.« Und obwohl einige Schüsseln noch gefüllt waren, weigerte Nancy sich, Sue zu verköstigen. Ich bin gerne bereit zuzugeben, dass es Gäste gibt, die absolute Nervensägen sind. Sie jammern und quengeln wegen diesem und jenem und machen den Angestellten das Leben schwer. Der Outfitter Warren Fleming hat mir von einem Pärchen erzählt, dass er vor ein paar Jahren durch die

Wildnis führte. Irgendwann bekamen die drei eine Grizzly-Mutter zu Gesicht, die auf einer Wiese mit ihren Jungen spielte – ein Erlebnis, das man gewiss nicht alle Tage hat. Doch die beiden Tränensäcke fanden das Ganze total langweilig. Fleming gab ihnen ihr Geld zurück und brachte sie am nächsten Tag wieder zurück in die Zivilisation. Sue und Dave gehören nicht zu dieser Art Menschen, ich kenne sie seit Jahren. Die beiden sind ein Ausbund an Liebenswürdigkeit – sie sind interessiert, bereit, sich in Gruppen zu integrieren, und versuchen fast zwanghaft, jede Anweisung zu befolgen und alles richtig zu machen.

Als sie wieder zu Hause war, schrieb Sue einen Brief an Lynn Madsen und beschwerte sich über den mangelnden Service. Madsen nennt Sue in seinem Antwortschreiben nicht nur eine Lügnerin – »ich weiß, dass man Ihnen gesagt hat, dass das Frühstück um 8.00 Uhr stattfindet« –, sondern er sagt ihr auch, dass die 250 Dollar Tageshonorar, die sie gezahlt hat, »kein Frühstück im Bett oder einen Butler beinhalten, der Sie bedient.« Ferner behauptet er, mit seinen Führern gesprochen zu haben, und diese hätten gesagt, dass Sue hochnäsig sei und sie nichts mit ihnen hätte zu tun haben wollen. Diese Schilderung scheint ein wenig vermessen, wenn man bedenkt, dass die Führer am letzten Morgen vor einem leichten Regen unter eine Plane geflüchtet waren, während ihre Schützlinge ihr Essen, ungeschützt auf Baumstümpfen hockend, zu sich nahmen. »Für die Zukunft möchte ich Ihnen raten«, beendet Madsen seinen Brief, »solche Ausflüge in die Wildnis zu unterlassen. Es scheint, dass die Gegend ein bisschen zu rau für Sie ist.«

Als ich nach Hawks Rest kam, hatte ich die naive Vorstellung, dass Outfitter die Erlaubnis erhalten, auf staatlichem Grund und Boden Geld zu verdienen, weil ihre Dienstleistungen der Allgemeinheit zugute kommen. Doch einige von ihnen sehen ihr liebstes Selbstbild – das des rauen, hartgesottenen Cowboys, der unter gefährlichen Bären in der Wildnis haust – durch nichts so sehr bedroht wie durch den Umgang mit Sommertouristen. Der nicht jagende Sommergast ist in der Regel betucht, gebildet und will alles über das Land wissen. Manche angeln vielleicht gern, aber sie interessieren sich gleichzeitig für die Geschichte des Parks, für Grizzlys, Elche und Wölfe. Was sie von den Führern zu hören bekommen, sind Geschichten voller Gefahren und Wagnisse, die in lange Schmähreden gekleidet sind, aus denen hervorgeht, wie furchtbar die Wölfe sind und dass es zu viele Grizzlys im Hinterland gibt. Ein viel sagendes Beispiel ist einer von Madsens Cowboys, der in echter Verblüffung den Kopf schüttelte, als ihm ein Kunde von einem Kletterer erzählte, der unter schwierigsten Bedingungen einen Abstieg aus einer Höhe von 7600 m bewältigt hatte. »Ich kapier das nicht«, war sein Kommentar. »Was hat der Mann denn da oben gewollt? Da kann man doch gar nicht angeln oder jagen.«

Natürlich gibt es rühmliche Ausnahmen wie Press Stephens, den ehemaligen Vorsitzenden der *Wyoming Outfitters und Guides Association.* Nachdem er jahrelang als Jagdführer gearbeitet hatte, begann er sich auf eine andere Art von Naturerlebnissen zu spezialisieren. Seine Lehrwanderungen durch die Tier- und Pflanzenwelt sind sehr beliebt, und die Reisen, die er in den Yellowstone Park anbietet, sind dieses Jahr bis in die dritte Oktoberwoche hinein ausgebucht. »Für die Kunden ist es heute nicht mehr so einfach, hierher zu kommen, wie vor 20 Jahren«, sagt Stephens. »Sie müssen dazu Muskeln anstrengen, die in der modernen Welt kaum noch beansprucht werden. Das Gute ist, dass sie mehr auf die Umwelt achten.« Stephens ist einer der sehr wenigen Outfitter, die begeistert das »Reiten, ohne Spuren zu hinterlassen« praktizieren – diese Initiative wurde hauptsächlich vom *Park Service* ins Leben gerufen. »Wir haben uns alle zusammengesetzt und darüber nachgedacht, wie wir die Dinge auf eine neue Weise handhaben könnten. Ich kann 20 Pferde in diesem

Camp haben, und wenn wir verschwinden, wird niemand sehen, dass wir hier gewesen sind.« Die Kunden von heute verstehen und begrüßen solche Bemühungen, doch vor 20 Jahren »hätten die mich für total verrückt gehalten. Damals hat man geglaubt, dass Gott die Bäume gepflanzt hat, damit man Pferde daran anbinden kann.«

Doch nicht jeder ist positiv beeindruckt. »Er ist keiner mehr von uns«, klagt ein anderer Führer. »Er trägt eine Baseball-Mütze. Bevor die Wölfe kamen, war er ein Kritiker der Wiederansiedlung, und jetzt findet er das einigermaßen okay.« Und so ist Stephens Haltung in seinen Augen weder Fisch noch Fleisch. »Es ist ja nicht so, dass er gegen die Jagd oder all diese Dinge ist«, rundet Blaine seine Betrachtungen ab, »aber er hat sich von der Sichtweise der Cowboys abgewendet.«

Es gibt wenige Jobs, die härter und anspruchsvoller sind als das Outfitter-Gewerbe. Wenn man sich die Finger dieser Männer ansieht, entdeckt man schmerzhaft aussehende Risse, die an kalten Herbsttagen durch Erfrierungen entstanden sind. Pro Kopf gesehen gibt es hier mehr erfrorene Nasen und Zehen, mehr Prellungen und gebrochene Knochen als in jedem anderen Berufsstand, abgesehen von Stuntmännern und Footballspielern. Es bedarf großer Geschicklichkeit und Ausdauer, um eine lange Reihe von Pferden oder Mulis durch das Hinterland zu manövrieren, und man braucht Nerven, um Monat für Monat das unberechenbare Wetter zu ertragen und mit nervösen Tieren und eigensinnigen Bären fertig zu werden. Viele sind sich bis zu einem gewissen Grad bewusst, von welch umwerfender Schönheit sie umgeben sind. Und wahrscheinlich ist es diese Schönheit, die all die Dummheiten ein wenig mildert, die durch einen Überfluss an Whisky, Grizzlys und Schusswaffen begangen werden. Das Outfitter-Dasein ist die Fortsetzung einer bedeutenden und stolzen Tradition, einer der wichtigsten Fäden der Geschichte des amerikanischen Westens. Und die Kunden wissen nichts von der lausigen Bezahlung der Führer, ahnen nicht, dass ihr Outfitter vielleicht bis über beide Ohren verschuldet ist, wie teuer seine Haftpflichtversicherung ist und wie hoch die Tierarztrechnungen sind, dass sein Kind eine Zahnspange braucht und das ganze verdammte Sommergeschäft vielleicht den Bach runtergeht, wenn man am Oberlauf des Yellowstone River nicht mit Erfolg angeln kann.

Viele Menschen glauben, dass dieser Beruf und das dazugehörige Selbstverständnis allmählich aussterben werden. Aber das gilt nur für die gegenwärtige Erscheinungsform. Es wird immer Menschen geben, die es in die Wildnis zieht, die sich einen Aufenthalt in der unberührten Natur wünschen oder ihn brauchen, und sie werden sich nicht davon abschrecken lassen, dass ihre spezifischen Sehnsüchte nicht immer mit denen der Cowboys übereinstimmen. Verglichen mit der brutalen Endgültigkeit, mit der die Lebensweise der Ureinwohner Amerikas vor 150 Jahren ausgelöscht wurde, ist dieser Wandlungsprozess so sanft wie ein Wattebausch. Es erstaunt mich, in welchem Maße die Outfitter sich in eine Opferrolle begeben haben. Zumindest im Thorofare herrscht in diesem Berufsstand ein aggressiver paranoider Geist, und ständig wird über Wölfe, Stadtmenschen und Anti-Jagd-Gruppierungen gemeckert; kurz, diese Region ist es ein einziges Tal der Tränen. Man kann es natürlich niemandem vorwerfen, wenn er sich dafür entscheidet, mit Sang und Klang unterzugehen, anstatt sich neuen Umständen anzupassen. Die Geschichte ist voll von Entscheidungen dieser Art. Aber wäre es nicht würdevoller, und könnte man nicht hier und da sogar einen kleinen Sieg erringen, wenn der tägliche Kampf durch die Dinge motiviert wäre, die das Leben eines Outfitters wahrhaft inspirierend machen, anstatt durch jene, die ihn verunsichern und ängstlich machen?

Die zweite Augustwoche ist schon fast vorbei. Da die Moskitos endlich verschwunden sind und das Wetter gut ist, schreibe ich wieder unter freiem Himmel. Ich hocke westlich von den Stangen, an denen die Pferde festgemacht werden, und meine ausgestreckten Beine liegen links und rechts des dicken Baumstumpfs. Mein Platz ist von ein paar ausgewachsenen Drehkiefern umgeben, und durch die Bäume kann ich den Rand des Two Ocean Plateaus und das Flussbett des Falcon Creek sehen. Wenn ich den Blick etwas nach links wende, wandert er über die beiden 2 m hohen Felsbrocken auf unser Wiese und durch die langen Äste der Weiden in Richtung Atlantic Creek. Eine vor kurzem heraufgezogene Kaltfront hat Nachttemperaturen um -5 °C und stürmische Winde mit sich gebracht, die den Dunst und den Rauch aus der Luft gefegt haben. Morgens ist der Himmel klar und strahlend, obwohl sich schon die dunkleren, volleren Farbtöne des Herbstes zeigen.

Noch in der letzten Woche hatten sich die Pflanzen der Tundra mit dem Blühen beeilt und versucht, ihre Artgenossen im Tiefland einzuholen; dieses Rennen hatte begonnen, als der Frühling in den ersten Junitagen den Yellowstone Park eroberte. Doch das ist nun vorbei. Die Blütenpracht, mit der sich die hohen Berge und Plateaus geschmückt haben, ist verblasst. Der Frost gebietet den Blumen Einhalt und bewirkt, dass sich die Blätter der Polsterpflanzen rot, rostrot und orange verfärben. Wenn jetzt alles kopfüber auf den Herbst zurast, werden die Hochländer die Führung übernehmen, und die tiefer gelegenen Wälder und Wiesen entlang des Yellowstone River werden einen Tag, dann zwei Tage und schließlich eine Woche zurückfallen. Die Illusion, der Sommer hätte sich befreit und wäre nicht länger an den Rhythmus gebunden, dem Winter, Herbst und Frühling folgen müssen, ist zerstört.

Auf einmal gibt es andere Gerüche, und die Luft schmeckt nach Staub statt nach Feuchtigkeit. Außer dem Sumpf, der im unteren

Bereich des Atlantic Creek durch Biber entstanden ist, sind alle Wege trocken und frei von dem saugenden Schlamm, der vor nicht allzu langer Zeit noch an Pferdehufen und Wanderstiefeln klebte. Die Wiesen sind zimt- und butternussfarben, nur in den Weiden finden sich noch Grüntöne. Astern, Glockenblumen und Enzian blühen noch immer, die Weidenröschen halten sich gut, sehen aber zerzaust aus, denn ihre Köpfe verlieren mit jedem Tag mehr Blütenblätter. Im Tiefland gedeihen Erdbeeren und Blaubeeren; ausreichende Regenfälle in dieser Saison haben für pralle Früchte gesorgt, über die sich bald Schwarzbären und Grizzlys hermachen werden. Für Meister Petz sind die Beeren ein saftiger und zuckerreicher Appetitanreger, der die hyperaktive Fressphase einleitet, die den ganzen Herbst andauern wird.

Die meisten Angler sind schon wieder in Richtung Turpin Meadow unterwegs, und aus ihren Satteltaschen lugen Zelte, Campingstühle und leere Tequila- und Whiskyflaschen. Ihre Pferde und Mulis schwingen die Hufe jetzt in einem schnelleren Takt, denn sie wissen ganz genau, dass es Richtung Heimat geht. Und während die Menschen die Wildnis verlassen, kehren die Tiere zurück. Am Bridger Lake ist es fast still, und bei jedem Spaziergang in der Abenddämmerung sichten wir eine bemerkenswerte Vielfalt an Geschöpfen, von Ottern über Eisvögel bis zu Elchen. Und wir sehen die ganze Seeadlerfamilie, deren beide Kinder jetzt flugtauglich sind; sie suchen die Wasseroberfläche nach den Lichtreflexen ab, die von den schimmernden Schuppen der Cuttthroat-Forellen verursacht werden. Auf dem See schwimmen Krickenten, Bisamratten und Kanadagänse, und fast jeden Morgen thront hoch über allem, in der nobelsten aller Posen, ein Kanadareiher auf dem Ast eines verbrannten Baums.

Auch die Jugendlichen von der *Wyoming Wilderness Academy* machen sich zur Abreise bereit. Sie kommen noch einmal bei uns vorbei und stopfen ihre Cowboyhüte mit Süßigkeiten voll. Seit einiger Zeit ist Joseph unter ihnen, ein 16 Jahre alter, ewig grinsender Spanier aus dem Stadtgebiet von Los Angeles, der ein wenig übergewichtig ist. Joseph wohnt in einem Heim, erzählt mir Dann Harvey, denn sein Vater ist gerade aus dem Gefängnis entlassen worden und hat keine feste Adresse. Seine Mutter darf ihn nur ab und zu besuchen, weil sie drogenabhängig ist. Durch diese Reise in die Teton Wilderness ist Joseph das erste Mal aus Los Angeles herausgekommen, und somit ist er auch das erste Mal außer Reichweite von Dealern, Drogen und den teuren Metalldetektoren, die man in die Türen der Highschools eingebaut hat. Als Joseph hier ankam, war er wie die meisten Kinder: Die Umgebung machte ihm Angst, er wirkte nervös und saß wie versteinert auf seinem Pferd. Inzwischen ist er quicklebendig. An vielen Nachmittagen spielt er mit den jüngeren Kindern, spornt sie zum Versteckspielen an und singt Lieder mit ihnen. »Ich würde so gerne nächstes Jahr wiederkommen«, vertraut er mir an und sitzt dabei stolz im Sattel. »Ich möchte wieder hier bei den Pferden sein.«

Soweit wir feststellen konnten, besteht das Delta-Rudel aus 16 Tieren. Doch es sind immer weniger als fünf, die das südliche Terrain des Parks verlassen und die Ufer in der Nähe unserer Hütte durchstreifen. Die anderen Erwachsenen jagen entweder weiter westlich, am Two Ocean Plateau, oder ziehen in östlicher Richtung am Mountain Creek, am Howell, Escarpment, Cliff oder Beaver Creek entlang. Und während ein Teil des Rudels auf Beutezug ist, kümmern sich die anderen immer noch um die Welpen. Diese weilen mit ihren Beschützern weit nördlich von der Höhle, an dem Rendezvous-Platz, der von einem dichten Wall aus Weiden umgeben ist. Es ist ein sicherer und stiller Ort – solange kein Grizzly in der Nähe ist.

Mit Ausnahme von Mollies Rudel, dessen Revier im stark von Bären bevölkerten Pelican Valley liegt, hat keine andere Gruppe mehr mit Grizzlys zu tun als die Delta-Wölfe. In dieser Woche hatte der leitende Biologe Doug Smith während eines Beobachtungsfluges einen Grizzly entdeckt, der an ihrem Rendezvous-Platz auftauchte – vielleicht hatte er Reste von Wapitikadavern gewittert, die dort herumlagen. Als sich der Bär durch die Weiden dem Platz näherte, zeigten die erwachsenen Wölfe ein Verhalten, das inzwischen schon zur Routine geworden ist. Mehrere von ihnen liefen auf den Eindringling zu, wagten sich bis zu 3 m an ihn heran; sie umkreisten ihn, kläfften und ließen ihn keine Sekunde in Ruhe. Der Bär versuchte nicht einmal, die Nervensägen mit einem Prankenhieb zu verscheuchen, denn inzwischen weiß er genau, dass er zwar viel stärker, aber auch viel langsamer ist als sie. Jeder Versuch, Ohrfeigen auszuteilen oder seine Peiniger zu verjagen, wäre reine Energieverschwendung. Als eines der Welpen plötzlich in Reichweite des Bären tapste, herrschte plötzlich große Aufregung. Einige der Erwachsenen mussten den Kleinen und seine Geschwister nun in Sicherheit bringen, während die anderen weiter um den großen Braunen herumwirbelten. »Sie können den Bären nicht überwältigen, sagt Smith, »aber sie können ihn ordentlich piesacken. Und das machen sie so lange, bis er sich einige hundert Meter zurückzieht.« Solche Begegnungen gehen immer gleich aus. Dem Bären wird die Lage zu unangenehm, und wenn er abdreht, setzen ihm die Wölfe nach, um ihn endgültig zu vertreiben. In diesem Sommer wurde Smith bei einer anderen Gelegenheit Zeuge der folgenden Szene: Als einem Bären das ganze Theater zu unangenehm wurde, drehte er sich um und marschierte davon. Dieses Mal lief ihm allerdings einer der Delta-Wölfe hinterher und biss ihn in den Allerwertesten.

An den meisten Tagen tummeln sich die Wapitis dieser Region hoch oben auf dem Two Ocean Plateau, doch gelegentlich kommen sie auch ins Tal, oft in die Nähe des Falcon Creek, und äsen in dem

Gebiet, in dem letztes Jahr ein Feuer gewütet hat. Als Folge der Brände gibt es hier einen üppigen Pflanzenbewuchs, und der Nährstoffgehalt der Blätter ist weitaus höher als in Gegenden, die nie in Flammen gestanden haben. Es ist oft vorgekommen, dass Reiter dort Wapitis aufschreckt haben, und manchmal sind dann mehr als hundert Tiere in die Berge davongerannt. So war das Feuer auch ein Segen für die Wölfe, die sowohl in dem Gebiet, in dem sich ihre Höhle befindet, als auch um den Rendezvous-Platz herum leicht Beute machen können.

Am 10. August entdecken wir von Hawks Rest aus eine große Rauchwolke in Richtung Yellowstone Park. Auf einem Abhang nahe des Phlox Creek ist ein Feuer ausgebrochen. Wir hasten zum Funkgerät, um die *Teton Interagency Dispatch* davon zu unterrichten. Es ist eines von den mehr als 30 Feuern im Parkgebiet, die in diesem Sommer durch Blitze entstanden sind. Nächste Woche werden kräftige Ostwinde dafür sorgen, dass die Flammen eine Fläche von nahezu 1.450 Hektar erfassen. Am 16. August wird die Rauchentwicklung so stark sein, dass es Bob Jackson nicht gelingen wird, vom Ninemile Trailhead ins Thorofare zu gelangen. In der gleichen Zeit werden sich ein Outfitter, seine Reisegruppe und mehrere andere Urlauber, die auf eigene Faust unterwegs waren, zusammenschließen und hustend gen Norden reiten. Kurz nach ihrem Rückzug aus dem Süden des Parks springen die Flammen über Wiesen und Flüsse und setzen die Ostseite des Tals in Brand; daraufhin werden ein großer Abschnitt des Thorofare Trail und 15 Campingplätze geschlossen.

Doch in dieser Nacht stehen wir vor der Hütte und sehen Dutzende von Punktfeuern, die in den Hügeln entlang des Phlox Creek brennen; mit jedem Aufflackern reflektieren die Wolken nahe des Two Ocean Plateaus orangefarbenes Licht. Angesichts des Tempos, mit dem sich die Flammen ausbreiten, frage ich mich, welchen Anblick dieser Landstrich wohl 1988 geboten hat, als der Feuchtigkeitsgehalt aller brennbaren Materialien mehr als zwei Drittel unter dem heutigen Stand lag und die Winde viel stärker waren. Tag und Nacht ist das Tal von dem Geräusch stürzender Bäume erfüllt, die vor 14 Jahren verbrannt waren und nun vor den Böen kapitulieren. In den folgenden zwei Wochen kann ich nicht die Hütte verlassen, ohne eine Brise im Gesicht zu spüren, und ich bin mir dabei voll bewusst, dass eine kleine Änderung der Windrichtung ausreichen würde, um uns zu einer eiligen Flucht zu veranlassen.

Inmitten dieses Geschehens ziehen ein paar Gruppen von Rucksackwanderern an der Hütte vorbei; eine ist wegen der Brände 50 km von ihrer geplanten Route abgewichen. Es überrascht mich, dass so viele von ihnen von Zusammentreffen mit Outfittern berichten, die sie von ihren Pferden herunter finster angestarrt haben. Es tröstet sie nur wenig, als ich ihnen erzähle, dass dieses Verhalten in der Gegend ziemlich üblich geworden ist. Dabei bedeutet es nicht nur Machtgehabe, das die Jungs zu ihrem provozierenden Verhalten gegenüber Fußgängern veranlasst. Für einige von ihnen verkörpern Rucksacktouristen den Feind – in ihren Augen sind es liberale Baumfreunde, die Rancher und Outfitter am liebsten aus dem Park schmeißen würden, um das Land dann mit Wölfen zu füllen. Doch auch einige Rucksackträger haben sich inzwischen in der Kunst des finsteren Blickes geübt; für sie sind Pferde nichts anderes als furchtbare Biester, die Wiesen bis an die Erdkrume abgrasen und Wege in Schlammlöcher verwandeln.

Die Debatten über die Vor- und Nachteile von Packtieren sind nicht immer so erbittert, und gelegentlich wird dieses Thema sogar unter Rangern und Arbeitern der Trail Crews diskutiert. Manche würden ein gutes Muli gegen nichts auf der Welt eintauschen, andere scheinen nicht so überzeugt zu sein. »Die Anwesenheit von Reit- und Lasttieren schränkt in meinen Augen das Erleben der

Wildnis ein«, erklärt mir die Trail-Crew-Arbeiterin Kate, die seit Jahren jeden Sommer mit Pferden und Mulis unterwegs ist. »Sie sind deine Augen und Ohren. Sie erlauben dir, entspannter zu sein, und das ist nicht unbedingt positiv.« Kate ist zudem nicht begeistert von den Glöckchen, die viele der Nutztiere um den Hals tragen, denn sie bimmeln die ganze Nacht hindurch; wenn sich Pferde im Camp befinden, nähert sich kaum irgendein anderes Tier.

Doch Kate gehört einer Minderheit an. Ihr Kollege Darren ist ganz anderer Ansicht. Darren reitet nicht nur gerne, er mag es auch, dass so viel schief gehen kann. »Wer mit Pferden durch die Gegend zieht, kann schnell in Schwierigkeiten geraten«, erläutert er seine Haltung, »und das gibt mir ein Gefühl von Abenteuer.« Frank Deluka hingegen sieht beide Seiten der Medaille; einerseits schätzt er sehr, was diese Tiere für ihn tun können; doch er war von frühester Jugend an mit dem Rucksack unterwegs und sagt, dass ihn die Lasttiere um eine Geisteshaltung gebracht haben, in der Werte wie Verhältnismäßigkeit und Genügsamkeit große Bedeutung hatten. »Heute schmeiße ich alles Mögliche auf den Rücken eines Packpferds. Ich habe einen Walkman in meiner Hütte und einen Nahrungsmittelvorrat für 15 Tage, obwohl Vorräte für fünf Tage ausreichend wären. Ich bin mir nicht sicher, ob das gut für mich ist.«

In kaum einem anderen Waldgebiet werden so extensiv Lasttiere eingesetzt wie im Shoshone und im Bridger Teton National Forest. Viele der Arbeiten, die dort erledigt werden, wären ohne sie gar nicht zu schaffen. Auf dem Rücken der Packpferde und Mulis werden die verschiedensten Dinge transportiert, von Küchenschränken (z.B. die in unserer Hütte) über Stämme für den Brückenbau, Pfähle, Kies und Beton bis hin zu Äxten, Zugsägen, Nahrungsmitteln und Tierfutter. Einige Güter werden in Satteltaschen verstaut, der Rest wird zu Ballen zusammengeschürt, die mit einem komplexen Knotensystem auf Sätteln befestigt werden. Die häufig eingesetzte Sechser-Reihe – sechs Mulis, die miteinander verbunden sind – kann eine Last von 680 kg befördern, und über kurze Strecken noch viel mehr. (Das Gewicht eines Pferdes wird zu 65 % von seinen Vorderbeinen getragen; der Körperbau von Mulis ermöglicht eine gleichmäßigere Verteilung ihres Gewichts, daher ist ihr Gang sicherer.)

Wie ich bereits erwähnt habe, macht mich die Tatsache, dass ich keine eigenen Packtiere besitze, bei meinen Nachbarn suspekt. Nichtsdestotrotz geht die Pilgerfahrt des berittenen Volkes zu unserer Hütte den ganzen August hindurch weiter – hauptsächlich, weil sich herumgesprochen hat, dass ich ein Buch schreibe. Es gibt eine Menge Leute,die mir sagen wollen, was wirklich Sache ist und wie die Dinge in der Wildnis laufen. Whisky oder Kaffee stimulieren zu Schmeicheleien und spitzen Bemerkungen. Alle kontroversen Themen werden beleuchtet, vom Salzen bis zu den Wölfen, und es wird mit einem inneren Feuer gepredigt, das einem Zeugen Jehovas gut anstehen würde. Bob Jackson und viele Führer aus den Camps der Umgebung sind zu Stammgästen geworden. Eines Nachmittags schneit der Outfitter BJ Hill mit seinem Jagdführer Blaine Gilliand bei uns herein. BJ zückt ohne Umschweife eine Flasche Pfirsich-Brandy und lässt sich dann in dem alten Regiestuhl nieder, um mir ein paar Vorträge zu halten.

Vieles von dem, was heutzutage in Zusammenhang mit der Wildnis diskutiert wird, bring BJ auf die Palme. Er fürchtet die Naturfreunde, weil sie die Sportjagd verbieten wollen, und sagt, diese Leute kapierten nicht, dass eine solche Maßnahme zu einem Massensterben führen könne, weil dann die Kapazität der Überwinterungsgebiete überschritten würde. Und er ist besorgt, weil die Fürsprecher der Wölfe vor sieben Jahren noch damit einverstanden waren, dass das Wachstum der Rudel in den Randgebieten des Ökosystems kontrolliert wird, sobald diese eine gewisse Größe erreicht haben – und nun erlebt er, wie die ehemals Einverstandenen zurückrudern. BJ ist bemüht, ein tadelloses Benehmen an den Tag zu legen, und in mir keimt der Verdacht, dass er mich so behandelt, wie man seiner Ansicht nach mit Umweltschützern umgehen muss. »Ganz gleich, wie die Wahrheit aussieht – man muss einfach ein bisschen tolerant sein, damit sie sich beruhigen«, lautet sein Rezept. Er hält Harold Turner von den Triangle X Outfitters für einen Mann mit großem diplomatischem Geschick, der sich selbst nie in ein schlechtes Licht gerückt und der gleichzeitig den Umweltschützern nie die volle Wahrheit gesagt hat. »Es ist doch schlicht und einfach so«, klärt BJ mich auf, »wenn du dich hinsetzt und klar sagst, was Sache ist und wie es wirklich aussieht, stößt du ganz Amerika vor den Kopf.« Die Outfitter müssten sich zusammenreißen, fügt er noch hinzu – »sie müssen aufhören, mit Salz zu ködern und Haufen von Innereien in der Wildnis zurückzulassen; das wirft ein schlechtes Licht auf das Gewerbe.« Während der ganzen Unterhaltung habe ich das Gefühl, dass er solche Zugeständnisse nicht macht, weil er die alten Methoden als falsch erachtet, sondern weil die Outfitter widerwillig erkannt haben, dass es manche Außenseiter sind, die an Einfluss gewonnen haben. »Menschen wie Merideth Taylor (vom *Wyoming Outdoor Council*) oder Bob Jackson werden es nicht zulassen, dass es so weitergeht wie früher. Und die Outfitter müssen sich anpassen, bevor sie jemand auf die Nase fallen lässt. Wir leben nicht mehr 1970 oder 1980.«

Vielleicht sind die Umweltschützer gut darin, den Lauf der Dinge zu bestimmen, aber BJ ist auch nicht auf den Kopf gefallen. Als zur Sprache kommt, dass die Fütterung von Wapitis im National Elk Refuge abgeschafft werden soll, versucht er nicht, mir zu erklären, welche Auswirkungen dies auf die Outfitter haben wird, sondern in welchem Maße die Grizzlys darunter leiden werden. »Wenn sie im National Elk Refuge nicht mehr füttern, wird die Diskussion um die

22 anderen Gebiete losgehen, in denen den Tieren auch Futter angeboten wird. Dann werden in der Region um Jackson herum schon bald nicht mehr 40.000 Tiere überwintern können, sondern nur noch 15.000. Und das bedeutet, dass die Grizzlys in diesem Ökosystem nicht mehr überleben können.« Es würden dann nicht nur viele Wapitikälber in der Nahrungskette fehlen, sondern im Herbst auch Innereienhaufen, und dann könne man, nach BJs Ansicht, nicht von den Bären erwarten, dass sie durchkommen. Nun wollen die Umweltschützer die Fütterung nicht gänzlich verhindern; es geht ihnen vielmehr darum, dass die Futtermenge von rund 2300 Tonnen Luzernen reduziert wird, was natürlich eine Dezimierung der Wapitipopulation zur Folge hätte. Trotzdem weist BJ mit Recht auf die Bedeutung der Wapitis für die Bären hin. Dies gilt besonders für das große Gebiet des Greater Yellowstone, wo die Nahrung der ausgewachsenen männlichen Tiere zu 80 % aus Fleisch besteht, und die der weiblichen Grizzlys zu 50 %. (Bei einem Vergleich mit den Glacier National Park stellt sich heraus, dass dort der pflanzliche Anteil der Nahrung beider Geschlechter 95 % ausmacht.) In diesen Breiten kommt man also nicht um die Tatsache herum, dass Wapitis eine der größten Energiequellen für die Bären darstellen.

Als er das Wort Bär hört, unterbricht Blaine seine Unterhaltung mit LaVoy und sagt: »Das eigentliche Problem an der ganzen Grizzly-Geschichte ist doch, dass der Lebensraum nicht ausreicht, um den jetzigen Bestand zu erhalten. Wenn es Oktober wird, leiden die mächtigen, übergroßen hungrigen Braunen – besonders in den schlechten Jahren, wenn die Weißborkenkiefern zu wenig Samen hervorgebracht haben. Man kriegt fast Mitlcid, wenn die Viecher in unser Camp kommen und krampfhaft nach irgendetwas Essbarem suchen. Sie fressen die Pferdescheiße auf den Wegen, so einen Hunger haben die armen Teufel. Ohne die Innereien, die von den Jägern im Herbst zurückgelassen werden, würde es ihnen echt an den Kragen gehen.« Oberflächlich betrachtet, wirken solche Kommentare großherzig – ich habe solche Bekundungen von Mitgefühl im Laufe des Sommers unzählige Male gehört – doch meistens sind die Sorgen, die sich Jäger um Bären machen, mehrere Kilometer lang und nur einen Millimeter tief. Irgendwann – es lag vielleicht am Brandy – sage ich scherzhaft zu Blaine und BJ, dass, da Kadaver und Innereienhaufen so wichtig für die Grizzlys sind, wir uns vor den Wölfen verneigen müssten. Schließlich bleibt oft Fleisch zurück, nachdem sie ein Tier gerissen haben, und so ist es ihnen zu verdanken, dass überall im Ökosystem Tausende Pfund von Fleisch herumliegen – und das nicht nur während der Jagdsaison.

Es dauert eine Weile, bis die Welle der Flüche verebbt. Wieder einmal hat die bloße Erwähnung dieser Tiergattung unsere Gäste in Aufruhr versetzt. BJ nimmt noch einen Schluck Brandy, und seine Augen wandern im Raum herum, als wüsste er nicht, wo er anfangen sollte. »Zuerst einmal«, so eröffnet er schließlich, »haben wir es mit kanadischen Wölfen zu tun. Wenn ich in Mammoth sitze und mir einen von diesen ausgestopften amerikanischen Wölfen ansehe und den dann mit der Art vergleiche, die wir hier haben, dann wird offensichtlich, dass irgendetwas nicht stimmt. Wissen wir wirklich, wie die Huftiere der 48 kontinentalen Staaten auf diese Wölfe reagieren, wie sie mit einer Rasse klarkommen, die eigentlich gar nicht hierher gehört?« Und dann erklärt er uns, dass die Wölfe, die man uns hier aufgehalst hat, aus lauter Lust am Töten Tiere reißen würden. Beobachtungen, die man während der letzten zwei Jahre in der Gros Ventre Range gemacht hat, bewiesen dies ganz eindeutig, erläutert BJ – dort haben Wölfe nur so zum Spaß Wapitis verwundet, ihnen die Lippen abgerissen. »Die ganze verdammte Geschichte verläuft genau so, wie es die älteren Outfitter vorausgesehen haben«, versichert er mir. »Bisher war das Thorofare ein gutes Jagdgebiet, aber das wird sich ändern.«

Gespräche über Wölfe führen fast ausnahmslos zu Bemerkungen über die verdammten Auswärtigen – insbesondere richtet sich der Unwille gegen die »schrecklichen Typen« von der Ostküste, was mich jedes Mal aufs Neue verwundert, da die meisten aller Jagdkunden von dort stammen. »Es sind Großstadtmenschen, New-Yorker«, sagt BJ, als er von den Leuten spricht, die sich für die Wölfe einsetzen. »Die hängen jeden Tag in einem Verkehrsstau. Sie lieben die Vorstellung, dass das hier draußen so eine Art amerikanische Serengeti ist, aber wir müssen hier leben.« In diesem Moment schraubt Blaine den Deckel auf die Brandyflasche, steckt sie in seine Tasche und steht auf. »Die denken, dass wir uns verziehen werden«, sagt er. »Aber alles, was sie mit ihren Kampagnen erreichen, ist, dass sie uns zu Banditen machen. Sie glauben, dass wir uns ändern werden – dass wir aufhören, zu jagen und als Jagdführer zu arbeiten, und dass wir das schützen werden, was sie als schützenswert erachten. Aber sie irren sich.«

BJ nickt zustimmend. »In Wyoming gibt es 550.000 Selbstständige, und jeder von ihnen hat in diesem Staat seine Nische. Ob das nun richtig ist oder falsch – es wird lange dauern, bis wir uns ändern.«

Es mag seltsam anmuten, dass eine Diskussion über Wölfe mit einem temperamentvollen Aufwallen von Lokalpatriotismus endet. Um das zu begreifen, muss man verstehen, dass diese grimmigen Reaktionen per se weniger mit den Wölfen zu tun haben als mit der Regierung, die sie wieder angesiedelt hat. Rancher und viele andere Bewohner der ländlichen Gebiete des intermontanen Westens haben schon seit langem das Gefühl, dass die ganze Welt sich gegen sie verschworen hat. Die Fleisch verarbeitende Industrie hält seit Jahren die Preise für Rindfleisch im Keller. Wohnsiedlungen sprießen schneller als Pilze aus dem Boden und verursachen eine Erhöhung der Steuerlast. Und einige der neu Hinzugezogenen sind nicht gerade glücklich über ihre bäuerliche Nachbarschaft; sie hassen den Traktorenlärm um 6.00 Uhr morgens und haben kein Verständnis dafür, dass Rinder auf öffentlichem Grund und Boden grasen. Genauso bedrohlich empfinden die Outfitter das steigende Alter ihrer Jagdkunden, denn die jüngere Generation zeigt wenig Interesse für diesen Sport. BJ erzählt aus seinem Alltag: »Eine Familie kommt in mein Camp, um mit Pferden unterwegs zu sein. Die Eltern gehen reiten, aber die Kids hocken nur in ihrem gottverdammten Auto. Ein übergewichtiger Teenager lümmelt da herum, mit Turnschuhen und einem Ring im Ohr. Dieser Bursche wird in 20 Jahren die Geschicke des Landes mitbestimmen, und er wird ein 150%iger Jagdgegner sein.«

»Entweder das«, rundet Blaine das Bild ab, »oder er wird ein tierliebes kleines Mädchen heiraten, das ihm sagt, dass es uncool ist, ein Bambi zu erschießen. Das Durchschnittsalter unserer Jäger liegt bei 54, und wir kriegen keine neuen Kunden.«

Um es kurz zu machen – in Wyoming ist der Wolf ein überdimensionales Wesen, ein Symbol für all das, was auf der Welt schief läuft. Wie ein Hexengebräu, dessen Zubereitung ekelhafte und abscheuliche Zutaten erfordert, so bedarf diese Haltung machtvoller Symbole – schockierende, aufrührerische Bilder, die Menschen in Angst und Schrecken versetzen können. Kein anderes Tier ist in der Geschichte der Menschheit so oft dazu benutzt worden, die verschiedenen Gesichter des Bösen zu beschreiben, wie der Wolf. Als die Katholiken vor gut 800 Jahren auf der Suche nach einer Art spirituellem Viehtreiberknüppel waren, mit dem sie die Gläubigen in den Gehorsam ängstigen konnten, entschieden sie sich für den Wolf. Sie behaupteten tatsächlich, er sei der Hund des Teufels und ein Beweis dafür, dass Satan auf Erden wandelte.

Viele der Gründe, warum diese Taktik damals funktionierte, gelten noch heute. In jener Zeit wurden in großen Teilen Nordeuropas

Wälder gerodet, um den Boden für die Landwirtschaft zu kultivieren. Die Hirschpopulationen und die Vorkommen an anderen Huftieren reduzierten sich drastisch, und so verlagerten sich einige Raubtiere darauf, sich von Vieh zu ernähren. In theatralischen Posen wohlgeübt, stellte die Kirche den Wolf als ein Geschöpf hin, das jedermann begeistert hassen konnte. Und so begann man, sie entweder auf dem Scheiterhaufen zu verbrennen, oder man schnitt ihnen bei lebendigem Leibe die Schnauzen ab und setzte ihnen eine Perücke auf; eine Untat, die den Zweck hatte, sie irgendeinem bösen Wesen ähnlicher zu machen, das, so sagte man, in früheren Zeiten gelebt hätte und nun, in einen Wolfspelz gekleidet, aus den Tiefen der Hölle auf die Erde zurückgekehrt war. Am Ende dieser Prozedur wurden sie öffentlich auf dem Marktplatz aufgehängt. Kennt heute noch jemand die Sage von Romulus und Remus, die von einer Wölfin gerettet wurden? Und wer nimmt noch zur Kenntnis, dass viele der amerikanischen Urvölker sagen, dass sie die Strukturen ihrer sozialen Interaktion den Wölfen abgeschaut haben – die freizügige Art, mit der das Alpha-Männchen und das Weibchen über das Rudel herrschen, die unerschütterliche Loyalität unter den Mitgliedern der Gruppe, und insbesondere die Hingabe, mit der sie sich ihren Jungen widmen?

So wie jeder andere braucht auch der bäuerliche Teil der Landbevölkerung von heute Wesen, die man verteufeln kann. (Eigentlich ist es ein bisschen unfair, nur den Landeiern ein solches Bedürfnis zuzuschieben. Als im Frühling 1989 im Central Park eine Joggerin vergewaltigt wurde, haben nationale und regionale Boulevardblätter die Täter immerhin 185 Mal mit Tieren verglichen, und häufig wurden die Vergewaltiger als Wolfsrudel beschrieben.) Dreihundert Jahre nach dem Märchen vom Rotkäppchen, in dem der Wolf als blutrünstiges Monster erscheint, haben wir jedes Jahr Millionen Dollar dafür ausgegeben, um zu verhindern, dass die Dinge ihren natürlichen Lauf nehmen. Und obwohl Biologen die Bedeutung von Raubtieren für die Gesundheit eines Ökosystems schon lange erkannt hatten, haben Männer, die gerade aus dem Zweiten Weltkrieg heimgekehrt waren, in Minnesota und Michigan Wölfe abgeknallt – »Nazi-Jagd« nannte man dieses Spiel zärtlich.

»Vielleicht brauchen wir einfach die Vorstellung, dass Raubtiere und Tyrannen an den Flanken unserer Lebensgemeinschaften, unserer Familien nagen, weil uns das motiviert, wieder Festungen zu errichten und unsere Schießkünste verbessern.« So Gary Marbut von der Sportschützen-Vereinigung in Montana. »Aber die wahren Tyrannen sind unter uns. [...] Würden die Fürsprecher dieser Raubtiere ihre Kinder zum Spielen in Wälder schicken, in denen es echte, lebende, hungrige Wölfe gibt? Wenn ja, dann haben sie sich so weit vom genetischen Erbe der Menschheit entfernt, dass sie ihren Überlebensinstinkt verloren haben.« Ein weiterer Beweis dafür, dass es nur wenige Menschen gibt, die so gerne an überkommenem Gedankengut festhalten wie wir im goldenen Westen.

Kapitel neun

Sal, der Hüttenwart von Fox Park, ist fast 20 km von seiner Bleibe am Oberlauf des Snake River gewandert, um ein paar Tage mit uns in Hawks Rest zu verbringen. Zwei Stunden nach seiner Ankunft kommt die Saisonarbeiterin Cynthia Wolf angeritten; in ihrem Gefolge befinden sich Pferde und Mulis und der australische Schäfer Lash Larue.

Sal ist 39. Vor sechs Jahren hat er seinen Beruf als Umweltingenieur an den Nagel gehängt; seitdem zieht er durch die Welt und bringt sich mit Gelegenheitsjobs durch. Bisher ist ihm das ganz gut gelungen. Er hat alles Mögliche gemacht, war unter anderem Tellerwäscher in der Antarktis und Matrose auf einer Schaluppe in der Karibik. Sal hat einen Roman geschrieben, zwei weitere sind in Arbeit, und er kocht so göttlich wie Wolfgang Puck. Cynthia hingegen kommt seit über einem Jahrzehnt ins Thorofare und arbeitet überwiegend freiberuflich. Sie bezeichnet sich als heimatlos, und ihre Habe besteht momentan aus fünf Pferden und Mulis, zwei Hunden, einem Lastwagen und einem Pferdeanhänger. Unsere Besucher sitzen am Tisch, essen Spaghetti und erzählen, dass sie in ihren Familien als die schwarzen Schafe und Versager gelten. Sie zelebrieren diese Auszeichnung mit dem gleichen Vergnügen, das die Cowboys ein paar Wiesen weiter empfinden, wenn sie einen Bourbon kippen oder ihre Revolver streicheln.

Unsere Gäste erinnern mich an Leute wie *Lone Eagle Woman* oder den guten, alten Hippie-Autor und Ranger Mike Wolcott, der unten in Nowlin Meadow haust und sagt, er möchte ein Buch schreiben mit dem Titel: »Wenn ein Vagabund in den Wäldern lärmt – würde es jemand hören?« Unter all den Menschen, die viel Zeit in der abgelegensten Region der Vereinigten Staaten verbringen, sind sie ein eigener Schlag. Sie stellen eine Minderheit dar, und wenn sie aufeinander treffen, dann ist es so, als würde man auf der anderen Seite einer einsamen Insel einem Schiffbrüchigen begegnen. Die meisten von ihnen sind in gutbürgerlichen Verhältnissen aufgewachsen, doch ein Segen oder ein Fluch hat verhindert, dass sie sich in dieser Welt zurechtfinden. Sie sind helle Köpfe – obwohl sie von sich selbst behaupten, dass sie nur langsam lernen –, Menschen, deren Lebensweg keine Gerade ist, die Zeit und Raum brauchen, um Klarheit zu erlangen, die immer unterwegs sind und sich selten verlaufen. Einige Journalisten haben diese Typen in ein kritisches Licht gerückt und all das hervorgehoben, was auf den ersten Blick an ihnen widersprüchlich erscheint. Einerseits, so behaupten diese Schreiberlinge, verachten die Lebenskünstler des Hinterlands das Unabhängigkeitsstreben und die Egozentrik, von der Amerika besessen ist, und gleichzeitig frönen sie ihrem Verlangen, allein in der Wildnis zu sein. Doch meiner Ansicht nach gibt es einen Unterschied zwischen der Art von Individualismus, mit der man die Leiter des Erfolges hochklettert und schillernde Trophäen erringt, und der Form, die sich hier in der Wildnis manifestiert, denn sie kann zumindest an guten Tagen ein Pfad sein, der zu Selbsterkenntnis und Selbstvertrauen führt. Das Leben hier draußen ist kein Survival-Training. Während die Gesellschaft den Narzissten belohnt, wird die Wildnis – die echte, ungebändigte – ihn umbringen.

Ich muss an ähnliche Gespräche denken, die während unserer ersten Tage in Hawks Rest stattgefunden haben, als wir einer Tätigkeit nachgingen, die ich als »Zen oder die Kunst, eine heruntergekommene Behausung von Fettschichten und Nagetieren zu befreien« beschreiben möchte. Wir wurden damals von Freunden unterstützt, unter ihnen der Professor und Dichter Jim Peterson, Anfang 50 und ein relativer Neuling in der Wildnis. In der ersten Nacht, die er in Hawks Rest verbrachte, hat er uns erzählt, dass er diese Reise von Virginia hierher teilweise deshalb gemacht hat, weil er herausfinden wollte, ob er hier draußen ein Gefühl von tieferem Selbstvertrauen entwickeln würde. Nicht, dass er jetzt vorhat, sich gänzlich im Hinterland niederzulassen. Aber er hat hier die Metaphern gefunden, die er brauchte, um ein authentischeres Leben zu führen. »In unserer Kultur hat jeder Angst davor, in einem Armenhaus zu sterben, alles zu verlieren, als wenn unsere Besitztümer eine wirkliche Bedeutung für uns hätten. Das ist eine gewaltige Illusion. Zu begreifen, dass wir in der Lage sind, immer weiter zu funktionieren, weiter zu leben, auch wenn wir alles verloren haben – das ist eine Lektion, die uns die Natur lehren kann.« Jim gibt zu, dass er – wie viele Akademiker – dazu neigt, alles zu intellektualisieren. »Es ist schön, in seinem Kopf alles wohl geordnet zu haben, buddhistische, hinduistische und christliche Texte zu lesen, sich gemütlich zu Hause zurückzulehnen und sich vorzumachen, dass man all diese Ideen lebt. Aber sie mit dem Kopf zu verstehen ist nur der Anfang. Die Wildnis zwingt dich, deine Philosophie zu leben. Deine inneren Qualitäten zeigen sich dann in der Art und Weise, wie du mit dem Land umgehst und den Leuten, die dich umgeben. Dann wirst du sehen, wie du auf Stress reagierst, auf Moskitos und Bären. Und es wird offensichtlich, wie du mit dir selbst umgehst.«

Gegen Abend kommen immer mehr Besucher; es ist wieder einmal eine Trail Crew, die sich an den Stangen drängelt, an denen die Pferde festgebunden werden. Die Truppe wird von Darren geleitet, der gerade mehrere Monate in Baltimore verbracht hat, um schließlich herauszufinden, dass er kein Stadtmensch ist. Bei ihm ist Kate, deren langes blondes Haar in Zöpfen um ihr rußverschmiertes Gesicht hängt und die hier eine Art Praktikum im Rahmen ihrer

Ausbildung an der Oregon State University macht. Der Dritte im Bunde ist Justin, ein strammer Bursche aus Riverton in Wyoming. Seine Laufbahn als Cowboy begann für Justin, als er 13 war, und auch heute reitet er noch Pferde zu. Eine Zeit lang war er Vorarbeiter auf der gigantischen IX Ranch in den Bear Paw Mountains im nördlichen Montana. Er hat Rinder durch ganz Wyoming getrieben, und sogar durch das östliche Washington. Eigenartigerweise hat er sich noch nie einen Knochen gebrochen, doch mit 31 hat er bereits eine schwere Sehnenentzündung, die sich in Folge einer ganzen Serie von Unfällen einstellte. Der letzte hat sich vor drei Monaten ereignet, als er unter eine ausgewachsene Stute geriet. Justin ist auch Künstler – Bildhauer–, und in den Wintermonaten arbeitet er in einer Gießerei in Lander. Er plant, sich eines Tages ganz seiner Kunst zu widmen, aber die Pferde und Rinder lassen ihn nicht los. »Ich werde Künstler, sobald ich dieses Cowboy-Ding aus meinen Adern verbannt habe«, hört man ihn hinter dem Berg von Nudeln sagen, die sich auf seinem Teller türmen.

»Als wenn du das jemals aus deinem Blut rauskriegen könntest«, antwortet Kate.

»Es ist schwer geworden, einen guten Cowboy-Job zu ergattern«, erzählt Justin. An vielen Orten hat man Pferde durch Geländewagen ersetzt. Außerdem haben die Rancher nur ein geringes Einkommen, und ihre Kinder verspüren mit 18 oder 19 wenig Lust, in die Fußstapfen der Eltern zu treten, da sie woanders besser für ihre Arbeit entlohnt werden. Und selbst wenn Justin einen guten Job auf einer Ranch findet, wird ihm manchmal nicht erlaubt, seine 10 und 12 Jahre alten Töchter mitzubringen, denn immer mehr Gesellschaften weigern sich, das Risiko zu versichern, dem Familienmitglieder von Rancharbeitern in der Nähe von Pferden und Rindern ausgesetzt sind. »Die wollen nicht mal, dass ein Cowboy sein eigenes Pferd hat«, erklärt er uns traurig. »Sie weigern sich, für Verletzungen aufzukommen, die sich ein Pferd durch Rinder zuziehen kann. Wenn ich Zeit für meine Kunst hätte, als Cowboy arbeiten und meine Mädels um mich haben könnte, dann hätte ich schönes Leben.« Es fällt auf, dass seine Frau – eine Polizistin, mit der er seit zwölf Jahren verheiratet ist – auf seiner Wunschliste fehlt. Die beiden sind mitten in einem Scheidungsprozess. »Einer der Gründe, warum ich diesen Job angenommen habe, ist, dass ich ein bisschen Abstand brauchte. Ich musste mich in einen Sattel schwingen und irgendwo sein, wo ich in Ruhe über alles nachdenken kann.«

Wenn sich das nicht wieder einrenkt, denke ich im Stillen, könnte Justin vielleicht jemanden finden wie Allison Fay Smith aus Kalifornien, die vor 30 Jahren den folgenden Brief an den Supervisor des Teton National Forest schrieb:

> Sehr geehrte Herren!
> Um meine Situation kurz zu schildern: Ich habe eine Anstellung als Sekretärin, aber ich würde lieber draußen an der frischen Luft arbeiten, weit weg von dem Smog und Lärm der Großstadt.
> Gibt es bei Ihnen irgendeinen (anständigen) Ranger, der eine Frau sucht? Ich bin eine treue Katholikin, 25 Jahre alt und war noch nie verheiratet. Meine Freunde sagen, ich wäre durchaus attraktiv.
> Da ich jahrelang den Haushalt für meine neunköpfige Familie geführt habe, kann ich kochen, nähen und alle anderen häuslichen Aufgaben bewältigen. Meine Hobbys sind unter anderem wandern, zelten, reiten, schwimmen und lesen.
> Wenn Sie jemanden kennen, der an einem Briefaustausch interessiert ist, dann schreiben Sie bitte an …

Darauf antwortete der Supervisor:

Liebes Fräulein Smith!
Danke für Ihren Brief, in welchem Sie fragen, ob irgendein Ranger in unseren Diensten steht, der eine Frau sucht. Unglücklicherweise beschäftigen wir momentan keine ledigen Ranger – weder anständige noch solche, die es nicht sind.
Wir leiten Ihren Brief an den Grand Teton National Park weiter, da Sie Ihr Schreiben auch an die Jenny Lake Ranger Station adressiert haben.
Vielen Dank für Ihr Interesse am Teton National Forest.

Und während es immer später wird, beklagt auch diese Crew einmal mehr die Tatsache, dass es keine wirkliche Autorität in dieser Wildnis gibt. Sie sind zu wenige, um die Vorschriften wirklich durchzusetzen, und fühlen sich dabei von der Obrigkeit auch nicht unterstützt. Von Budgetkürzungen einmal abgesehen, wissen diese Bediensteten sehr wohl, dass es oft einfach um Politik geht. Wenn sich eine mächtige Wählerschaft wie die Outfitter nicht an die Vorschriften hält, findet eine Strafverfolgung – etwas, das über das Ausstellen von Strafzetteln hinausgeht – nicht statt. In den Akten einiger Outfitter stapeln sich Strafandrohungen, die nie Konsequenzen mit sich brachten, und noch nie hat jemand davon gehört, dass eine Zulassung zurückgezogen wurde. Vor diesem Hintergrund geben viele Mitarbeiter des *Forest Service* – sogar manche der permanent Beschäftigten – entweder frustriert auf, oder sie trösten sich damit, dass sie Wege in Ordnung und Campingplätze sauber halten, und dass ihre Anwesenheit zumindest einen kleinen Ansporn darstellt, so wichtige Dinge wie die Lagerung von Nahrungsvorräten vorschriftsmäßig zu handhaben. Dass die Behörde jemals eine Situation schafft, in der für alle die gleichen Spielregeln gelten, halten die meisten für Wunschdenken. »Der *Forest Service* tendiert dazu, immer nur dann das Richtige zu tun«, hat der frühere District Ranger

Don Hooper einmal zu mir gesagt, »wenn jemand aus der Öffentlichkeit einen großen Scheinwerfer auf ihn richtet.«

LaVoy und ich verbringen die Tage mit der Erledigung verschiedener Aufgaben: Wir ersetzen Wasserhähne, dichten Lecks in der Wasserleitung ab, zersägen umgestürzte Bäume, welche die Wege in der Gegend des Bridger Lake blockieren, und hacken Feuerholz für die Teams des *Forest Service,* die während ihrer Herbst-Patrouille hier übernachten werden. In der letzten Augustwoche ertönt wieder Hufgetrappel vor der Hütte; es sind Reiter, die Jagdcamps aufbauen wollen. Nate Vence ist mit seinen kräftigen Mulis auf dem Weg zum Open Creek, und Eldrege Perry transportiert Güter zum Blind Basin. Die Männer von Lynn Madsen zerkleinern sieben Klafter Holz mit Zugsägen – »das ist der übelste Teil unseres Jobs«, teilt mir einer der Cowboys mit, der bei dem bloßen Gedanken an die Arbeit schon erschöpft aussieht. In diesem nördlichen Bereich der Wildnis werden sich Hunderte von Jägern einfinden, und jeder von ihnen will einen mächtigen Bullen erlegen. Unter ihnen werden ein paar Fabrikarbeiter aus Michigan und New Jersey sein, die jahrelang auf etwas gespart haben, von dem sie glauben, dass es die Jagd ihres Lebens wird. Doch die meisten sind Ärzte, Anwälte, Software Designer, Kriminalbeamte usw. (Als am 11. September die Hölle losbrach, befand sich die Nummer zwei des Geheimdienstes hier, in einem Camp am Two Ocean Pass.)

Die Jagdsaison rückt näher, und das Gerede um die Wölfe wird immer lauter, obwohl sich die meisten Kommentare in Spekulationen erschöpfen, ob die Wölfe die Wanderungen der Wapitis beeinflussen oder nicht. Die Führer haben schon die langen Tage vor Augen, die sie damit zubringen werden, Trophäen für ihre Kunden auszuspähen, nur um dann zu erleben, dass ein übereifriger Jäger über den Rand einer Erhebung robbt, woraufhin die vor ihm liegende Wiese wie leer gefegt ist. Natürlich gefällt ihnen das nicht«, sagt mir ein privater Jäger, »denn das bedeutet, dass sie wirklich jagen müssen.« Die Führer der Bogenschützen scheinen noch frustrierter zu sein. Ihre Kunden benutzen Jagdhörner, mit denen sie die Brunftrufe der Hirsche nachahmen und sie damit anlocken. Wenn Wölfe in der Nähe sind, antwortet das Wild nicht mehr, und so müssen die Jäger warten, bis das Rudel endlich weiterzieht.

Nach zwei Monaten und fast 500 km, die wir gemeinsam gewandert sind, werden LaVoy und ich bald getrennte Wege gehen. Er wird das Hinterland verlassen. Zunächst wird er in südlicher Richtung nach Turpin Meadow marschieren und dann nach Westen fahren, um in Idaho mit einer Gruppe Jugendlicher aus schwierigen Verhältnissen auf einem Floß den Salmon River hinunterzutreiben. Was mich angeht, so werde ich noch ein paar Wochen in Hawks Rest bleiben und mich dann ostwärts, über die Wasserscheide in der Absaroka Range, auf den Heimweg machen. LaVoy und ich haben beschlossen, einen letzten gemeinsamen Ausflug zu unternehmen. Wir wollen von den Wiesen des Yellowstone River zum Phelbs Pass aufsteigen, um über das Two Ocean Plateau zum *Parting of the Waters* zu gelangen, zu der Stelle, wo sich die Wasser trennen. Über der Hütte hängt eine Wolke der Melancholie. Während der letzten Woche habe ich mehrmals beobachtet, wie LaVoy auf seiner Koje saß und ins Leere starrte; sein strahlender Blick war ein wenig stumpf geworden, und hinter dem Neunwochenbart waren seine Mundwinkel nach unten gesackt. Die Freunde aus Red Lodge, die in den letzten beiden Tagen unsere Gäste waren, haben sich entschieden, auf die Wanderung mit uns zu verzichten, und sind stattdessen in die entgegengesetzte Richtung zum Woodard Pass aufgebrochen.

Vielleicht ist das gut so. Es tröstet uns in gewisser Weise, dass wir still vor uns hin gehen können; ohne ein Wort zu wechseln, wissen wir beide, wann es Zeit ist, uns umzudrehen, um durch die verbrannten Bäume am Falcon Creek einen letzten Blick auf die Hütte zu werfen. Und dann wandern unsere Augen auf eine Höhle in der steilen Flanke des Hawks Rest, vor der wir vor einer Woche saßen. Wir konnten einen Haubenadler bei der Jagd beobachten, und eine Elchkuh, deren schwarzes Fell in der Sonne glänzte, galoppierte mit ihrem Kalb durch das Gras. Intuitiv spüren wir, wann der Zeitpunkt da ist, nach den jungen Adlern vom Bridger Lake Ausschau zu halten oder ein Auge auf den flachen Felsrücken von The Trident zu werfen, wo wir einmal in der Hoffnung saßen, Wölfe zu sichten. Unser gemeinsamer Sommer ist eine Geschichte. Große Teile davon bestehen aus den Possen der Outfitter und der Arbeit der Ranger und Trail Crews, doch der Hintergrund für alle Schilderungen und Betrachtungen war immer das Land – diese fein gesponnene und zugleich üppige Komposition von Vorgebirgen, feuchten Wiesen und Flussbiegungen.

Wir haben einen Teil des Aufstiegs zum Phelbs Pass bewältigt und überblicken das Tal mit dem Oberlauf des Yellowstone, als plötzlich ein Gefühl in mir auftaucht, das ich aus meiner Kindheit kenne – eine Empfindung, die mit Sommer verbunden ist. Sie überkam mich, wenn ich nach dem Aufwachen durch das kleine Fenster am Fußende meines Bettes auf den mit Sonnenstrahlen gesprenkelten Hinterhof sah; ich wusste dann so sicher, wie ich atmete, dass hinter dem Zaun ein großes Abenteuer auf mich wartete. Heute durchflutet mich diese Empfindung wieder – nicht als konkrete Erinnerung; es ist eher, als wenn die Vergangenheit die Gegenwart gefunden hätte, als wenn diese Zeiten meiner Kindheit halb Freude des Augenblicks und halb Vorahnung gewesen wären –, das Bewusstsein, dass es einen schönen Morgen wie diesen in der Zukunft geben wird, den ich an einem fernen Ort im Westen erleben würde, in einem Sommer, der noch weit vor mir lag.

Wir hatten geplant, bis Fox Park in westlicher Richtung zu gehen und die Nacht in der Wachhütte des *Forest Service* zu verbringen, aber der bloße Gedanke an das Two Ocean Plateau ist so verlockend, dass wir weiterklettern und die letzten 300 m in Angriff nehmen, die uns noch von der Tundra trennen. Der Boden ist ausgetrocknet, und die verdorrten Gräser wurden von einer Serie starker Frosteinbrüche geknickt. Es gibt kaum Spuren von Wapitis, und daher auch kaum Anzeichen, dass Wölfe in der Gegend sind. (Morgen wird mir ein Outfitter erzählen, dass er während eines 95 km langen Rittes, der ihn bis an die windgekämmten südlichen Ränder des Waldes und in die südlichen Teile des Parks führte, nicht einen einzigen Wapiti gesehen hat, als wenn Tausende von ihnen unvermittelt vom Antlitz der Erde verschwunden wären.) Wir sitzen in spektakulärer Einsamkeit. Im Westen reißen die Tetons Löcher in den Himmel, ragen mit so einem Ungestüm in die Höhe, dass die Szene mit Pauken und Trompeten untermalt werden müsste. Aber in unseren Ohren klingt nur das Rauschen des kalten, zerrenden Windes.

Am nächsten Morgen, wir sind kaum 30 Minuten gelaufen und noch gar nicht richtig wach, beginnt der Pfad bereits, schnell in Richtung Ocean Creek abzufallen. Wir hatten ursprünglich gedacht, dass dieser Trip drei Tage dauern würde, doch jetzt weiß ich, dass es weniger als zwei sein werden, dass wir schon heute Nachmittag Lebewohl sagen werden, woraufhin ich mich nach Norden wenden und am frühen Abend wieder in Hawks Rest sein werde. Und genauso ist es auch: Zuerst machen wir Fotos voneinander, wie wir barfüßig an der *Parting of the Waters* stehen und die Beine an einer sehr unscheinbaren Stelle der Kontinentalen Wasserscheide grätschen. Einen Fuß haben wir in den Atlantic Creek gepflanzt, dessen Wasser von hier aus 5470 km bis in den namensgebenden Ozean fließen, und den anderen in den Pacific Creek, der nur 2090 km bis zum Meer zurücklegen muss. »Ich vergieße meine Tränen später unterwegs«, sagt LaVoy nach einer herzhaften Umarmung. Dann stehe ich da und sehe, wie er nach Westen zieht, ohne sich ein einziges Mal umzudrehen. Und während ich denke: »Spring munter weiter, alte Maus«, wünschte ich, mir wären diese Worte früher eingefallen und ich hätte sie ihm noch ins Gesicht sagen können.

Auf dem Rückweg lege ich eine Pause in John Winters Camp ein, um ein bisschen mit Blaine, Judd und ein paar von den Jungs zu plaudern. Blaine ist gerade von einer dreitägigen Reise zurückgekehrt. Unterwegs hatte sich am Bruin Creek ein Unglück ereignet, in das mehrere Pferde verwickelt waren. »Ich bin den Abhang runter und wollte die Gäule erschießen«, erzählt Blaine, der dachte, dass die Tiere schwer verletzt wären. »Aber sie standen sicher auf allen vieren und schüttelten sich.« Bis er sich von dem Schreck erholt, die Tiere wieder bepackt, zurück auf den Weg geführt und schließlich ins Camp gebracht hatte, war es 2.00 Uhr morgens gewesen. Blaine berichtet, dass sich dort oben eine Menge Bären herumtreiben und dass auch derjenige darunter sei, von dem der altgediente Outfitter John Winter sagt, er sei das größte Exemplar, das er je gesehen hätte. Ich bin nicht gerade begeistert, das zu hören, weil ich schon bald am Flussbett des Bruin Creek entlang wandern werde. »Mach dir keine Sorgen«, beruhigt mich Blaine. »Es sind nicht die wirklich großen, vor denen du Angst haben müsstest.«

Blaine hat einige Theorien ausgebrütet – dies scheint eine der Lieblingsbeschäftigungen von Menschen in der Wildnis zu sein. Im frühen 19. Jahrhundert strickte hier der Trapper James Clyman eine Theorie über die Lichtgeschwindigkeit, während sein Zeitgenosse Rufus Sage sich die Zeit vertrieb, indem er die Sprache der Sioux mit Latein verglich, um zu einem späteren Zeitpunkt zu postulieren, dass die Römer irgendwann in der Prärie aufgetaucht sein müssen, um den Indianern ihre Sprache zu übermitteln. In Bob Jacksons

Kopf wird an einer Theorie über die Gruppendynamik bei Büffeln gearbeitet, und LaVoy hat in den letzten Wochen Fragen zum Thema Evolution durchgekaut – insbesondere hatte ihn die These beschäftigt, ob wir, die menschliche Rasse, erst ab dem Zeitpunkt begannen, uns emotional zu verstricken, als wir in der Lage waren, uns eine Zukunft vorzustellen. Blaines innere Arbeit indes tendiert mehr zum Praktischen. Es geht um die Vorstellung, dass die Tonnen von Beeren, die von den Grizzlys gerade verzehrt werden, nicht so sehr als Nahrungsquelle dienen, sondern eine Art Rohrputzer darstellen, ein Abführmittel, das die Därme der Bären von Parasiten befreit, bevor sie ihrem allherbstlichen Fresswahn verfallen. Keinem mir bekannten Biologen ist dies jemals in den Sinn gekommen. Aber für Blaine wird seine Theorie deshalb nicht unwahrscheinlicher.

Als ich Winters Camp hinter mir lasse und den Weg entlang eile, sinkt mir angesichts der Tatsache, dass ich diese Gegend bald verlassen werde, das Herz. Bis nach Hawks Rest sind es noch knapp 5 km, und als ich an diesem Spätnachmittag ein stilles Waldstück durchquere, höre ich zu meiner Linken ein leises Rascheln. Direkt neben mir, nur gut 25 m entfernt, befindet sich ein sehr großer, schokoladenfarbener Grizzly – er hat den Kopf nach unten geneigt und buddelt voller Enthusiasmus am unteren Ende einer Drehkiefer nach Ameisen, Larven oder Gott weiß was. Natürlich habe ich mir ein solches Szenario schon diverse Male ausgemalt. Ich habe darüber nachgesonnen, ob es das Beste wäre, laut zu schreien oder einfach nur dazustehen und möglichst groß auszusehen, oder ob ich mich umdrehen und leise in die Richtung verschwinden sollte, aus der ich gekommen bin. All diese Gedanken schwirren mir jetzt durch den Kopf. Schnell habe ich meine Dose mit dem Pfefferspray zur Hand und das Sprühventil entsichert. Erstaunlicherweise schenkt der Bär mir keine Beachtung. Noch mehr erstaunt bin ich allerdings über mich selbst, als ich bemerke, dass ich die prächtige

Erscheinung des Tieres bewundere – die Fettschicht, die seinen Körper einhüllt, und sein dichtes, glänzendes Fell.

Indem ich mich äußerst behutsam seitwärts einen Hügel hinaufbewege, der mit Haargras und Weidenröschen bewachsen ist, schaffe ich es, die Distanz zwischen uns zu vergrößern. Während ich den Bären im Auge behalte, schiebe ich meinen Rucksack ein wenig nach links, damit, falls er plötzlich aufblicken sollte, mein kleiner Hintern größer aussieht, als er ist. Die trockene Vegetation bewirkt, dass es bei jedem Schritt leise knirscht; unwillkürlich ducke ich mich, obwohl mir klar ist, dass ich kaum eine Chance habe, unentdeckt zu bleiben. Überflüssig zu sagen, dass Adrenalin durch meine Adern schießt. Gleichzeitig bin ich seltsam ruhig – die Dinge entwickeln sich in einem gemächlichen Tempo, und so stelle ich sogar zufrieden fest, dass ich mein Bestes gebe, um mit der Situation fertig zu werden. Für den Fall, dass er auf mich zukommt, plane ich, ihn laut brüllend in die Flucht zu schlagen, und sollte dies nicht klappen, werde ich das Pfefferspray einsetzen. Und wenn das auch nicht funktioniert – nun ja, für diesen Fall habe ich eigentlich keinen Plan. Sich fallen lassen und die Embryohaltung einnehmen wäre ein letzter Rettungsversuch, wenn nicht eine ziemlich erbärmliche Notlösung. Und dann hebt er seinen Kopf. Entdeckt mich sofort. Und als sich unsere Blicke treffen, zögert er nur für den Bruchteil einer Sekunde, dann dreht er mir sein schönes, plumpes Hinterteil zu – seine Fettpolster wabern ob der abrupten Bewegung – und rennt in den Wald. Ich umklammere das Pfefferspray noch eine Weile, und als ich meinen Weg fortsetze, blicke ich immer wieder zurück, um sicherzugehen, dass ich nicht verfolgt werde. Doch abgesehen von dem Krächzen der Raben und dem Gesang der Kiefernhäher und Meisen herrscht absolute Stille.

Ich neige dazu, die Anzahl der Bären, die Outfitter gesehen haben wollen, nicht ganz ernst zu nehmen (man denke an die Aussage, das

Delta-Rudel umfasse 130 Wölfe), doch zweifellos ziehen viele von ihnen durch die Teton Wilderness. Allein Cavan Fitzsimmons wird bei seiner diesjährigen Jagdpatrouille 18 verschiedene Grizzlys sehen, darunter eine Mutter mit Drillingen, die alle in guter Verfassung sind. Im Jahre 1993 hat der *U.S. Fish und Wildlife Service* drei Ziele formuliert, die erreicht werden müssen, bevor der Grizzly von der Liste der gefährdeten Arten gestrichen werden kann, auf der er im Sommer 1975 nach heftigen Kontroversen gelandet war. Das erste Ziel bestand darin, dass sechs Jahre lang im Durchschnitt 15 ausgewachsene Weibchen mit ihren Jungen in einem Areal angesiedelt und überwacht werden sollten, das sowohl das Schutzgebiet als auch einen Gürtel von weiteren 16 km umfasst. Mit der zweiten Zielsetzung wurde festgelegt, dass sich 16 von 18 Bärenbetreuergruppen der Beobachtung und Pflege von Weibchen und ihrem Nachwuchs widmen sollten, wieder über einen Zeitraum von sechs Jahren. Mit dem letzten Ziel wurde angestrebt, dass die durch Menschen verursachte Bärensterblichkeit in zwei aufeinander folgenden Jahren nicht höher als 4 % der gegenwärtigen Population sein darf, und dass der Anteil der Weibchen dabei unter 30 % liegen muss. Im Ökosystem des Yellowstone wurden in den Jahren 1998 bis 2001 all diese Vorgaben erfüllt, und wahrscheinlich wird man auch 2002 erfolgreich sein. Doch um die Grizzlys tatsächlich von der Liste der gefährdeten Arten streichen zu können, müssen die Staaten Montana, Wyoming und Idaho Managementpläne ausarbeiten, die eine effektive Überwachung und eine gute Pflege sowohl der Bären als auch ihres Lebensraums gewährleisten.

In einem so konservativen Teil des Landes, in dem die Bundesregierung so beliebt ist wie die Pest, hegt man den Verdacht, dass die Jobs zu vieler Bürokraten mit dem Grizzly-Projekt verknüpft sind, als dass sie es je aufgeben würden. »Wenn diese Biologen mal drei Wochen mit einem Outfitter verbringen würden«, hat ein Führer zu mir gesagt, als wir über die große Zahl von Bären in dieser Gegend sprachen, »dann würden sie sagen: ›Ach, du Scheiße!‹ Aber die sitzen nur in ihren Büros vor den Computern und lassen zu, dass die Probleme hier weiter wachsen.«

Doch so rosig sieht die Sache für die Bären gar nicht aus. Selbst wenn man davon ausgeht, dass die Bärenpopulation groß, sogar sehr groß ist, gibt es doch einige Umweltprobleme, die selbst dem optimistischsten Bärenexperten einen Dämpfer verpassen. Der Mangel an den als Nahrungsquelle so wichtigen Samen der Weißborkenkiefer ist nicht nur auf Dürreperioden zurückzuführen; man kann davon ausgehen, dass eine große Zahl dieser Bäume – über 80 % – in den nächsten 10 Jahren von Blasenrost befallen und zu Grunde gehen werden. Die Hauptursache dafür, dass der Baumbestand sich vielleicht nie wieder erholt, könnte die ständige Klimaerwärmung sein. Und selbst wenn sich der Bestand erholen würde, wird es 80 bis 100 Jahre dauern, bis die Weißborkenkiefern wieder eine ausreichende Menge von Zapfen produzieren. Gleichzeitig versiegt eine andere Nahrungsquelle, denn der Bestand an laichenden Cuttthroat-Forellen ist in einigen Flüssen um 50 % gesunken. Wenn man zu den eben genannten Faktoren die zunehmende Zahl der Konflikte zwischen Bären und Jägern addiert – die natürlich oft zu einer höheren Sterblichkeitsrate führen – und die potentielle Bedrohung des Lebensraums durch zahlreiche Energiegewinnungsprogramme mit in Betracht zieht, dann könnte das, was heute als kraftstrotzende Bärenpopulation erscheint, schon morgen in sich zusammenfallen.

Als ich die tiefer gelegenen Abschnitte des Atlantic Creek erreiche, öffnet sich der Vorhang aus Drehkiefern und gibt einen prächtigen Ausblick auf das Thorofare frei – vor mir erstreckt sich über 30 km eine Wiesenlandschaft im Licht der untergehenden Sonne. Das Grasland wird im Westen vom Hawks Rest eingerahmt, von den drei Fingern des Trident und vom Turret Mountain, während es im Osten durch das Two Ocean Plateau begrenzt ist. Als ich innehalte und den Anblick genieße, muss ich an Kayla denken. Sie hat einmal gesagt, dass es an ein Wunder grenzt, dass diese Region nie kultiviert wurde – trotz all der Verrücktheiten, die sich hier an manchen Sommertagen manifestieren, wenn Waffen tragende Outfitter und Touristen ihre Muskeln spielen lassen und sich aufführen, als wären sie Hauptdarsteller in einem billigen Wildwest-Film. Es ist wirklich ein Segen, dass man keine Highways oder Schienenstränge durch dieses flache, idyllische Terrain gezogen hat, und dass die Wiesen nicht zu Golfplätzen umgewandelt oder unter Wohnsiedlungen, Fast-Food-Restaurants, Souvenirläden und Motels begraben wurden. Es gab Pläne, die sogar mit einiger Vehemenz verfolgt wurden, die im Yellowstone National Park den Yellowstone Lake und den Bechler River stauen wollten, und in den 1940gern versuchte die Armee rotzfrech, hier im Thorofare den Bau einer Landebahn durchzusetzen. Doch all dies ohne Erfolg.

Auf der anderen Seite wäre die gesamte Region – von den Quellgebieten des Yellowstone River und des Thorofare Creek bis ganz nach Süden zum Buffalo Fork – 1918 beinahe ein Teil des Yellowstone National Park geworden. Die Pläne zur Ausweitung des Parks wurden von der »Greater Yellowstone«-Bewegung vorangetrieben, die zeitweise von sich reden machte. Doch die Bemühungen scheiterten letztlich auf der politischen Bühne am erbitterten Widerstand der Outfitter.

Die Tage nach LaVoys Abschied sind von einer tiefgreifenden Stille geprägt. Das letzte Reiter-Camp, eine freundliche Gruppe aus Salt Lake City, die seit 12 Jahren nach Hawks Rest kommt, baut seine Zelte am Labor Day ab und lässt mich allein zurück in dieser kurzen, wunderschönen Zäsur vor dem Beginn des Herbstes. Es scheint, dass der bevorstehende Umschwung auch den Tieren bewusst ist.

Am 3. September, kurz nach dem Morgengrauen, während der Fluss noch von Nebelschleiern verhüllt ist, höre ich das unverkennbare Heulen eines Wolfes, als ich das Feuer im Küchenherd schüre. Ich lasse das Kleinholz fallen und stürze auf die Veranda. Über drei oder vier Minuten lausche ich dem seelenvollen Ruf eines einzelnen Tieres, das sich, nur ein paar hundert Meter entfernt, irgendwo am Südufer des Bridger Lake aufhalten muss. Wie der Donner der Sommergewitter wird das Heulen von den Steilwänden am Fuße des Two Ocean Plateaus reflektiert und schwirrt dann durch das Tal, um schließlich vom Hawks Rest zurückgeworfen zu werden. Dieses akustische Wunder verleiht der Stimme der Wildnis ein Timbre, das die ohnehin markerschütternde Wirkung des Wolfsgesangs noch verstärkt. Sowohl die Wolfsgegner als auch seine Befürworter beschreiben sein Heulen oft als etwas, das ihnen die Nackenhaare aufstellt. Mir ist das noch nie so gegangen. Gleich, ob es sich um einen Chor oder um einen Solisten handelt, das Geheul der Wölfe hat etwas Trauriges und zugleich Kraftvolles. In ihm spiegelt sich der Blues der ganzen Welt.

Fünfzehn Minuten später entdecke ich zwei junge schwarze Wölfe, die hinter dem Weidezaun in nördlicher Richtung laufen und sich auf ihrem Weg zum Bridger Lake dicht bei den Weiden halten. Dieses Wehklagen, das mich an die schmerzerfülltesten Töne von Billie Holiday erinnert, ist für sie vielleicht wie das Rufen einer Mutter, die vor der Haustür steht und ihre herumstreunenden Kinder zum Abendessen versammelt.

In diesen frühen Tagen des September gibt es in unmittelbarer Umgebung der Hütte deutlich mehr Tiere. Dabei tut sich besonders ein Streifenhörnchen hervor, das jeden Morgen und jeden Abend durch das Westfenster lugt, an der Scheibe kratzt und überlegt, wie es hineingelangen könnte. Doch auch in den Wäldern hinter Hawks Rest wimmelt es von Eichhörnchen; sie pflücken Hunderte von

Zapfen von Douglastannen und Kiefern, die entweder mit einem beachtlichen Geräusch auf dem Boden aufschlagen oder von herumliegenden Stämmen abprallen, sodass ich an einigen Tagen den Eindruck habe, direkt neben einem Golfübungsplatz zu leben. Heute Morgen haben sich sechs Maultierhirsche lange bei der Hütte aufgehalten: drei Kühe und drei Kitze. Sie standen ein paar Meter vor der Veranda und starrten zwischen ein paar Bissen Gras ab und zu durch die Fliegengittertür. Irgendwann schlüpften sie durch den Zaun und schlenderten über die Weide, bis sie schließlich außer Sichtweite waren.

Nachts gehen mir oft Bilder von übel gelaunten Grizzlys durch den Kopf. Nicht nur während der späten Ausflüge zum Herzhäuschen, sondern auch in der Hütte, denn mein Stockbett steht genau in jener Ecke, wo die Wände unserer Behausung vor 60 Jahren von einem wütenden Bären zerstört wurden. Der *Park Service* hat über die Presse verlauten lassen, dass die Bären in letzter Zeit diverse Schäden verursacht haben. Ihr gereizter Zustand wird darauf zurückgeführt, dass an den Weißborkenkiefern wieder sehr wenig Zapfen gereift sind. Ich mache mir ein wenig Sorgen um meinen Heimweg, denn wenn ich aufbreche, wird die Jagdsaison begonnen haben. Was ist, wenn Bob Jackson Recht hat und das Salzen und grobe Zerwirken der Jagdbeute tatsächlich viele Bären auf der Suche nach Wapitikadavern über die Südgrenze des Parks lockt? Wenn ich das Thorofare verlasse, werde ich genau der Route folgen, die auch die Wapitis bei ihrer längsten Migration innerhalb der Rocky Mountains einschlagen, und damit riskiere ich auch ein potentielles Zusammentreffen mit Bären.

Ich schreibe diese Zeilen auf der Veranda, sitze auf einer umgedrehten Satteltasche aus Aluminium, den Rücken an die Brüstung gelehnt, das Gesicht der Sonne zugewendet. Der Fluss, der durch die

Regenfälle der letzten Woche ein wenig angeschwollen war, hat sich seiner zusätzlichen Fracht entledigt und fließt wieder ruhig durch sein mäanderndes Bett. Manchmal, ohne ersichtlichen Grund, werden die Stromschnellen unter der Brücke hörbar; dann weht ein lautes Flüstern hinauf zur Hütte, um schon ein paar Sekunden später wieder zu verstummen. An den Stangen neben der Hütte sind drei stampfende, schnaubende Mulis angebunden – sie gehören zu den Packtieren von Cavan und seinem Partner Erin ; die beiden reiten gerade am Thorofare Creek flussaufwärts und überprüfen Hinweise auf Salzplätze. Gleichzeitig ziehen Jack Hatch und sein Kumpel Bill gemeinsam mit Dann Harvey von der *Wyoming Wilderness Academy* durch die südlichen Regionen des Parks und halten Ausschau nach Wölfen.

Während der letzten Nacht waren wir zu sechst in der Hütte; fünf von uns haben im Hauptraum geschlafen, und Jack hat das untere Stockbett in der Sattelkammer belegt. Bill schnarcht wie verrückt und ich hab mich in meiner vorletzten Nacht hier in der Hütte gefühlt, als stünde mein Bett in einem Sägewerk. Am Morgen ging es wieder hoch her, diesmal führte das Pferde-Genie Jack Hatch das Wort, der Mann, der wilde Mustangs für den *Forest Service* zähmt. »Scheint, als wären die meisten Menschen abhängig von Maschinen«, erklärte er uns bei einem Kaffee, der so stark war, dass der Löffel drin stehen blieb. »Und diese Maschinen haben bewirkt, dass wir unsere intuitiven Fähigkeiten verloren haben.« Und dann erzählte er uns, dass er immer den Wunsch gehabt hätte, alles auf einfache Weise wirklich gut zu machen. Wenn er einfach sagt, meint er intuitiv. Aus diesem Grund arbeitet er so gerne mit Pferden. »Pferde sind in gewisser Hinsicht wie Menschen«, klärte er uns auf. »Sie hungern nach Freiheit. Ein Pferd wird sich immer dahin bewegen, wo es die größte Freiheit von manipulierenden Einflüssen findet.« Das klingt so ähnlich wie das, was LaVoy gesagt hat, als wir auf den Grizzly am Lamar River stießen, der sich umdrehte und hastig die Flucht ergriff, als er uns sah – vielleicht nur deshalb, weil er seinen Freiraum schützen wollte.

Am nächsten Tag ist es Zeit für mich, aufzubrechen. Bei meiner Abreise hinterlasse ich keine leere, stille Hütte, sondern eine, die zum Schneiden dick mit dem Duft von Kaffee und Haferflocken gefüllt ist. Cavan und Erin bereiten sich auf einen langen Ritt vor, der sie den Yellowstone flussaufwärts führen wird, Jack und Bill sind nach Blackrock, um ein paar nervöse Mustangs zu beruhigen, und Dann wird bald nach Laramie aufbrechen, um im Cathedral Home mit benachteiligten Jugendlichen Squaredance zu tanzen.

Es ist warm, und so sind die Wapitis immer noch hoch oben in der Tundra, oder in etwas tiefer gelegenen Gegenden, verborgen hinter den diffusen Vorhängen jener Bäume, die nicht verbrannt sind. Am Open Creek treffe ich den Wildaufseher Gary Brown und seine Töchter, die Nahrungsmittel zur *Game and Fish Department*-Hütte bringen. Gary redet über die große Migration und erzählt mir, dass die Wapitis um die dritte Oktoberwoche herum zu Hunderten, ja zu Tausenden, ostwärts durch das Flussgebiet des Thorofare Creek wandern werden. Und genau wegen dieser Wanderung habe ich mich entschlossen, das Thorofare auf dem gleichen Wege zu verlassen wie die Wapitis – ich werde den Bruin Creek flussaufwärts ziehen und dann am Fall Creek entlang wandern. Natürlich ist mir klar, dass die Wapitis erst viel später aufbrechen werden, aber im Gegensatz zu ihnen zwingt mich das Wetter jetzt schon zu gehen. Es könnte sein, dass es demnächst schneit; innerhalb von Stunden fallen hier 30–60 cm Schnee, und dann würde die weiße Pracht die Tundra bedecken. Daher drehe ich mich oft nach Westen um und halte Ausschau nach Wolken, die Schnee signalisieren. Am Abend klart der Himmel auf, die Temperaturen fallen auf -5 °C, und der Eingang meines Zelts ist von einer Eisschicht überzogen.

Der letzte Außenposten am Hauptweg ist das Camp von Gary Fale. Es liegt 25 km von Hawks Rest entfernt am Rande saftiger Wiesen. Als ich dort ankomme, herrscht reges Treiben im Camp; die Führer rollen Wapitifelle auf, stapeln Vier- und Sechsender-Geweihe und bereiten alles für den morgigen langen Ritt nach Cody vor. Sieben von elf Jägern haben Tiere erlegt, und die Chancen der anderen vier, vor Anbruch der Dunkelheit noch erfolgreich zu sein, stehen gut. Zwei der Kunden – Pete aus Georgia und Dan aus Pennsylvania – tragen Cowboyhüte, lehnen gegen einen Zaun und kauen auf Grashalmen. Beide scheinen Lust zu haben, sich zu unterhalten, insbesondere über Grizzlys.

»Wann hast du das letzte Mal einen Bären gesehen?«, will Dan von mir wissen. Er ist überrascht, als ich ihm sage, dass es eine Woche her ist. »Hier wimmelt es von ihnen, sie kommen fast jede Nacht ins Camp.« Er berichtet, dass gestern einer aus ihrer Gruppe einen großen Bullen erlegt hat. Die Männer sind ins Camp zurückgegangen, um Lasttiere zu holen, und als sie ungefähr drei Stunden später zurückkamen, saß ein Grizzly auf dem Kadaver. »Einer der Führer musste mit einer Schrotflinte auf das große Weibchen schießen, um es zu vertreiben«, sagt Pete mit geistesabwesenden Blick. »Ansonsten hätten wir es töten müssen.« Wenn in drei Wochen ein lästiger Bär einmal zu oft in dieses Lager kommt, wird er hier, inmitten der Bergwiesen des Thorofare Creek, seinem Schöpfer begegnen, denn dann werden es Gewehrkugeln statt Schrot sein. Ich muss an einen Eintrag im Logbuch der Hawks-Rest-Hütte denken, der von dem Teton-Wilderness-Ranger Gordon Reese stammt. Er schrieb vor 20 Jahren: »Wir hatten keinen Ärger mit Bären. Ein feuchtes Jahr und Bleivergiftungen haben dieses Problem verringert.«

Die Führer, die in Hörweite stehen, schweigen, aber man kann an ihren Gesichtern ablesen, dass sie die Mitteilsamkeit ihrer Kunden nicht gerade glücklich macht, besonders bei dem Teil der Geschichte mit der Schrotflinte und der Bärin. Ich trage einen Rucksack auf dem Rücken und Schuhe mit Profilsohlen, und daher gehöre ich nicht zu den Menschen, mit denen man laut darüber nachdenkt, wie man Grizzlys verscheucht. Als ich einem der Führer erzähle, dass ich am Bruin Creek flussaufwärts zur Wasserscheide ziehen will und ihn nach dem besten Weg frage, sagt er nur, ich solle am Fluss entlang gehen. John Winters Sohn hat mir einen ganz anderen Rat gegeben; vor zwei Wochen versicherte er mir, dass die beste Route über die hohen Abhänge am Nordufer führt. Man sollte denken, dass ich nach all den Jahren in der Wildnis hätte wissen müssen, was hier gespielt wird. Die meisten Führer zögern nicht, wenn es darum geht, jemanden aus einer Notlage zu befreien, aber Rucksacktouristen auf den Arm zu nehmen ist ein beliebter Zeitvertreib; entweder schickt man sie in die falsche Richtung, oder – und das geschieht immer noch häufig – man macht ihnen weis, dass hinter der nächsten Ecke ein großer Grizzly auf sie lauert.

Dummerweise folge ich dem zweiten Rat und bleibe am Flussufer, und so lande ich, nachdem ich eineinhalb Kilometer am Bruin Creek entlang gewandert bin, in einer engen, von etwa 60 m hohen Felsen umgebenen Schlucht, die von Wand zu Wand vom Fluss ausgefüllt wird. Ich muss lange und gründlich suchen, bis ich einen Ausweg finde, und als ich schließlich in einer steil abfallenden Felsspalte aus dem Canyon hinausklettere, lösen sich Gesteinsbrocken aus der Wand, die so groß sind wie Bowlingkugeln, und trudeln in die Tiefe. In Wirklichkeit verläuft dieser Jägerpfad über diverse Kilometer nicht direkt am Fluss entlang; immer wieder verliert er sich zwischen Weiden, Geröllhaufen oder führt durch dichtes Gestrüpp, in dem mir nichts anderes übrig bleibt, als eventuellen Bären mit Rufen meine Anwesenheit kundzutun und das Beste zu hoffen.

Nach einem langen, stetigen Aufstieg führt der Pfad durch einen lichten Wald. Große Flächen sind mit von Blasenrost befallenen Weißborkenkiefern bewachsen, die entweder bereits tot sind oder im Sterben liegen. Ihre knollenförmigen Baumkronen mit den avocado- und rostfarbenen Blättern wirken aus einiger Entfernung, als würden sie das Laub wechseln und lediglich unter dem Gewicht des Herbstes dahinschwinden. Am Nachmittag habe ich die Tundra erreicht; vor mir liegt ein windgebeuteltes Chaos von Felsmassiven, die über 3000 m hoch aufragen und deren zentrale Bergkette das Rückgrat der Wasserscheide in den Absarokas bildet. Die Tausende von Wapitis, die hier durchziehen, haben autobahnähnliche Schneisen in die Vegetation getrampelt. Die meisten werden die Wasserscheide überqueren und entlang des Fall Creek den Abstieg bewältigen; dann werden sie zum South Fork des Shoshone weiterziehen und von dort aus die steilen Flanken des Needle Mountain in Angriff nehmen. Wieder einmal wird mir schwindlig, als ich versuche, alles zu erfassen – im Westen liegt das sanft ansteigende Thorofare Plateau, im Norden der Deer Creek Pass und Rampart Peak, und weit im Osten, an den Ufern des South Fork des Shoshone, erstrecken sich mit Salbeisträuchern bedeckte Ebenen. Dahinter liegt Cody – und das Ende der Wildnis.

In ein paar Stunden wird sich fast genau dort, wo ich jetzt stehe, ein packendes Drama abspielen, von dem ich erst nach meiner Rückkehr in die Zivilisation erfahre. Mike Potas, ein Führer aus Gary Fales Camp, war mit einem Kunden auf Wapitijagd. Hier, an der kontinentalen Wasserscheide, wird ein Grizzly-Weibchen Mike von hinten überraschen, seine Hüften umklammern und ihn schütteln, als sei er eine Stoffpuppe. Schließlich wird die Bärin ihn einen Abhang hinunterwerfen, und Mike wird mit Prellungen und Schürfwunden davonkommen. Als ich ihn im darauf folgenden Herbst treffe, frage ich ihn, ob das Ganze so furchtbar für ihn gewesen sei, wie es sich anhört. »Nicht wirklich«, sagt Mike. »Ich hatte gar keine Zeit, Angst zu haben.« Als Cavan Fitzsimmons in Hawks Rest an jenem Tag per Funk von dem Ereignis hörte, dachte er, der Verletzte wäre ich.

Während sich Mike Potas mit dem Grizzly auseinander setzt, wandere ich über bröckeligen Boden den Fall Creek hinunter. Über eine Strecke von 8 km bewältige ich 1500 Höhenmeter. Eine anstrengende Wegstrecke, auf der es wunderbare Dinge zu sehen gibt: Der Fall Creek fällt immer wieder fast vertikal ab und stürzt in Becken, die mit eisblauem Wasser gefüllt sind. An der Südwand der Schlucht gibt es dünne Wasserfälle, die sich von Felsklippen vulkanischen Ursprungs in die Tiefe stürzen. Die Fälle an der Nordseite sind breiter, wilder, sie schwingen sich von ihren steinigen Rutschbahnen in die Luft wie Kinder, die von einer Schaukel springen. Während der letzten 3 km hat sich das, was man vorher vielleicht noch als Pfad hätte bezeichnen können, weitgehend verloren; der Weg ist streckenweise von Geröll verschüttet oder wurde weggewaschen, und so verläuft mein Abstieg reichlich improvisiert. Ich studiere meine Landkarten – topografische Karten mit 80- statt 40-Fuß-Höhenlinien, obwohl ich mir schon oft geschworen habe, nie wieder mit so etwas loszuziehen. Anhand der Karten ist es schwer zu sagen, ob ich entlang dieses Seitenarmes direkt zum South Fork gelangen kann oder ob ich lieber flussaufwärts gehen und weiter oben nach einer besseren Route suchen sollte. Neben mir stürzt der Fall Creek in die Tiefe; ich stehe zehn Minuten da und versuche durch einen dichten Vorhang aus Bäumen zu blicken, um zu ermessen, ob sich dieser Wald ganz bis zum South Fork erstreckt. In diesem Falle würde es Sinn machen, weiter flussaufwärts zu gehen. Doch ich habe kein gutes Gefühl, und so entscheide ich mich am Ende dafür, den Creek gleich oberhalb der Wasserfälle zu durchqueren. In Sandalen wate ich hinüber und folge dann dem

Ufer auf der Suche nach einem Pfad, der nach unten führt. Schließlich finde ich einen, doch der Weg ins Tal bleibt eine rutschige Angelegenheit und gestaltet sich äußerst anstrengend.

Es ist fast 17.00 Uhr, als ich mein Lager auf der anderen Seite des South Fork aufschlage – weit oberhalb des Flusses, in einem kleinen Drehkieferwäldchen. Meine letzte Nacht in der Wildnis liegt vor mir, und so mache ich ein Feuer, starre in die Flammen und versuche mir vorzustellen, wie es sich anfühlen wird, wenn dies alles hinter mir liegt. Da die Jagdsaison eröffnet ist, habe ich damit gerechnet, auf viele Reiter zu treffen, aber es herrscht vollkommene Stille – bis 18.30 Uhr, als ein einsamer Rucksackwanderer aus Cody auftaucht. Es gibt kaum Campingplätze in diesem Gebiet, und ich bin gerne bereit, meinen Platz mit ihm zu teilen. Wir sitzen auf Stämmen am Feuer und reden schon drei Stunden lang, bevor wir uns überhaupt vorstellen. Steve erzählt, dass er sich ziemlich bemüht hatte, einen Begleiter für seine dreitägige Wanderung zu finden, aber ohne Erfolg. »Immer mehr Leute sind entweder zu beschäftigt, oder sie haben keine Kondition mehr«, erläutert er.

Während der Sommermonate leitet Steve Wildwasser-Floßfahrten auf dem Shoshone. Anstatt über die Vorteile seines Jobs zu reden, erzählt er von den verrückten Fragen, die ihm seine Kunden stellen. Die Frage, die ihm am absonderlichsten erscheint und die er gut ein halbes Dutzend Mal pro Woche hört, ist, ob das Floß wieder an der Stelle ankommt, an der die Mannschaft es ins Wasser lässt. Als ob der Fluss in einem großen Kreis fließen würde. »Eine Zeit lang fand ich das wirklich komisch«, sagt er leise. »Aber jetzt finde ich es beängstigend. Ich meine, das sind doch Leute, die sonst ganz intelligent sind. Aber sie haben keine Ahnung von den grundlegendsten Naturgesetzen; von Dingen wie Schwerkraft.«

Als ich am nächsten Morgen aufbreche, liegt Steve noch in seinem Schlafsack. Ich hinterlasse ihm einen Zettel mit meiner Adresse und mache mich flussabwärts auf den Weg. Damit beginnt meine letzte Wanderung in dieser Saison. Dass ich gestern die richtige Entscheidung getroffen habe, bestätigt sich, als ich an einen Punkt komme, von dem aus ich auf den gegenüberliegenden Fall Creek blicken kann. Wenn ich mich durch die dichten Vorhänge aus Koniferen gezwängt hätte, wäre ich nach kurzer Zeit am Rande eines 30 m hohen Steilhangs gestrandet. Und selbst wenn ich dort den Abstieg geschafft hätte – und das ist mehr als unwahrscheinlich –, wäre ich nach einer höchst riskanten Kletterpartie über glitschige Felsbrocken direkt im knietiefen, eiskalten Wasser gelandet, denn an dieser Stelle gibt es keinen Uferstreifen. Ich hätte durchs Wasser waten müssen und nach 3 km wäre ich dann an eine tiefe Spalte im Canyon gelangt, in der ich vielleicht genug Halt gefunden hätte, um die fast 100 m hohe Wand zu bezwingen und schließlich auf den Pfad zu gelangen.

Stattdessen befinde ich mich nun aber auf einer herrlichen Strecke am Rande eines Steilhangs, hoch über dem South Fork. Ich versuche langsam zu gehen, da ich weiß, dass Jane erst in einigen Stunden am Trailhead sein wird. Mehr als einmal lege ich auf einer der weiten Wiesen eine Pause ein, um die Umgebung in mich aufzunehmen, um sie in mein Gedächtnis einzubrennen, damit ich diese Bilder hervorzaubern kann, wenn das Leben mich in den kommenden Monaten in die Mangel nimmt. Die Westseite des Canyons ist ein überwältigendes Beispiel für die Kräfte der Erosion. Die 300 m hohen Wände sind von einigen engen Spalten durchzogen, in denen nach jedem starken Regen einzelne Ströme zu prachtvollen Wasserfällen gebündelt werden. Am Fuße dieser trichterartigen Einschnitte türmen sich 120 bis 150 m hohe Halden aus dem mitgespülten Geröll. Man könnte sagen, das Hochland verwandelt sich hier in Gesteinsbrocken, und diese werden zu Sand zerrieben, der dann in den Fluss gespült wird. Der Lauf der Evolution.

Kapitel zehn

Mein Ausflug endete am frühen Abend unter dem warmen Blau eines Septemberhimmels. In den folgenden Wochen war ich euphorisch; ein Teil von mir war aus der Wildnis zurückgekehrt, während ein anderer von mir noch dort weilte. Ich war mit Freunden und geliebten Menschen gerade wieder vereint, und der Alltag mit seinen Verpflichtungen hatte mich noch nicht wieder eingeholt. Ich hatte Zeit zum Nachdenken, zum Beispiel über die Worte des Umweltschützers Sigurd Olson, der den Wert eines Aufenthalts jenseits der Zivilisation auf den Punkt bringt. »Man kann nicht da draußen bleiben«, warnt er, »denn das ist nicht der Ort, wo die Menschen leben. Wer in die Natur geht, sucht in Wirklichkeit die Erneuerung und einen ›Balsam für die Verspannungen der Welt‹. Die Wildnis ist für die Menschen Amerikas eine spirituelle Notwendigkeit, ein Gegengift zu dem enormen Druck des modernen Lebens, ein Mittel, um Klarheit und Gleichgewicht zurückzuerlangen ... Sie gehen in die Wildnis, weil es ihren Seelen gut tut.«

Das ist ein hoher Anspruch. Ich habe die Idylle und die Abgeschiedenheit von Hawks Rest verlassen und bin in eine Welt zurückgekehrt, die voller Ängste und Wirtschaftsskandale ist und in der eine Regierung darauf brennt, in den Krieg zu ziehen. Manchmal muss ich darum kämpfen, mit der Schönheit verbunden zu bleiben, sie nicht zu entehren, indem ich mich morgens schlecht gelaunt frage, ob ich all das wirklich erlebt habe. Anfang Oktober habe ich Kayla in Jackson getroffen. Zumindest an diesem Tag war auch sie am Ende ihrer Weisheit. In einem Aufwallen von Ärger versprach sie, dass, wenn die Dinge innerhalb der politischen Szene nicht besser würden, sie ihren Rucksack packen, ins Thorofare ziehen und für immer verschwinden würde. Natürlich wird Kayla das nicht tun, denn es entspricht nicht ihrer innersten Natur, sich gänzlich zurückzuziehen. Auch in der Wildnis braucht sie Menschen, die sich ihre Geschichten anhören und all die Weisheit bewundern, die sie errungen hat, indem sie dem strahlenden, anspruchsvollen Traum nachgibt, der seit 20 Jahren an ihr zerrt.

Außerdem gibt es auch in der Teton Wilderness einen Wahnsinn von ganz eigener Art. In Wahrheit hat die Wildnis immer genauso leicht krasse Gesetzlosigkeit hervorgebracht wie Feingefühl, hat bewirkt, dass einfältige Arroganz sich genauso manifestiert wie Dankbarkeit und Inspiration. Derselbe Ort, der auf Menschen wie Kayla Michael, Bob Jackson und auf die Jugendlichen der *Wyoming Wilderness Academy* wie ein Magnet wirkt, übt auch auf Aussteiger und Fanatiker eine große Anziehungskraft aus. Etwas anderes zu erwarten würde bedeuten, die Kraft der Wildnis zu begrenzen. Aggression und Anmut, Zerstörung und Geburt, Leben und Tod – all das hat seinen Platz in solchen Gebieten, und derjenige, der sich nur die inspirierenden Teile herauspickt, läuft Gefahr, das Land zu einer Banalität zu reduzieren.

Natürlich war ich oft über die beleidigende, fast kriegerische Mentalität entsetzt, die im Thorofare herrscht. Ich kann mir kaum eine verlogenere Haltung vorstellen als jene, die dort an den Tag gelegt wird; man flucht auf die Regierung und regt sich über Wölfe und Grizzlys auf, während man gleichzeitig Geld aus diesem Landstrich herausquetscht – was den Outfittern schon lange nicht mehr möglich wäre, wenn sich nicht so viele engagierte Umweltschützer mit Nachdruck für den Schutz solcher Regionen eingesetzt hätten. Theodore Roosevelt hat den Jäger als einen Menschen beschrieben, der sowohl für das Wohl seiner Beutetiere kämpft als auch für das

Gebiet, das sie ernährt; doch diese Definition wird allzu oft von Männern in den Hintergrund gedrängt, denen es hauptsächlich darum geht, sich zu kostümieren und Waffen abzufeuern. Noch irritierender ist allerdings, dass sie ihr ganzes Gerede so oft mit der Treue zur Fahne bemänteln. Damit wird einer der tragenden Grundsteine des Patriotismus, die Achtung des unkultivierten, freien Lands – eine Haltung, die im frühen Amerika so verbreitet war – auf den profanen Anspruch reduziert, dass man das Recht habe, es zu zerstören.

Doch auch auf der anderen Seite des Zaunes gibt es beunruhigende Anzeichen. Als ich kürzlich von einer der landesweit anerkanntesten Fakultäten für Politikwissenschaften als Gastdozent eingeladen war, fragte ich eine der führenden Gelehrten, warum sie sich für den Greater Yellowstone interessiere. Sie schwieg für eine Minute, dachte angestrengt nach, und mit einem sehr selbstzufriedenen Ausdruck in den Augen begründete sie ihre Zuwendung damit, dass die Region ein » außerordentliches kulturelles Prestige« besitze. Inzwischen ist es schwer geworden, auch nur einen einzigen Verwalter der Schutzgebiete zu finden, der es nicht bestürzend findet, dass sich Besucher unter den wildlebenden Tieren verhalten, als wäre der Greater Yellowstone ein Disney-World-Park mit thermalen Attraktionen. Über Handys werden dutzendweise Notrufe von Leuten abgesetzt, die einfach unterwegs müde werden, und die Art und Weise, in der sie die Tierwelt wahrnehmen, ist von Naivität bis hin zu Boshaftigkeit geprägt. »Es gibt eine Generation, der die Natur so fremd geworden ist, dass sie absolut keine Ahnung hat«, sagt der Biologe Kerry Gunther. »Die Leute denken sich nichts dabei, wenn sie sich einem 180 kg schweren Grizzly bis auf 20 m nähern.«

Gleichzeitig sind viele dieser Stadtmenschen in zunehmenden Maße geneigt, auf die Rancher und den Rest der Landbevölkerung des Westens zu schimpfen. Auf höchst pragmatische Weise zeigen sie damit eine völlige Ignoranz gegenüber der Tatsache, dass das private Land der Rancher eine wichtige Existenzgrundlage für Wapitis und bestimmte andere Tierarten darstellt (anders als Hirsche werden sie sich nie in der Nähe von Wohnsiedlungen wohl fühlen). Und man vergisst, dass, wenn die Wapitis wegziehen, auch die Wölfe verschwinden werden, um von Grizzlys, Kojoten, Dachsen und Adlern gar nicht erst zu reden. Wenn man einerseits darüber jammert, dass Wölfe eliminiert werden, die Geschmack an Rindern gefunden haben, und gleichzeitig damit einverstanden ist, dass die Überwinterungsgebiete ihrer Hauptbeutetiere mit luxuriösen Einfamilienhäusern und Eigentumswohnungen überzogen werden, dann ist man nicht weniger arrogant – und oft auf folgenschwerere Weise – als jeder beliebige Spinner, der im Thorofare sein Unwesen treibt. Darüber hinaus gleicht die Bereitschaft, das Leben von Menschen gnadenlos zu zerpflücken, das zu zerstören, was – zumindest in guten Zeiten – einen einträglichen Broterwerb darstellt, einer Hetzjagd der ganz besonderen Art. Die Vision, die sich diese Leute von dem Begriff Natur zusammenbrauen, basiert nicht auf einer Lebensgemeinschaft im breitesten, vielfältigsten Sinne, sondern auf elitären Dogmen; es ist eine Sichtweise, welche die Natur von einer lebendigen Kraft auf den Status eines Symbols reduziert.

Ich bin ins Thorofare gegangen, um mir ein Bild von dem Zustand der Natur in der entlegensten Region der 48 kontinentalen Staaten Amerikas zu machen. Auf den ersten Blick scheint dieses Gebiet völlig intakt zu sein. Zweifellos werden dort auch in den nächsten Jahren Wölfe heulen, und die Bären werden auf den Wiesen des oberen Yellowstone nach Yampa-Wurzeln und *bisquitroot* graben. An Sommernachmittagen werden die verschiedensten Vogelarten den Himmel bevölkern, angefangen bei Kanadakranichen bis zu Präriebussarden, von Weißkopf- bis zu Haubenadlern, von Pelikanen bis zu Wanderfalken. Trotz der immer größer werdenden Zahl von Menschen, die von den Ufern des Bridger Lake in südlicher Richtung ziehen, wird es immer noch möglich sein, in den vom Wind geschmirgelten Bergen zu wandern oder sich in versteckte Täler zurückzuziehen, um ein Bad in der Stille zu nehmen. Doch selbst eine Wildnis, die so groß und ungezähmt ist wie diese, kann nicht auf Dauer eine Kultur überleben, die so getrieben, so mit sich selbst beschäftigt ist wie die unsere. Eine Kultur, die an vielen Tagen willens zu sein scheint, das Erbe des Naturschutzes und seine Requisiten, Einfühlsamkeit und Zuneigung, gegen Richtersprüche einzutauschen. Wie soll dieser Landstrich eine Gesellschaft überdauern, in der gute Wissenschaften weniger wichtig werden als gute Presseverlautbarungen, in der immer weniger Menschen darauf abzielen, die Zukunft zu sichern als eine imaginäre Vergangenheit aufrechtzuerhalten? Das Thorofare ist nicht nur ein Gastgeber für Tiere; es stillt auch eine enorme Bandbreite menschlichen Verlangens. Vielleicht werden eines Tages diejenigen, die von ihm abhängig sind, die Augen öffnen und die ganze Palette des Lebens dort wahrnehmen. Und möglicherweise werden sie erkennen, dass diese Fülle weniger dem Prinzip des »*Survival of the fittest*« zu verdanken ist, sondern vielmehr dem kreativen Potential der Vielfältigkeit – und dass jeder, der das System zu dominieren versucht, den Samen seiner eigenen Zerstörung sät.

Nachdem wir uns am *Parting of the Waters* getrennt hatten, ist LaVoy die 34 km bis zum Turpin Meadow Trailhead in sechs Stunden zu Fuß gewandert. Ende September kam er endlich zu Hause an, doch seine Stiefel waren kaum abgekühlt, da zog er schon wieder los, dieses Mal durch die Canyons des südlichen Utah.

Bob Jackson widmete sich ab Oktober wieder seiner Büffelzucht. Am 22. Januar 2003 erhielt er einen Anruf von Lake-Sub-District

Ranger Michael Keeter, der ihm mitteilte, dass der Status der bisher von ihm ausgefüllten Stelle im Thorofare verändert wurde; in Zukunft wird diese nicht mehr mit einem saisonal Beschäftigten besetzt werden, sondern mit einem permanenten Mitarbeiter, der außerdem über eine Qualifikation als Gesetzeshüter verfügt. Jackson wurde gesagt, er könne entweder kündigen, oder sein Name werde auf eine Liste von Mitarbeitern gesetzt, die für andere Dienststellenleiter verfügbar sind – was wahrscheinlich bedeutet hätte, dass er als Babysitter für eines der Eingangstore des Parks geendet hätte. Die Rechtsgrundlage für seine Versetzung bildet eine gesetzliche Verfügung der Homeland-Security-Behörde, die ironischerweise Bob Jacksons politischer Verbündeter, Iowas Senator Chuck Gassley, mit initiiert hat, als er nach den Anschlägen des 11. Septembers vom Innenministerium eine striktere Anwendung der Gesetze forderte. Doch Bobs treuer Unterstützer, der Verband *Public Employees with Enviromental Responsibilitys* (Öffentlich-Bedienstete mit Umweltschutzaufgaben), plant eine neue Intervention. »In den letzten zwei Jahren haben wir erreicht, dass er immer wieder eingesetzt worden ist«, sagt Dan Meyer, »und ich bin sicher, dass wir ihm seinen Ranger-Job wieder beschaffen können.«

Einige der Outfitter, mit denen Bob regelmäßig in den Ring steigt, wurden wieder dabei beobachtet, wie sie an Salzplätzen jagten; ein Führer wurde erwischt, als er im Park wilderte. Ein Arbeiter aus einem Jagdcamp nahm an einem Zechgelage teil, und als er schließlich sternhagelblau war, tötete er sich versehentlich mit einer Pistole im Küchenzelt. Rob St. John, der Manager der Teton Wilderness, hat zornentbrannt Subventionsanträge geschrieben, um genügend Geld zusammenzubekommen, damit im nächsten Jahr zumindest die grundlegenden Maßnahmen zur Instandhaltung der Wege durchgeführt werden können. Mitte November hatten intensive Schneefälle alle Menschen aus dem Thorofare vertrieben, mit Ausnahme eines unbeirrbaren Gläubigen – der illegale Outfitter, welcher jedes Jahr durch das wilde Land zieht, auf der Jagd nach Gott.

In den Wochen nach meiner Abreise wimmelte es im Thorofare von Bären. Es wurden sogar immer mehr Elche gesichtet – diese Tatsache bohrt ein weiteres Loch in die These, dass die Wölfe diese Art ausrotten. Und da ich gerade bei den Wölfen bin: In Wyoming hat man wieder einen spatzenhirnigen Managementplan vorgelegt, nach dem die Tiere in den als *Wilderness* ausgewiesenen Gebieten als Jagdwild gelten sollen, und außerhalb als Raubtiere. Da solche Vorstöße kaum zu einer Stabilisierung der Wolfspopulationen beitragen – denn in Wyoming dürfen Raubtiere erschossen werden, sobald man eines sieht –, stieß der Plan nicht nur auf Ablehnung, er verzögerte auch einmal mehr das Eintreten jenes Zeitpunktes, an dem die Tiere von der Liste der gefährdeten Arten gestrichen werden können.

Die Cutthroat-Forellen sind schon lange wieder in den Yellowstone Lake zurückgekehrt, und die Wapitis in ihre Überwinterungsgebiete – einige zogen auf der Ostseite des Snake River nach Jackson, andere zum Greybull River. Das Delta-Rudel ist die gefrorenen Ufer des Yellowstone River und des Thorofare Creek auf und ab gewandert, und ihre Schritte waren in dem Schneetreiben kaum mehr als ein Flüstern. Die vier Welpen, die im Juli noch so viel Arbeit zu machen schienen, sind jetzt aktiv geworden – sie jagen und wandern mit dem Rudel und, falls notwendig, verteidigen sie auch das Revier. Im Januar haben Biologen erneut den Versuch gestartet, mehrere Mitglieder der Gruppe mit Funkhalsbändern zu versehen, doch hatte sich das Rudel in die Teton Wilderness zurückgezogen, die nicht mit Hubschraubern überflogen werden darf.

Was mich betrifft, so habe ich mich wieder an mein Zuhause gewöhnt. Durch das Südfenster über meinem Schreibtisch blicke ich auf die klumpigen Felsen des Mount Maurice. Wie festgefroren stehen sie am südlichen Horizont, fest in der Hand des schönsten Frühwinters, den wir seit Jahren hatten. Ab und zu spaziert eine Elchkuh am Küchenfester vorbei; sie hält kurz inne, um einen sehnsüchtigen Blick auf die Pflanzen zu werfen, die auf der Fensterbank wachsen. Am Himmel ziehen krächzende Raben ihre Kreise, schwarze Schatten in einer weißen Welt. Auf halber Höhe des Mount Maurice haben Bärenmütter für sich und ihre Jungen ein bisschen Erde zusammengekratzt und schlafen nun wie erschöpfte Kinder in den Hohlräumen zwischen herabgestürzten Granitbrocken. Weit hinter dieser Szenerie, dem Blick entzogen, macht die Landschaft einen Sprung von 600 m und wird zu einer anderen Welt. Hier toben in einer Höhe von 3 km betäubende Winde, 3 m hohe Schneewehen begraben das Land, und Frost und Tauwetter sprengen meterlange Risse in die Granitfelsen.

Der sagenumwobene Greater Yellowstone. Außer Sichtweite, aber fast nie aus dem Herzen.

Dank

Mein besonderer Dank gilt den unerschütterlichen und beherzten Trail Crews des Bridger Teton National Forest, Rob St. John, dem verantwortlichen Manager dieses Nationalwaldes, und dem zuständigen Historiker James Schoen. Außerdem danke ich den Grizzly-Biologen Chuck Schwartz und Kerry Gunther, dem Leiter des Wolf-Projekts Doug Smith, dem Park-Historiker Lee Whittlesey, und Tim Fargan, Aufseher des *Wyoming Game and Fish Department.* Mein Dank richtet sich auch an die Virtuosität der Forscher, an Judy McHale, meinen Agenten Gordon Kato und an die *National Geographic*-Redakteurinnen Jane Sunderland und Elizabeth Newhouse. Und schließlich möchte ich mich herzlich für die Verpflegung bedanken, die von den unermüdlichen Frauen des Café Regis sichergestellt wurde – Jane, Martha und Sharon.

Chronologie

1872 Der Yellowstone National Park wird gegründet.

1900 Der Lacey Act wird verabschiedet (erstes föderales Gesetz zum Schutze wild lebender Tiere); letzte Novellierung in Jahre 1981.

1905 Das Teton Game Preserve wird gegründet.

1908 Die Gründung des Teton National Forest wird beschlossen.

1912 Das National Elk Refuge wird gegründet.

1916 Die Gründung des Bridger National Forest wird beschlossen.

1929 Der Grand Teton National Park wird gegründet.

1964 Der *Wilderness Act* wird verabschiedet.

1964 Der Kongress beschließt, innerhalb des Teton National Forest ein Schutzgebiet auszuweisen, die Teton Wilderness.

1973 Der *Endangered Species Act* wird verabschiedet (Gesetz zum Schutze gefährdeter Arten).

1973 Der Bridger und der Teton National Forest werden zusammengelegt.

1975 Endgültige Aufnahme des Grizzlybären in die Liste der gefährdeten Arten.

1976 Endgültige Aufnahme des Grauwolfs in die Liste der gefährdeten Arten.

1988 Im Yellowstone National Park und in den umgebenden Wäldern verheeren Brände eine Fläche von fast 650.000 Hektar.

1991 Das Ausbringen von Salz wird in der Teton Wilderness verboten.

1995 Erste Wiederansiedlung von Wölfen im Greater Yellowstone.

2001 Ein Gesetz des Staates Wyoming verbietet die Jagd von Großwild an Plätzen, an denen Salz ausgelegt wird, das nicht normalen landwirtschaftlichen Zwecken dient.

REISEN · MENSCHEN · ABENTEUER

NATIONAL GEOGRAPHIC TASCHENBÜCHER
VON FREDERKING & THALER

NATURGEWALTEN

William Stone / Barbara am Ende
Höhlenrausch
Eine spektakuläre Expedition unter der Erde
ISBN 3-89405-216-3

Riskante Kletterpartien, gefährliche Tauchgänge ins Ungewisse, wochenlanges Leben unter der Erde – William Stone und sein Team erforschen eine der größten Höhlen der Welt. Die atemberaubende Schilderung einer Expedition der Superlative.

Hauke Trinks
Leben im Eis
Tagebuch einer Forschungsreise in die Polarnacht
ISBN 3-89405-232-5

Könnte es sein, dass das Leben auf der Erde im Eis entstanden ist? Dieser Frage ist der Physiker Hauke Trinks mit seiner Expedition in den Norden Spitzbergens nachgegangen. Ein einjähriges Abenteuer in der Polarnacht, nur in der Gesellschaft zweier Hunde – und zahlreicher Eisbären.

Carla Perrotti
Die Wüstenfrau
An den Grenzen des Lebens
ISBN 3-89405-197-3

Warum riskiert eine Frau ihr Leben in der Wüste? Carla Perrotti durchwandert allein die Kalahari und die größte Salzwüste der Erde in Bolivien, als erste Frau begleitet sie eine Tuaregkarawane durch die Ténéré. Unter den überwältigenden Eindrücken der Natur findet sie zu sich selbst.

So spannend wie die Welt.

NATIONAL GEOGRAPHIC
FREDERKING & THALER
www.frederking-thaler.de